滹沱河畔

李红梅　史宝强

- 著 -

江苏人民出版社

图书在版编目（CIP）数据

滹沱河畔 / 李红梅，史宝强著 . -- 南京 : 江苏人
民出版社，2024.4（2024.12 重印）

ISBN 978-7-214-29040-3

Ⅰ.①滹… Ⅱ.①李…②史… Ⅲ.①中国共产党－
统一战线工作－史料－平山县 Ⅳ.① D613

中国国家版本馆 CIP 数据核字（2024）第 054923 号

书　　名	滹沱河畔
著　　者	李红梅　史宝强
责任编辑	李　旭
责任监制	王　娟
装帧设计	今亮后声·赵晓冉
出版发行	江苏人民出版社
地　　址	南京市湖南路 1 号 A 楼，邮编：210009
照　　排	南京私书坊文化传播有限公司
印　　刷	南京爱德印刷有限公司
开　　本	718 毫米 ×1000 毫米　1/16
印　　张	25.5　　插页　4
字　　数	343 千字
版　　次	2024 年 4 月第 1 版
印　　次	2024 年 12 月第 3 次印刷
标准书号	ISBN 978-7-214-29040-3
定　　价	75.00 元

（江苏人民出版社图书凡印装错误可向承印厂调换）

序言

张庆黎　十二届、十三届全国政协副主席

滹沱河是一条古老的河流，发源于山西五台山北麓，流经山西、河北两省注入子牙河，穿越平山县境内时奔腾咆哮、气势磅礴。南宋文天祥曾留诗："过了长江与大河，横流数仞绝滹沱。""始信滹沱冰合事，世间兴废不由人。"早在抗日战争时期，这里就是中国共产党领导的模范抗日根据地。到了解放战争时期的1947年5月，刘少奇、朱德率领中央工委选址在滹沱河畔的西柏坡村办公，便注定了西柏坡村在中国革命历史上的地位。随着解放战争战略进攻的到来，1948年春，毛泽东率领中共中央机关和解放军总部迁移到西柏坡，开启了大决战和建立新中国的序章。

西柏坡村位于太行山东麓的滹沱河北岸，苍松翠柏、依山傍水，有如一颗明珠镶嵌于太行山中。随着中共中央和解放军总部的到来，以西柏坡为中心的滹沱河沿岸村庄成为中共中央和中央军委机关，以及有"中央人民政府雏形"之称的华北人民政府的驻扎地。这里在当时成为名副其实的中国革命的"心脏"，有"中国命运定于此村"之称，成就了"新中国从这里走来的地方"，由此被彪炳于中国革命史册。1973年2月，周恩来总理为西柏坡题词："西柏坡是毛主席和党中央进入北平、解放全中国的最后一个农村指挥所，指挥三大战役在此，开党的七届二中全会在此。"2013年7月，习近平总书记在西柏坡与干部群众代表座谈时说："西柏坡我来过多次，每次都怀着崇敬之心来，带着许多思考走。"

我曾有幸在河北工作过，对这块红色热土充满感情。每年的3月23日"赶考日"，我和省委其他领导同志都要到西柏坡，重温"两个务必"，怀念老一辈无产阶级革命家的丰功伟绩，进行政治洗礼和思想淬炼，以常葆忧患意识和奋进状态。离开河北后，我到全国政协工作，但对西柏坡的情愫并没有随着时间推移而减弱，反而与日俱增。我常想，中国共产党之所以能够带领人民实现从站起来到富起来、强起来的伟大飞跃，是与有科学完善、统一高效的制度保障密不可分的。中国特色社会主义制度是一个严密完整的科学制度体系。其中，中国共产党领导的多党合作和政治协商制度作为一项基本政治制度，和其他制度一道支撑着国家治理体系和治理能力的现代化。

中国共产党领导的多党合作和政治协商制度植根于中华文明沃土，浸润于中国优秀传统文化，孕育于近代以来中国民主革命的历史进程，形成于协商筹建新中国的伟大实践，以中国人民政治协商会议第一届全体会议胜利召开为确立标志。回顾新型政党制度、人民政协制度的诞生历程，我们不难发现，中共中央在西柏坡时期最为关键和重要，有这样几个特点：

一是确立了中国共产党的领导这个重要政治前提。无论是新型政党制度，还是人民政协制度，其根本特征都是中国共产党领导。没有这个政治前提，新型政党制度、人民政协制度都将不复存在。从中国共产党成立，一直到"五一口号"发布前，中国共产党与其他党派只是合作或联盟关系，并没有形成领导与被领导的关系。"五一口号"发布后，得到各民主党派、人民团体、无党派民主人士和社会各界的热烈响应。1949年1月22日，到达解放区的55名各民主党派、人民团体、无党派民主人士代表人物联名发表《我们对于时局的意见》，声明"愿在中共领导下，献其绵薄，共策进行，以期中国人民民主革命之迅速成功，独立、自由、和平、幸福的新中国之早日实现"。这标志着各民主党派、无党派人士公开自觉地接受了中国共产党的领导，共产党领导、多党派合作的政治格局和政党关系在滹沱河畔已然形成。中共中央在西柏坡时期为新型政党制度、人民政协制度的最终确立创造了根本政治前提。

二是提出了召开新政协会议作为建立新中国的必要步骤。1948 年 4 月 30 日，中共中央发布"五一口号"，提出先召开政治协商会议、再召开全国人民代表大会成立民主联合政府的建立新中国步骤。中国共产党所号召的政治协商会议称为新政协，与 1946 年在重庆召开的旧政协有本质的区别。在新政协筹备过程中，中国共产党与各民主党派、各人民团体、无党派民主人士达成一致，在暂不具备召开全国人民代表大会的条件下，扩大新政协的阵容，增强新政协的代表性，由新政协代行全国人民代表大会职能，直接产生中央人民政府。这一重大调整，直接加速了中华人民共和国的建立。一个人民当家作主的崭新中国屹立在世界东方。人民政协为新中国的建立作出了卓越的贡献。

三是孕育了新型政党制度、人民政协制度的雏形。新型政党制度、人民政协制度是伴随着新政协的筹备和新中国的建立而逐步确立的。中共中央在西柏坡时期，新型政党制度的"四梁八柱"已经基本搭建起来。1948 年 11 月 25 日，中共中央与各民主党派、无党派人士的代表达成了《关于召开新的政治协商会议诸问题的协议》中规定，参加新政协筹备和会议的党派单位，即多党合作的主体有 11 个党派。与现在新型政党制度包括的 8 个民主党派相比，这 11 个党派除因台盟当时不属于全国性党派、九三学社因在国统区不宜公开响应"五一口号"故未列入，其他民主党派均在其中。后来，新政协筹备会上，经多党协商决定台盟和九三学社均参加新政协。在此时期，人民政协也在组织上大致形成。1949年2月28日，中央统战部在呈报中央的综合报告中称，所拟议的参加新政协的单位总数约为40个，这与中国人民政治协商会议正式召开时的45个单位相比，近90%的单位已经确定。由此可见，新型政党制度、人民政协制度在这一时期已经初具形态。

四是创造了政治协商诸多行之有效的实践模式。中共中央"五一口号"发布后，根据形势需要，中央统战部部署和组织民主人士分赴东北解放区、华北解放区，筹备新政协、筹建新政权。一些民主人士从北平、上海、香港等地，冒着危险秘密穿越敌人封锁线，到达毗邻西柏坡的李家庄。李家庄也位于滹沱河畔，是中央统战部所在地。这使中共中央与民主人士协商交流更为便捷。围绕建国方略和新政协筹备，西柏坡和李家庄同声相应、同气相求。中国共产党和各民主党派、无党派民主人士及各界人士，开展了一系列的多党合作、政治协商的实践活动，创造了书面协商、会议协商、座谈协商、情况通报等许多沿用至今的政治协商形式和方法。

滹沱河畔、西柏坡村，镌刻了中国共产党的历史跨越，见证了各民主党派、无党派人士的历史选择，拉开了人民政协和新中国诞生的序幕，是一个流淌着红色历史的地方，非常值得我们进行深入挖掘。研究这段历史，对于我们坚持好发展好完善好中国共产党领导的多党合作和政治协商制度具有重要意义。

听闻李红梅、史宝强两位同志合写了《滹沱河畔》一书，阅读书稿后，深感欣慰。几年来，这两位同志以政协工作者和统战工作者的责任感和使命感，对人民政协历史和统一战线历史多加研究，颇有成果。他们再接再厉，又下足功夫收集大量档案文献和"三亲"史料，爬梳剔抉、钩沉史海，全面系统梳理了组织民主人士到华北解放区、中共中央在西柏坡时期多党合作的初步实践等重要历史。整本书用叙事史学的方法，以史为经、以事为纬，用细节刻画了民主人士冒着重重危险穿越敌人封锁线秘密奔赴解放区的一幅幅景象，进一步彰显了统一战线凝聚人心和力量的伟大魅力；用史料说话，条分缕析地对"五一口号"的缘起、建立新中国程序重大调整等重大党史事件进行了研究；全景式地展现了中国共产党在滹沱河畔领导各民主党派、各人民团体和各界人士协商筹备新政协、筹建新中国的生动场景。这是一本融政治性、思想性、史料性、知识性、可读性于一体的图书，对于阐释中国道路、讲好中国故事，坚定中国特色社会主义政治制度的自信，从而奋进新征程、建功新时代具有重要价值。

目录

第十章

从西柏坡到天安门

楔子

　　1948 年，中国人民解放战争势如破竹，节节胜利。历史的长河即将转弯，破晓之光渐渐绽放。为了指挥全国的解放战争，毛泽东、周恩来、任弼时等率领中共中央机关结束了一年多的转战陕北，向华北解放区、向滹沱河畔的中央工委所在地河北平山县西柏坡转移。

　　在革命形势向着人民方面发生重大转变的形势下，中共中央审时度势，发布纪念"五一"国际劳动节口号，号召各民主党派、各人民团体、各社会贤达，迅速召开政治协商会议，讨论并实现召集人民代表大会，成立民主联合政府。"五一口号"得到各民主党派、无党派民主人士和社会各界及海外侨胞的热烈拥护、积极响应。

　　这年秋天，中共中央面临两大任务：指挥大决战，筹建新中国。筹建新中国，就要将在香港和上海、北平、天津等国统区的民主人士邀请到解放区召开政治协商会议。在大决战的紧张局势下，把分散各地的民主人士集中到一起显然是不现实的。中共中央确定了两个接待地点：东北已经解放的大城市哈尔滨；与中共中央所在地西柏坡同处滹沱河畔的中央统战部所在地李家庄。按照中共中央的部署，在香港等南方地区的民主人士，由党组织护送他们北上到哈尔滨；北平、天津、上海等国统区的，则到西柏坡、李家庄。

　　与从香港北上相比，民主人士从国统区到李家庄这一路线有几个显著特点：一是人数少了些许。从香港北上及海外归来，汇集在东北的民主人士有三十四五位。李济深、沈钧儒、马叙伦、郭沫若、陈叔通等多是民主党派的代表性人物。到达李家庄的有二十三四位。胡愈之、沈兹九、韩兆鹗、何惧、符定一、田汉、安娥、严信民、周建人、吴晗、楚图南、杨刚、宦乡、刘清扬、葛志成、翦伯赞、张东荪、费孝通、雷洁琼、严景耀、张曼筠、周颖等，各自身份和代表性也不一样。这些民主人士，不仅有北平、天津等地来的，还有从香港、上海辗转到达的。如果从赴解放区的心态上作些分析的话，到达李家庄的民主人士基本上都是邀之即来，甚至愿望更加急迫。吴晗、周建人、楚图南等人上了国民党的黑名单，随时有被捕的危险。他们在黎明前的黑夜，奔向了光明。胡愈之、宦乡、翦伯赞等，兼具双重身份，是长期隐蔽在国统区的中共党员。他们归心似箭，渴望早日"回家"。张东荪、雷洁琼、费孝通等人，则是在解放区晴朗的天空下，目睹着解放了的土地，似欢快的旅行一般到达李家庄。

二是平津解放之前到达李家庄的民主人士，多要秘密穿过敌人封锁线，近乎直面危险。无论来自香港、上海，还是北平，在平津解放之前，若到华北解放区，天津是一个中转站。从天津经河北沧州泊镇，才能到石家庄，再转西柏坡及李家庄。在国统区和解放区之间，中共地下组织开辟了秘密交通线。交通线设计得再缜密，都要穿过敌人的封锁线。路程不长，但危机四伏，或者说随时都有危险。只有穿过了封锁线，才算脱离虎口。吴晗、周建人、符定一、张曼筠、刘清扬等，都在经过封锁线时，遇到了不同程度的险情。他们过封锁线的细节，比当下谍战片的桥段还要精彩。

三是大多数民主人士单独行动，不像从香港北上那样数十人同舟共进。香港北上人士尽管在茫茫大海上有不可预测的风险，但数人在一起，可以尽显名士风采：喝酒、吟诗、说古、谈今，并留下许多诗作和日记。而到李家庄去的，多是一两家人，在交通员护送下，辗转数日，到天津后再乔装打扮，穿过封锁线，前往解放区。且不说舟车劳顿，单就沿途的紧张、担心，就非同一般。

不管从香港北上东北解放区，还是从国统区到华北解放区，这些民主人士都有一个共同点，那就是不顾风险、不惧困难，在鼎革之际奔向共产党，奔向光明，奔向人民的怀抱，如众星拱辰、万水朝东一般。他们将参与完成一项历史伟业：筹备新政协，协商建立新中国。这些集体行动，进一步表明中国共产党的领导，是包括各民主党派、各团体、各民族、各阶层、各界人士在内的全体中国人民的共同选择，彰显了"得民心者得天下"的铁律。

民主人士从香港北上解放区的故事，《向北方》一书作了详尽的讲述。[1]到滹沱河畔这段故事，几十年来，一直似珍贝散落在历史长河中，未及全面、系统、深度挖掘和梳理。这两段故事，是中共中央组织民主人士奔赴解放区总体部署的两个相互联系的有机部分，是一个整体的两个方面，其间有共同的决策、不同的路线、各自的贡献，最终共襄建立新中国的伟业。这些，都是中共党史、中华人民共和国史、中国共产党统一战线史、人民政协史的重要组成部分。捡起颗颗零落的珍贝，将这些珠子串起，蕴藏其间的时代价值就会彰显出来。从中，可以找到中国共产党统一战线新的起点，发现人民政协红色血脉的重要源头，丰富中共党史和新中国史的多彩内涵。

尤为值得一提的是，李家庄与西柏坡同处滹沱河畔，相距许里，彼

1　李红梅、刘仰东：《向北方》，江苏人民出版社 2021 年版。

此同声相应，同气相求。到了1948年秋冬，经过中国共产党与东北、香港、李家庄的民主人士协商，将由新政治协商会议径直产生中央人民政府。新政协的任务艰巨、使命光荣。在滹沱河畔，上演的一幕幕民主协商的故事就具有了特殊的意义。中共中央领导人与民主人士就筹备新政协、成立民主联合政府的若干重大问题面对面商量，一起擘画新蓝图；毛泽东、周恩来请民主人士到西柏坡的小平房里，共商国是、交流感情、分享观点、展开争论，凝聚更大共识；毛泽东、周恩来、朱德等不时从西柏坡来到李家庄，看望民主人士，讲形势、作报告、扭秧歌、开怀畅饮，整个村子"山潮水潮人来潮"；享受"特客"待遇的民主人士，体验着解放区的新天地，接受着新世界的洗礼……

天翻地覆慨而慷的1949年，中国共产党带领全国人民建立了中华人民共和国，开辟了中国历史新纪元。在李家庄的民主人士中有20位，从滹沱河畔小山村到古都北平天安门，作为政协代表亲身参与了新中国创建，亲眼见证了开国大典辉煌历史时刻。

滹沱河畔，见证了各民主党派、无党派民主人士和各界人士的历史抉择，记录了新政协、新政权、新中国筹备之最初的擘画，孕育了中国特色社会主义民主政治制度的雏形。70多年过去了，滹沱河几经演变，已不再有当年的风貌，但开国者秉承的初心和使命如一把火炬，生生不息燃烧着，指引一代一代中华儿女向前，向前，向前！

中央马列学院
中央法制委员会 ●

新华通讯社 ●

中央宣传部 ● 中央组
● ●

中央社会部 ●

中央组织部 ●

中共中央
中央军委
解放军总部
中央政策研究室
总参谋部
军委作战部

第一章

中共中央转移到华北

中央统战部

中央办公厅
中央财政经济部
总政治部
后勤部

央卫生部

目前我们正将晋察冀区、晋冀鲁豫区和山东的渤海区统一在一个党委（华北局）、一个政府、一个军事机构的指挥之下……这样做，可以有力地支援南线作战，可以抽出许多干部输往新解放区。该区的领导中心设在石家庄。中央亦准备移至华北，同中央工作委员会合并。

——毛泽东：《关于情况的通报》（1948 年 3 月 20 日）

中共中央撤离延安

1947 年 3 月 18 日，延安王家坪，毛泽东正在接见参加保卫延安的新编第四旅的部分领导干部。他说："敌人要来了，我们准备给他打扫房子。我军打仗，不在一城一地的得失，而在于消灭敌人的有生力量。存人失地，人地皆存；存地失人，人地皆失。敌人进延安是握着拳头的，他到了延安，就要把指头伸开，这样就便于我们一个一个地切掉它。要告诉同志们：少则一年，多则二年，我们就要回来，我们要以一个延安换取全中国。"[1]

延安，自中共中央 1937 年 1 月进驻后，这里一直是中国共产党领导抗日战争的政治中心，是解放战争的大后方。1946 年 6 月全面内战爆发后，中国共产党领导的解放区军民，经过 8 个月的英勇自卫作战，累计歼灭国民党正规军 66 个旅、54 万余人，非正规军 17 万人，使国民党丧失了对解放区全面进攻的能力，打破了蒋介石妄图"速战速决"的幻想。1947 年 2 月，毛泽东预言：中国革命的新高潮将要到来。

国民党不得不改变策略。蒋介石决定把战火烧向延安，不惜一切代价占领中共中央和毛泽东的指挥所。从 1947 年 3 月起，国民党集中进攻解放区总兵力的 43%，重点进攻陕北、山东两个解放区，其中，进攻陕北解放区的兵力有 34 个旅、25 万多人。3 月 11 日，美国驻延安的军

---

[1] 中共中央文献研究室编：《毛泽东年谱（1893—1949）》下卷，中央文献出版社 2013 年版，第 176 页。

事观察组撤离后仅 7 小时，国民党军飞机就对延安进行了轰炸。随之，胡宗南率领 15 个旅、14 万人马分兵两路向延安扑来。他依仗西北军阀马步芳、马鸿逵的 12 个师以及榆林方面第 22 军两个师的策应，扬言"要在三天之内占领延安"。

当时，共产党在陕北的军力只有 6 个旅共计 2 万多人，数量上相当于国民党军的十分之一，装备上也处于劣势。在敌强我弱的形势下，中共中央经过慎重考虑，决定撤离延安。3 月 11 日，毛泽东主持召开了中共中央书记处会议，郑重讨论延安弃守问题。在会上，毛泽东明确提出了"在当前，应诱敌深入，必要时主动放弃延安"的主张。同时，决定驻延安的党政机关及人民群众立即紧急疏散。

对撤离延安问题，党内许多同志和当地老百姓都想不通。曾任毛泽东翻译的师哲，回忆过他与毛泽东关于延安弃守问题的一段对话：

> 我忧心忡忡地问主席：备战工作到底应该怎样做？一定要疏散吗？可否设法保住延安而不撤退？……主席点燃了一支烟，转过来微笑着打开了话匣子："你的想法不高明、不高明。不应该拦挡他们进占延安。你知道吗？蒋介石的阿 Q 精神十足，占领了延安，他就以为自己胜利了。但实际上只要他一占领延安，他就输掉了一切。首先，全国人民以至全世界就都知道了是蒋介石背信弃义，破坏和平，发动内战，祸国殃民，不得人心。这是主要的一面。"
>
> "不过，蒋委员长也有自己的想法：只要一占领延安，他就可以向全国、全世界宣布：'共匪巢穴'共产党总部已被捣毁，现在只留下股'匪'，而他只是在'剿匪'，这样，也就可以挡住外来的干预。不过这只是蒋委员长自己的想法，是他个人的打算，并非公论。但此人的特点就在这里。他只顾想他自己的，而别人在想什么，怎么想的，他一概不管。另外须知，延安既然是一个世界名城，也就是一个沉重的包袱，他既然要背这个

包袱，那就让他背上吧。而且话还得说回来，你既然可以打到延安来，我也可以打到南京去，来而不往非礼也嘛！"

啊，原来是这样！后来我们在转战陕北时果然针锋相对地提出了"打到南京去，活捉蒋介石"的口号。

毛主席接着说："你懂得拳击吗？收回拳头，是为了打出去得更有力！"

他又说："陕西群众基础好，周旋余地大。他从南门进，我从东门出。"

毛主席胸有成竹，他不是害怕蒋介石进攻延安，而是害怕蒋介石不来进攻。他的一席话，使我茅塞顿开，似乎明白了一切，思想顾虑一扫而光，精神百倍。[1]

历史再次证明毛泽东的高瞻远瞩，他不愧是伟大的战略家。战争果如毛泽东预想的那样，仅仅一年，延安又回到了人民手中！

面对强敌的进攻，从 3 月 13 日开始，部署于一线的西北野战军教导旅、警备第 7 团等各部队奋起反击。3 月 16 日，毛泽东以中共中央军委主席名义发布边区各部队保卫延安的命令。边区部队迅速调整部署，组成 3 个防御集团，由彭德怀、习仲勋指挥，全面抗击胡宗南的进攻。

延安保卫战打得异常惨烈。由于敌人过于强大，毛泽东亲自制定的保卫延安的作战部署未能实现。西北野战部队和地方武装发扬运动战的传统，歼灭敌军有生力量，给胡宗南部队以沉重打击，以伤亡 691 人的较小代价，歼敌 5000 余人，阻滞、消耗了敌军的力量，为中共中央、中央军委及当地群众安全转移赢得了宝贵的时间。时任中共中央西北局书记、西北野战军副政委兼前敌委员会委员、陕甘宁晋绥联防军政委习仲勋回忆当时的情形说：

1　师哲回忆、李海文整理：《在历史巨人身边——师哲回忆录》，中央文献出版社 1991 年版，第 337—338 页。

3月13日，胡宗南以整编第一军、第二十九军等部共15个旅14万余人在空军配合下，由洛川、宜川之线分两路向延安进攻。我教导旅和警备第七团等部队依托既设阵地，交替掩护，节节抵抗，经七天激战，予敌以5000余人的杀伤，胜利完成了掩护党政军领导机关和群众安全转移、疏散的任务后，于3月19日晨主动撤出战斗。[1]

为了鼓舞士气，在撤离延安前夕，出现了本章开头毛泽东向保卫延安的部队干部讲话的那一幕："我们要以一个延安换取全中国。"

3月18日黄昏，毛泽东、周恩来率领中共中央机关，撤离了王家坪，告别了曾战斗生活过十余年的延安，向东北方向转移。对撤离延安，保卫毛泽东的中央警卫团战士邬吉成有一个回忆。他说：

1947年3月18日的傍晚，延安已经成为一座空城。中央各机关的人员、边区政府的人员，驻防的部队，后勤机关、家属，包括幼儿园的养育人员和孩子，都已经撤走了。

城外，枪炮之声由远而近，杨家岭、大砭沟等处，一些敌机投下没有爆炸的燃烧弹，都被集中起来点着了，熊熊火焰耀得几处通明。匆忙清理拆卸后的街面遗物杂陈，文件销毁的灰烬还冒着几缕青烟，看上去显得有点乱糟糟的。

可是毛主席还一直在磨蹭，因为他曾经说过，他要最后一个离开延安。后来，他又突发奇想，说是要看看胡宗南的兵是什么样子。据说经彭德怀一再催促，说"龟儿子的兵有什么好看的？让部队替你看！一分钟也不能待了！"这才硬把毛主席逼上了车。[2]

1　刘卫平编：《转战陕北》，陕西师范大学出版总社有限公司2014年版，"代前言"第2页。

2　刘卫平编：《转战陕北》，陕西师范大学出版总社有限公司2014年版，第12页。

國軍昨晨進駐延安

共軍向清澗方面退去

濟南外圍戰事進行中

東北戰事告一段落

松花江解凍　雙方俱不易渡江作戰

今後軍事局面

大公報　中華民國三十六年三月二十日　（第二張）

1947 年 3 月 20 日，《大公报》报道胡宗南部侵占延安

中共中央撤离延安后，遇到的最大困难是由陕北的自然条件带来的。在这片不足 10 万平方公里的黄土高原上，地形多是以峁为主的梁峁沟壑丘陵区，毫无遮拦，不便隐蔽。这里聚集了 23 万国民党正规军。转移中的中共中央机关近乎在国民党军队的眼皮子底下活动。多亏陕北的群众基础好，这支移动的非战斗队伍处处受到掩护。否则，可以说寸步难行。

就在撤离延安的第二天，毛泽东一行就遭遇一次危险。国民党飞机在刘家渠村发现了这支队伍，并开始对其进行低空扫射。毛泽东乘坐的汽车挡风玻璃被打破了一个洞。这次遇险时，毛泽东不仅没有紧张，还乐观地把碎掉的有散纹的玻璃比作一朵花。汪东兴在 3 月 19 日的日记中记载："由于汽车未伪装，敌机发现目标进行轰炸，汽车受到轻微损伤，毛主席、周副主席安然，部队迅速将汽车加强伪装，即由刘家渠出发，

经永坪镇到清涧县徐家沟。"[1]

面对胡宗南部队的穷追不舍,中央机关何去何从?必须尽快拿出方案。继续留在陕北,可以牵制胡宗南的几十万大军,政治上也较为有利,但危险重重;离开陕北,到其他解放区去,比较安全,但胡宗南的部队必定咬住不放,增加了其他解放区的压力,不利于全国战场。

枣林沟,是陕北清涧县北面石嘴驿附近的一个小村庄。3月29日,毛泽东率领中共中央机关来到这里。当晚,毛泽东、刘少奇、朱德、任弼时、彭德怀等在此召开政治局会议,讨论中央机关和解放军总部的行动问题。周恩来前一天去了晋西北布置工作,没有与会。会上发生了激烈的争论。任弼时考虑到中央和毛泽东的安全,坚持东渡黄河。毛泽东说:"我不能走,党中央最好也不走。我走了,党中央走了,蒋介石就会把胡宗南投到其他战场,其他战场就要增加压力。我留在陕北,拖住胡宗南,别的地方能好好地打胜仗。"[2]最后会议决定,毛泽东、周恩来、任弼时率领中共中央和人民解放军总部留在陕北,主持中央工作;由刘少奇、朱德、董必武组成中央工作委员会,立即东渡黄河,前往晋西北或其他适当地点,进行中央委托的工作。

枣林沟会议是在中共中央撤出延安后召开的一次重要会议。会议根据形势的要求,确定了中央书记处的工作分工,既保障了中共中央和人民解放军总部继续留在陕北,对全国各解放区实施不间断的指挥,又做好了应付各种突然事变的准备。4月9日,毛泽东为中共中央起草了关于暂时放弃延安和保卫陕甘宁边区的通知,号召全党"必须用坚决战斗精神保卫和发展陕甘宁边区和西北解放区"。4月11日,中共中央决定成立以叶剑英为书记、杨尚昆为后方支队司令的中央后方委员会,转移到晋绥解放区,统筹后方保障工作。至此,中央工作机构分成3个部分。

枣林沟会议之后,为便于行动,中央机关人员成立以任弼时为司令、

---

1 《汪东兴日记》,当代中国出版社2010年版,第6页。
2 中共中央文献研究室编:《周恩来传》第2卷,中央文献出版社2011年版,第758页。

毛泽东在转战陕北途中

陆定一为政委的"昆仑"纵队，编成 4 个大队。中共中央的领导者还给自己起了意味深长的代号：毛泽东叫李得胜，周恩来叫胡必成，任弼时叫史林。在此后近一年的转战陕北岁月中，毛泽东、周恩来、任弼时率领包括 4 个警卫连在内共约 800 人的中央纵队，足迹踏遍 12 个县境内的 38 个村庄，指挥着全国各个战场抗击国民党军队的战争。正如周恩来所言："我们的帅旗高举在陕北，指挥中心坚决不挪动，这是多么雄伟的革命气魄啊！"[1]

1　范捷、孙泓洁编著：《中共中央在西柏坡》，河北美术出版社 2012 年版，第 8 页。

中央工委选址滹沱河畔

1947 年 3 月 31 日晚上，毛泽东、朱德、刘少奇、任弼时离开枣林沟，向北前进，来到绥德县的田庄镇。在夜幕笼罩下，毛泽东、任弼时与刘少奇、朱德等战友分开了。为了完成共同的使命，他们将奔赴各自的战场。

中共中央留在陕北，最令人担心的是安全问题。临离开枣林沟，朱德又召集中央警卫团连以上干部开会。他叮嘱说："毛主席、党中央的安全就交给你们了，这个任务很重大，也很艰巨。你们可要坚决勇敢，千万不能出一点差错，否则是无法补偿的。"朱德还指示要把身强力壮、有战斗经验的干部战士留在陕北，保卫党中央、毛主席的绝对安全。他让警卫员把自己的望远镜拿来，亲手送给骑兵连长说："你们担负着武装侦察的任务，是中央的耳目，拿着它去发挥作用吧。"[1]

根据中共中央的决定，中央工委由书记刘少奇，副书记朱德，常委董必武（后加彭真、康生），委员陈伯达、邓颖超（全国土地会议后留在工委），秘书长安子文（后加伍云甫）组成。绥德田庄分手后，刘少奇、朱德率中央工委乘车向东，在绥德县城南约 35 公里的石嘴驿渡过黄河。4 月 2 日凌晨，到达黄河东岸晋绥解放区的临县三交镇双塔村。这里是中央后委驻地。他们与前几天来布置工作的周恩来会面了。

相聚的时间是短暂的。半小时后，周恩来乘车西去，回陕北与毛泽东会合。刘少奇、朱德和董必武、叶剑英、杨尚昆等研究组织迁移事宜。

4 月 4 日，刘少奇和朱德就中央机关人员转移安排事宜致电陕北的毛泽东、周恩来、任弼时：从延安出发的中直、军直 5500 人，留河西 700 人，留晋西北及少数去五台工作约 1000 人，决定去太行 3800 人。第一批行军走 3000 人，其余陆续走。路线经五台山前进。

按照中共中央的安排，刘少奇、朱德带领工委去晋察冀指导工作，董必武经五台转太行参加财经会议，准备担任华北财经办事处主任。

---

1 张志平主编：《非常史录：西柏坡画传》，河北美术出版社 2009 年版，第 35 页。

4月16日，中央工委离开三交镇。刘少奇、朱德乘汽车前行，大部队在中央工委秘书长安子文率领下徒步行进。刘少奇、朱德一行经兴县、静东、宁武、原平、五台，于4月26日到达晋察冀中央局和晋察冀军区驻地河北省阜平县城南庄。

中央工委到底落脚何处，中共中央没有明示，中央工委也没有明确意见。在4月9日中共中央的通知里，要求中央工委到"晋西北或其他适当地点进行中央委托的工作"；4月11日中央电示刘、朱"先至晋察冀指导工作一时期"。他们的大致目标是太行山区。

到了晋察冀，中央工委听取了汇报；刘少奇在晋冀鲁豫解放区土改工作报告上作了批示。5月3日，刘少奇、朱德等在晋察冀中央局副书记刘澜涛陪同下，到达平山县封城村，与晋察冀军区司令员聂荣臻、副司令员萧克及政委罗瑞卿会面。刘少奇和朱德谈起中央工委准备进发太行山区时，受到聂荣臻等人的热情挽留。他们希望中央工委留在晋察冀。

晋察冀是中国共产党领导的抗日根据地之一，地处华北的心脏地带，战略地位非常重要，曾被毛泽东誉为"敌后模范的抗日根据地及统一战线的模范区"。全面内战爆发后，承德、大同、张家口在国民党重兵进攻下，相继失守。晋察冀的工作面临诸多困难。刘少奇、朱德商议后，遂致电请示中共中央。5月10日，中央复电："完全同意中央工委及工委工作机关留在晋察冀工作。"[1]

中央工委决定留在晋察冀，首要的问题是在何处驻扎？朱德提出一个原则："要跟全国各地联系较为方便的地方，即交通比较畅通却又不能在大平原上。"刘少奇说得更原则："要考虑到最后指挥大决战的适当位置。"刘少奇所说的"最后指挥大决战"，很明显，意指为将来中共中央的到来作好准备，部署全国战场。这更为增加了选址的慎重性。

具体地点定在哪里？安子文回忆："当时有两种意见：一是留在阜平。阜平是革命老区，群众基础好，但是村庄少，居住分散，经济条件差。

---

1 中央档案馆等编：《中共中央在西柏坡》，海天出版社1998年版，第81页。

另一种是到建屏县。建屏县的东、西黄泥一带村子多、村庄大、距离近，又是革命老区，群众基础好。不利的是日寇烧的房子未修复。"[1]建屏县，是由平山县划出的。抗战时期晋察冀军区四分区司令员周建屏病逝于平山县小觉镇，为了纪念他，抗日政府把平山县西部山区命名为建屏县，东部为平山县。经过反复讨论，最后确定在平山、建屏县的郭苏、柏坡、洪子店一带选址。

正如安子文所说的，平山县具有优秀的革命传统和良好的群众基础。早在1931年，平山县的霍宾台村就建立了农村党支部。抗日战争时期，平山县是著名的抗日模范县。1937年聂荣臻率领八路军115师一部，开辟了以五台山为中心的晋察冀抗日根据地，平山成为晋察冀边区最活跃、最坚强的根据地。"最后一碗饭用来作军粮，最后一尺布用来缝军装，最后的老棉被盖在了担架上，最后的亲骨肉送到了队伍上"，这便是平山人民支前抗日的真实写照。曾被誉为"太行山的铁的子弟兵"八路军"平山团"是由平山县2300多名太行儿女组成的革命武装，后被调至延安担任卫戍任务，参加了南泥湾垦荒并数次受到毛泽东的接见。誉满全军的"子弟兵的母亲"戎冠秀是平山人民的优秀代表。

平山县还有很好的自然条件。东、西黄泥和柏坡一带村子数量多，村庄规模大，彼此距离近。美丽的滹沱河蜿蜒而过。两岸土地肥沃，物产丰富，粮食产量高，有很多驰名的土特产，当地有"平山不贫""阜平不富"的说法。

长年跟随朱德的秘书潘开文，对参与中央工委选址这一过程记忆犹新。多年后他回忆：

> 中央工委决定留驻晋察冀后，到哪里安营扎寨还需经过认真的考虑，因为工委好几千人，所找的地方要能放得下，供给要有保证，地理条件要合适，群众对党的感情也要高。经过讨论，大

---

1 中共党史出版社编：《走近西柏坡》，中共党史出版社2012年版，第94页。

家认为沿滹沱河村庄较多，村子大，距离近，河两岸滩地肥美，物产丰富，而且在地理条件上，向东30公里便是华北大平原，交通便利，所以决定在平山、建屏县的郭苏、柏坡、洪子店一带选址。

选中央机关驻地是一件大事。所以在考虑有谁去担当此项选址任务时，朱德提议由我与晋察冀军区后勤管理处处长余光文前去勘察。我自打红军长征开始一直在朱老总身边工作，且一直在中央机关工作，对中央情况比较了解，心里对中央机关需要一个什么环境，客观上需要什么样的条件很明白。余光文对晋察冀一带地形非常熟悉，与当地政府也有联系，所以朱老总与聂荣臻提议让我们二人去。这时我建议让朱老总的卫士齐明臣一同去，因为他在抗日战争时期也曾在平山建屏一带，对当地环境及群众情况也有一定了解，少奇同志与朱老总表示同意。

随后，我、齐明臣和余光文三人奉命带上地图沿滹沱河骑马向上，边走边看，一直走到洪子店、郭苏、夹峪等村子，很大，尤其是洪子店是个大集市，热闹繁华，但目标也大，人多不便于保密，容易暴露。再折回来走到西柏坡时，天色已黑，遂决定住一夜。因出发时朱老总叮嘱过，不要打扰群众，所以那一晚我们露营住在外边。

那一天夜晚的星星很亮，我们吃过东西后在村边转悠，发现这个西柏坡村子外边儿有一片苇地，苇池外与滹沱河之间有一条大路，可通大车，我考虑到只要可通大车，汽车就可以通过，有利于与各根据地联系。而苇地里边与西柏坡村间有一条路，不是本村人是很少走的，这样保密很好做。同时发现西柏坡村里许多房子被日本鬼子烧了，但根基很好，全是石头的，也很多，比较容易修复。

我们三个人一商量，看法一致，都认为西柏坡所在区非常适合，一是村子比较集中；二是交通便利，便于和各解放区联系；三是安全问题有保障；四是居住条件不错，环境好。于是我们第二天将勘察情况绘成草图,返回到了行唐县上碑村进行汇报。回到上碑后,我就向刘少奇、朱德汇报所见所闻和具体选址情况。两位领导开始只是静静地听着,一言不发。等我把情况说清楚以后,两位领导把五万分之一的建屏县地图（西柏坡当时属于建屏县,后归平山县）铺在地上,认真地看起来,一边看一边交谈,并频频点头,我一看领导神情,心想这事儿办成了,觉得很高兴,后来果真朱德、刘少奇对此次考察任务表示了满意。之后朱德、刘少奇与晋察冀中央局领导进行探讨后,把建设任务交给了同行去的余光文,因他是晋察冀军区后勤部管理处长。也就是说下一步的建房工作是由晋察冀中央局负责的,我、齐明臣则随朱老总、聂荣臻一同去了冀中安国,后来再回到西柏坡已是 7 月初了。[1]

西柏坡,位于滹沱河北岸的柏坡岭下。这个村子始建于唐代,因为村北山坡上翠柏苍郁而最初取名"柏卜"。在村子东面还有一个村子叫东柏卜,与其相对的村子自然就叫西柏卜。民国初年,改"卜"为"坡",才有了西柏坡这个名字。

与西柏坡擦村而过的滹沱河,发源于山西省繁峙县五台山北麓,穿越太行山进入河北省平山县境,东流至献县,与滏阳河汇合后入子牙河。滹沱河风景优美,文人骚客曾留下吟诵的诗作:"长堤枕春郭,断岸入残晖。宿鸟张灯起,惊凫解缆飞。"明代何景明的五言绝句把滹沱河惊涛拍岸的气势表达得淋漓尽致。清代徐攀桂的《滹沱新涨》这样描写滹沱河的美景:"滹沱新涨水光寒,蔓草平沙漾翠澜。夹岸屯田何处是,波回雁叫夕阳滩。"滹沱河流经平山县时,在太行山余脉拐了个弯,环抱着一个静谧的村庄,这便是西柏坡。

1947 年西柏坡村貌

沿滹沱河两岸不仅滩地肥美，物产丰富，且村庄较多。除了西柏坡、东柏坡，还点缀着李家庄、洪子店、黄泥、夹峪、郭苏、南庄、陈家峪、李家沟口、上东峪等村庄。若将来中共中央一些机关来，滹沱河两岸的这些村庄都能派上用场。

在这些村庄，洪子店、黄泥、夹峪、郭苏均千人以上，郭苏和洪子店还是当地主要的集市。这将为中央机关长期居住提供便利的条件。但这些村子很大、热闹，目标也大，不便于保密。而西柏坡村子较小，全村百十来户人家，民风淳厚，村后边有个小山好防空，并且离周围村子有一段距离，从安全角度更适合中央居住。西柏坡交通也便利，有利于和各解放区联系。唯有村子里的房子因战争大多被毁，会带来一些暂时的困难，但基础较好，盖个顶就可以入住，建设起来容易，又不干扰老百姓。所以，潘开文等人认为西柏坡非常合适。

刘少奇、朱德等中央工委领导听完汇报，看着五万分之一的地图，当即锚定西柏坡。报请中央同意后，开始做入驻的准备工作。

当年参与选址的齐明臣，也曾赋诗《选址西柏坡》，详细叙述了选址情况：

> 上碑奉命选址行，仙乡福地走西东；
> 滹沱河岸访村镇，发现柏坡好环境；
> 南向山水视野广，北靠卜岭居安宁；
> 目标隐秘宜保密，利于警戒与防空；
> 应急进退交通便，相关村落可屯兵；
> 人杰地灵正气旺，适做工委大本营；
> 书就说明附图示，马上返回报详情；
> 首长听罢表满意，选址任务告完成。[1]

1　中共党史出版社编：《走近西柏坡》，中共党史出版社2012年版，第95—96页。

经过一个多月的紧张筹备，7月初，刘少奇、朱德率中央工委搬进西柏坡。7月12日，刘少奇电告各中央局、分局："现朱德、董必武、康生、彭真、陈伯达均已到达平山工委所在地，中央工委即正式成立，各处情况及报告望即送工委。"[1]安子文率领的中央组织部、中央宣传部、中央社会部、中央青委、解放日报社、徐特立文教工作团、军委总政治部、军委三局一部、中央办公厅秘书处、机要处各一部、军委总卫生部、军委供给部各一部及杨家岭行政处等，共1300余人，分4批从陕北经晋绥解放区转入西柏坡附近，分散驻扎在滹沱河畔的村子里。

为了保密起见，中央工委对外称作"工校"或"劳大"，刘少奇任校长，朱德为董事，分别称胡校长（刘少奇化名胡服）、朱校董。

当年，西柏坡村民看到一下子来了这么多人，新奇得不得了。他们形容这个"学校"有"五多"：车马多、天线多、手枪多、哨兵多、首长多。据西柏坡老人们讲，因为平山是老解放区，许多人家都有毛泽东和朱德的像，加上朱德爱动，经常外出散步和老乡们聊天，大家早就认出他来了。但淳朴善良的老百姓，衷心地爱护自己的领袖，从不向外声张。毛泽东来到西柏坡后，还经常上街转转，乡亲们都随着中央机关的工作人员称首长们为"大先生"。

对中央工委今后一个时期的主要任务，毛泽东在6月14日致朱德、刘少奇的电文中有明确指示："你们在今后六个月内如能（一）将晋察冀军事问题解决好；（二）将土地会议开好；（三）将财经办事处建立起来，做好这三件事，就是很大成绩。"[2]

中央工委在西柏坡驻扎停当后，于7月17日至9月13日，在西柏坡召开全国土地会议，通过了《中国土地法大纲（草案）》。这是一个在全国范围内彻底消灭封建剥削土地制度的基本纲领，公开树起消灭封建制度的大旗，极大地推动了解放区的土改运动，在国民党统治区产生

1　中央档案馆等编：《中共中央在西柏坡》，海天出版社1998年版，第9页。
2　中央档案馆等编：《中共中央在西柏坡》，海天出版社1998年版，第91页。

1947年10月10日，中共中央发布的《关于公布中国土地法大纲的决议》和《中国土地法大纲》

了广泛的政治影响。

中央工委的3个任务之一是"将晋察冀军事问题解决好"，改变晋察冀在军事上的被动状态。这个问题解决不好，不仅影响陕北战局，也势必影响刘邓大军的南下。在中央工委的指导下，晋察冀野战军进行重组，并陆续发起正太、青沧、保北战役，在华北战场连创佳绩，使得国民党在华北平原上只得据守石家庄、保定等几座孤城。特别是清风店战役的胜利，消灭了驻守石家庄的大半精锐部队，解放石家庄的时机成熟。11月6日，石家庄战役打响。经过6天6夜激战，解放了石家庄，使晋察冀和晋冀鲁豫两大解放区连成一片。这是一个重大的胜利。自此，整个华北成为全国解放战争的大后方。

中央工委的第三项任务是"将财经办事处建立起来"。为着争取战争的胜利，中央决定在太行成立华北财经办事处，统一华北各解放区财经政策，调剂各区财经关系和收支，并决定以董必武为办事处主任，由华东、五台、太行、晋绥各派一得力代表为副主任并经常参加办事处工作。正在由陕北向西柏坡转移途中的董必武接到通知后，立即赶赴邯郸，参加华北财经会议。3月至5月，华北财经会议在晋冀鲁豫中央局所在地河北邯郸冶陶镇正式召开。会议的主要任务是讨论研究如何解决好战争所需要的财力供给问题。会议决定并报中央批准，成立了统一管理华北财政经济的华北财经办事处。到了西柏坡后，董必武在中央工委驻地以华北财经办事处的名义致电各局：华北财办即将正式开始工作，地点设在晋察冀建屏县夹峪村。华北财办在短短的时间内对各区财经工作进行指导协调，解决了一系列具体问题，成效卓著。

中央工委将驻地选在滹沱河畔的西柏坡，为这里成为中共中央最后一个农村指挥所创造了必要的前提。风云际会间，西柏坡成为中共党史学习教育不可或缺的一个打卡处。

"五大书记"会师城南庄

在1945年6月召开的中共七届一中全会上，毛泽东、朱德、刘少奇、周恩来、任弼时当选为中央书记处书记，成为当时中国共产党的最高领导层，史称"五大书记"。毛泽东、周恩来、任弼时和刘少奇、朱德自1947年3月底在绥德县分别后，就分别在陕北和华北两个战场履行自己的使命。

在此后一年的极不平凡岁月里，中共中央立足陕北，运筹帷幄，决胜于千里之外。1947年6月30日，刘邓[1]大军自豫北地区强渡黄河，挺进大别山，揭开了人民解放军战略进攻的序幕。从7月至9月，解放军由内线转向外线。陈谢[2]大军南渡黄河进入豫西，陈粟[3]大军主力进入豫皖苏平原，与刘邓大军形成"品"字形阵势，经略中原。内线各战场的人民解放军也逐渐转入反攻，构成了"三军配合、两翼牵制"的战略进攻总态势。

随着解放战争逐渐由战略防御转为战略进攻，中国人民的革命战争，

1　刘邓，指刘伯承、邓小平。

2　陈谢，指陈赓、谢富治。

3　陈粟，指陈毅、粟裕。

部队夜渡黄河

《中国人民解放军宣言》

已经到了一个新的历史转折点。10 月 10 日，毛泽东为中国人民解放军总部起草《中国人民解放军宣言》，第一次明确提出"打倒蒋介石，解放全中国"的口号。

11 月 22 日，毛泽东率领中央机关到达陕北米脂县的杨家沟。12 月 25 日至 28 日，中共中央在杨家沟召开扩大会议（十二月会议）。在第一天的会议上，毛泽东对形势作了中肯的分析：人心动向变了，蒋介石很孤立，群众站在我们方面。会议讨论并通过了毛泽东的报告《目前形势和我们的任务》。会议指出："这个报告是整个打倒蒋介石反动统治集团，建立新民主主义中国的时期内，在政治、军事、经济各方面带纲领性的文件。"在报告中，毛泽东指出："这是一个历史的转折点。这是蒋介石的二十年反革命统治由发展到消灭的转折点。这是一百多年以来帝国主义在中国的统治由发展到消灭的转折点。这是一个伟大的事变。""这个事变一经发生，它就将必然地走向全国的胜利。"[1] 十二月会议开得热烈、成功，在全国人民中产生了极大的反响。

毛泽东、周恩来、任弼时在世界上最小的司令部里，指挥了最大的人

十二月会议旧址

_____

[1] 中央档案馆等编：《中共中央在西柏坡》，海天出版社 1998 年版，第 278—286 页。

民解放战争。离开延安后仅 8 个月时间，战争形势就向人民方面发生了重大变化。当 1948 年元旦的钟声敲响的时候，蒋介石在元旦致辞里仍信誓旦旦预言："一年内消灭共军主力。"这个预言恐怕连他自己也不会相信了。

在基本完成转战陕北的战略任务后，为了更好地指挥全国的解放战争，中共中央决定离开陕北向华北转移。1948 年 3 月 20 日，中共中央决定将晋察冀区、晋冀鲁豫区和山东的渤海区统一在一个党委（华北局）、一个政府、一个军事机构的指挥之下。领导中心设在石家庄。中央亦准备移至华北，同中央工作委员会合并。毛泽东在给刘少奇的电报中通知了他们的行动路线："我们明日动身东移，由此到兴县走路及谈话十天，坐车去代县五天，走路到你处十天，约卯删（即 4 月 15 日）可到你处。"[1]

3 月 23 日下午，陕北吴堡县黄河川口渡口，集聚了很多人。毛泽东率中央机关要在这里东渡黄河，向中央工委驻地西柏坡转移。除了毛泽东等中央领导人和机关工作人员，还有赶来送别的陕北乡亲，站满了河滩和山坡。有一些是他们路过佳县螅蜊峪时拥上街头的乡亲，一直送到了渡口。他们依依不舍，送了一程又一程。

毛泽东、周恩来、任弼时等人，沿着褐色的沙滩，听着河水拍岸，踱步慢行。在料峭的春风里，他们回头望望陕北的这片热土、这块他们战斗过的大地，回想那些充满激情燃烧的岁月、那些共同渡过的难忘时光，同样地依依不舍。十几条木船停靠在岸边，数十名船工做好了一切准备，等待着起航。毛主席、周恩来、任弼时等慢慢走到水边，又转身和区镇干部们一一握别，向送行的乡亲们招手致意，这才登上木船。

当年担任毛泽东警卫的阎长林曾回忆起那天渡河的情景：

这是 1948 年 3 月 23 日的中午。三天前，我们离开杨家沟，夜宿吉征店，经过螅蜊峪，早晨就来到这吴堡县的川口渡口，

1　中共中央文献研究室编：《毛泽东年谱（1893—1949）》下卷，中央文献出版社 2013 年版，第 296 页。

因怕国民党军队从西安派飞机来袭扰，就把渡河时间改在了下午。……

根据事先的安排，毛主席乘第一条船；周副主席和任弼时同志乘第二条船；陆定一、胡乔木等同志上了第三条船；中央机关的工作人员分坐在10条木船上。

木船缓缓离开岸边，人们的心中都油然涌起了一种无形的眷恋。毛主席站立船尾，久久地凝望西岸，向送行的人群挥手致意。

正是凌汛时期，料峭的冷风，夹着水星，扑打在人们的脸上、身上。刚起锚的时候，水面还比较平静，往前行，就发生了变化，滚滚的巨浪夹杂着冰块，咆哮着，横冲直撞，把小船撞得"咯吱咯吱"直响，船颠簸得很厉害。

我们紧靠毛主席站着，怕他出危险。毛主席说："你们放心，船工的本领是很高明的。"

毛主席稳稳地站着，赞赏地看着船工每个细微的动作，兴致勃勃。

他对叶子龙同志说："怎么样？以陕北为背景，给我照一张相吧。"

"好，照一张。"叶子龙同志说完，拿出照相机来，把镜头对准毛主席，按动了快门。

毛主席笑着说："好啊！把陕北的人民、陕北的山水照下来，这是一个很好的纪念。"

船继续前进，船工们经过半个小时左右紧张而顽强的搏斗，绕过许多冰块，终于使船冲出了激流。毛主席站在船上，望着西岸的人群和一座座大山，

1948年3月23日，毛泽东等人从吴堡川口东渡黄河

深情地说：“陕北是个好地方，陕北人民对我们太好了！我现在和撤离延安时一样，还是不愿意离开陕北。但是不能再提出不打败蒋介石我就不离开陕北。如果这么提，那就不切合实际了。”[1]

渡过黄河后，毛泽东一行于 3 月 24 日到达中共中央后委驻地山西临县三交镇双塔村，同杨尚昆等后委留守人员会面。当晚，他们研究中央机关今后的行动路线，商定分为两路：毛泽东、周恩来、任弼时等在此稍作停留，乘车经晋绥军区前往晋察冀；中央机关和后委机关留守人员由杨尚昆率领前往西柏坡。

3 月 26 日，毛泽东等到达晋绥分局、晋绥军区司令部所在地兴县蔡家崖后，在这里逗留了 8 天。4 月 1 日，毛泽东在晋绥干部会议上发表讲话，肯定了晋绥解放区的土改和整党工作取得的成就，以及在工作中曾经发生过的几个“左”的偏向的纠正。他指出今后晋绥党组织的任务，是用极大的努力，继续完成土改工作和整党工作，继续发展和支援人民解放战争。他解释了党的新民主主义革命的总路线和总政策：“无产阶级领导的，人民大众的，反对帝国主义、封建主义和官僚资本主义的革命，这就是中国的新民主主义的革命，这就是中国共产党在当前历史阶段的总路线和总政策。”[2]

4 月 4 日，毛泽东等到达岢岚县城，5 日到达神池县城，6 日到达代县，7 日到达繁峙县伯强村。11 日在翻越五台山时恰逢天降大雪，山路难行，直到深夜才在五台山台怀镇塔院寺宿营。

4 月 12 日，毛泽东和周恩来、任弼时等到达河北省阜平县西下关村。晚上，他们商定：在晋察冀军区司令部驻地城南庄休整数日后，周恩来、任弼时等率中央机关继续前进，去平山县西柏坡与中央工委会合；毛泽东则暂时留在城南庄，在这里做去苏联访问的准备工作。

1　张志平编著：《感受西柏坡》，中央文献出版社 2005 年版，第 112—114 页。

2　《毛泽东选集》第 4 卷，人民出版社 1991 年版，第 1317 页。阎长林：《警卫毛泽东纪事》，吉林人民出版社 1992 年版，第 245—246 页。

　　推翻一个旧政权，毛泽东等共产党人用事实证明即将取得革命的胜利。但建立一个全国性的新政权，共产党人还缺乏经验。早在1947年上半年，毛泽东就向苏联提出访问要求，以学习苏联共产党的革命及建国道路。双方原商定毛泽东于1948年7月访苏。但形势的发展太快了。人民解放军在各战场展开强大的攻势，在外线开创了中原战场的新局面，内线也捷报频传。在第二条战线上，爱国民主运动风起云涌。对此，胡乔木形象地说："不要说我们的敌人对此感到震惊，甚至目瞪口呆，就连我们的朋友，我们党内的许多干部，对此也十分惊讶，出乎意外。"[1]于是，毛泽东就与周恩来等商量，提前访苏。

　　4月13日，在聂荣臻的陪同下，毛泽东、周恩来、任弼时一行到达晋察冀阜平县城南庄。毛泽东住在军区大院的正房，原来聂荣臻住的地方。毛泽东高兴地对聂荣臻说："到了晋察冀，就像当年在江西到兴国一样，群众见了我们都是笑逐颜开。"[2]

　　毛泽东一行刚刚安顿下来，就接到人民解放军4月21日收复延安的好消息。4月24日，中共中央给西北野战军发去贺电："去年3月19日国民党匪军占领延安的时候，我们就断言，这种占领将标志着国民党匪军的失败和中国人民的胜利，一年多以来的一切事变，充分地证明了这一断言。"[3]字里行间，自信心、自豪感溢于言表！

　　毛泽东等人在城南庄听取聂荣臻关于晋察冀工作的汇报、召开区县干部座谈会后，周恩来、任弼时于4月23日率中央机关65人抵达西柏坡；叶剑英所率中央后委人员也同期到达。

　　随着解放战争的长足发展，在历史长河就要发生转变的形势下，如何顺势而为，谋划更大的行动，需要毛泽东和中共中央作出决策和部署。4月25日，毛泽东致电在西柏坡的刘少奇、朱德、周恩来、任弼时，通知他们即将召开的中央会议拟讨论的问题：（一）邀请港、沪、平、津

1　胡乔木：《胡乔木回忆毛泽东》，人民出版社2014年版，第474页。
2　中共河北省委党史研究室编著：《周恩来与河北》，中共党史出版社2008年版，第39页。
3　马肇钧编著：《中国人民解放军第一野战军征战日志》，解放军出版社2001年版，第141页。

西北野战军收复延安后，延安人民欢迎自己的子弟兵

城南庄晋察冀军区司令部旧址

等地各中间党派及民众团体的代表人物到解放区，商讨关于召开人民代表大会并成立临时中央政府问题；（二）关于在今年冬季召开二中全会的议题；（三）关于酌量减轻人民负担、大力发展农业生产和工业生产问题；（四）关于消灭某些无政府状态和酌量缩小地方权力问题；（五）关于区、乡、村人民代表会议组织大纲草案；（六）陈粟兵团的行动问题及其他问题。[1]毛泽东请刘少奇等人就上述问题先作大概讨论，然后再到城南庄商定。紧接着，毛泽东致电斯大林，通报提前访苏的计划，并希望就政治、军事和其他重要问题同苏联共产党中央委员会的同志们商量和请教。这一切显然表明，毛泽东已开始谋划建立新政权的问题了。

4月30日，刘少奇、朱德、周恩来、任弼时来到城南庄，出席毛泽东主持的中共中央书记处扩大会议。自1947年3月31日绥德县田庄分手后，"五大书记"又汇合了。他们的手紧紧地握在一起。

西柏坡纪念馆广场"五大书记"铜像

1　中共中央文献研究室编：《毛泽东年谱（1893—1949）》下卷，中央文献出版社2013年版，第305页。

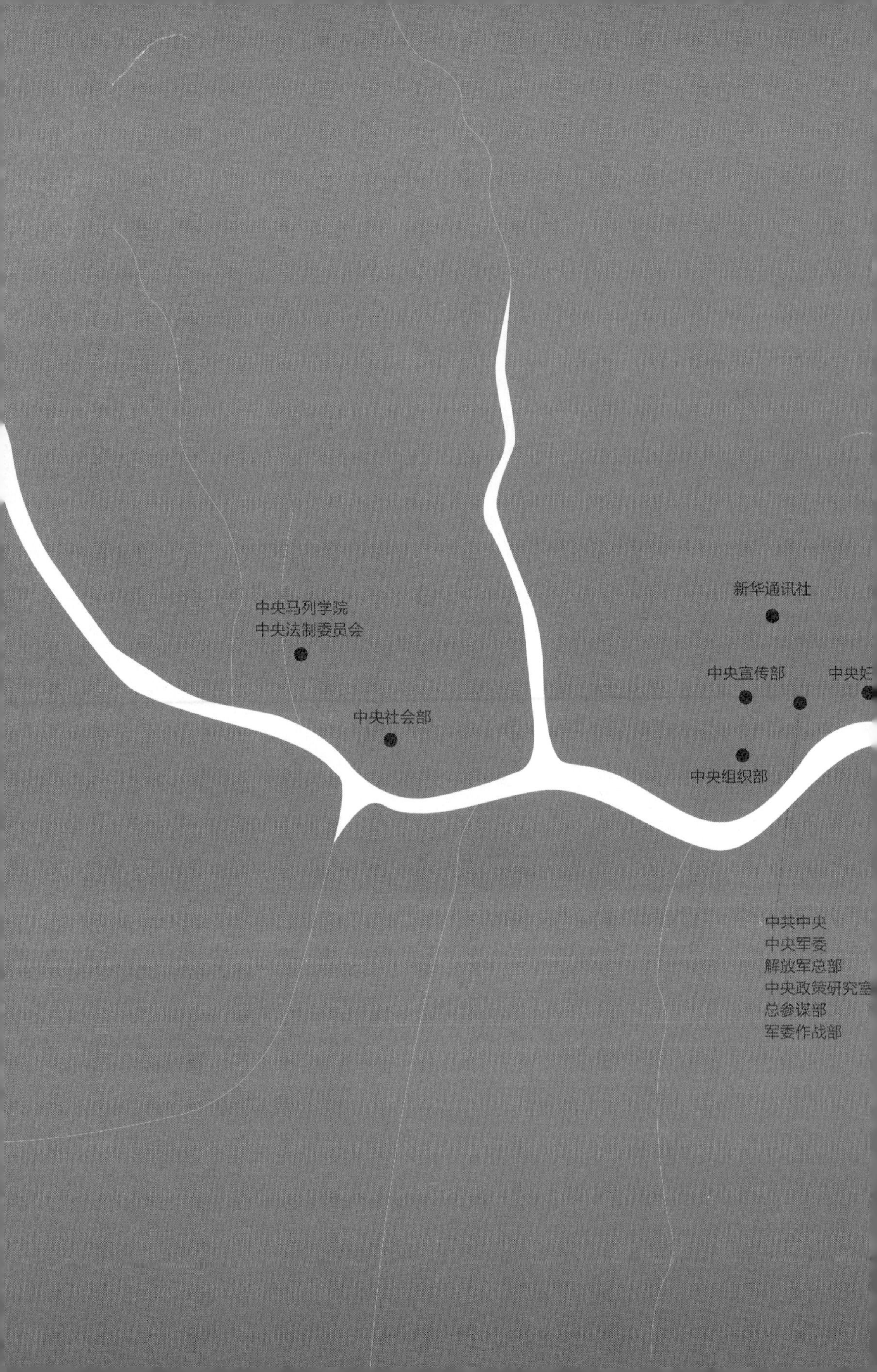

中央马列学院
中央法制委员会

新华通讯社

中央宣传部
中央组织部

中央社会部

中央妇

中共中央
中央军委
解放军总部
中央政策研究室
总参谋部
军委作战部

第二章

拉开协商建立新中国的序幕

中央统战部

中央办公厅
中央财政经济部
总政治部
后勤部

央卫生部

各民主党派，各人民团体，各社会贤达，迅速召开政治协商会议，讨论并实现召集人民代表大会，成立民主联合政府！

——中共中央"五一口号"第五条

成立新政权的时机业已成熟

1948 年 4 月底，中共中央在阜平县城南庄召开书记处扩大会议的第一项议程就是"邀请港、沪、平、津等地各中间党派及民众团体的代表人物到解放区，商讨关于召开人民代表大会并成立临时中央政府问题"。[1]

这次会议的议题是毛泽东 4 月 25 日致电给刘少奇、周恩来等人时提出的。在发出电函的两天后，即 4 月 27 日，毛泽东写信给晋察冀中央局城市工作部部长刘仁，请他经过妥善办法告诉张东荪、符定一两先生，中共准备召开各民主党派、各人民团体的代表会议，讨论关于召开人民代表大会成立民主联合政府问题，以及关于加强各民主党派、各人民团体的合作及纲领政策问题。毛泽东在信中还指出："我党中央认为各民主党派及重要人民团体（例如学生联合会）的代表会商此项问题的时机业已成熟，但须征求他们的意见，即他们是否亦认为时机业已成熟及是否愿意自己或派代表来解放区开会。会议的名称拟定为政治协商会议。会议的参加者，一切民主党派及重要人民团体均可派遣代表。会议的决议必须参加会议的每一单位自愿同意不得强制。开会地点在哈尔滨，开会时间在今年秋季。"[2]

1　中共中央文献研究室编：《毛泽东年谱（1893—1949）》下卷，中央文献出版社 2013 年版，第 305 页。

2　中央档案馆编：《中共中央文件选集》第 17 册，中共中央党校出版社 1992 年版，第 143—144 页。

毛泽东致刘仁信

这两封信函相继发出，但在措词上还是有区别的。前一封信毛泽东只是提出"商讨关于召开人民代表大会并成立临时中央政府问题"，而后一封信毛泽东则明确表示"我党中央认为各民主党派及重要人民团体的代表会商此项问题的时机业已成熟"，准备先"召开各民主党派、各人民团体的代表会议"，再"讨论召开人民代表大会""成立民主联合政府"，勾画出了筹建新中国新政权的路线图。由此可见，时机成熟与否，是中共中央考虑召集党派会议、成立民主联合政府的重要前提。

一个月前，毛泽东在《关于情况的通报》中还认为："本年内，我们不准备成立中央人民政府，因为时机还未成熟。"[1]但很快，毛泽东改变了这一设想，认为"会商此项问题的时机业已成熟"，这表明他对建立新政权的严肃、慎重态度。毛泽东是一位稳重的掌舵者，他以政治家的睿智、战略家的魄力，捕捉局势的变化，时移世易，及时调整了策略。

---

1 《毛泽东选集》第4卷，人民出版社1991年版，第1299页。

　　建立民主联合政府是抗战胜利前后中国共产党提出的一项政治主张。1944 年 9 月，中国共产党为应对抗战末期的时局，公开提出在抗日民族统一战线之下，建立由各抗日党派、各抗日军队、各地方政府、各抗日民众团体组成的民主联合政府。[1] 这个联合政府，实际上是以国民党为主体，有共产党和民主党派及无党派人士代表参加的。

　　在中共七大上，毛泽东发表政治报告的题目就叫《论联合政府》。毛泽东设想的"联合政府"不是一步到位的，而是两步走：第一个步骤，目前时期，经过各党各派和无党无派代表人物的协议，成立临时的联合政府；第二个步骤，将来时期，经过自由的无拘束的选举，召开国民大会，成立正式的联合政府。总之，都是联合政府，将一切愿意参加的阶级和政党的代表团结在一起，在一个民主的共同纲领之下，为现在的抗日和将来的建国而奋斗。成立联合政府，是中国共产党的奋斗目标。对此，他充满信心：不管国民党人或任何其他党派、集团和个人如何设想，愿意或不愿意，自觉或不自觉，中国只能走这条路。这是一个历史法则，是一个必然的、不可避免的趋势，任何力量，都是扭转不过来的。[2]

　　在赴重庆谈判前，毛泽东分析说："我们现在在全国范围内大体要走法国的路，即资产阶级领导而有无产阶级参加的政府。""中国的局面，联合政府的几种形式，现在是独裁加若干民主，并将占相当长的时期。"对于这种形式的政府，我们还是要参加进去。他形象地比喻：参加这样的政府，就是"钻进去给蒋介石洗脸，而不是砍头"，走"这个弯路将使我们党在各方面达到更成熟，中国人民更觉悟，然后实现新民主主义的中国"。[3]

　　为了和平建立新中国，战后中共中央提出了"和平、民主、团结"三大口号。毛泽东认为，从抗战到和平，一个是力量，一个是人心，这

1　中央档案馆编：《中共中央文件选集》第 14 册，中共中央党校出版社 1992 年版，第 323 页。
2　《毛泽东选集》第 3 卷，人民出版社 1991 年版，第 1067—1069 页。
3　胡乔木：《胡乔木回忆毛泽东》，人民出版社 2014 年版，第 399 页。

两个东西很重要，是我们的依靠。因此，在谈判时要准备有所让步，以取得合法地位，养精蓄锐来迎接新形势。要学会作合法斗争，学会利用国会讲坛。[1]

在重庆期间，毛泽东与重庆《大公报》总编辑王芸生有一段对话颇能说明共产党的主张。王："共产党不要另起炉灶。"毛：

1945 年 10 月 11 日，毛泽东返回延安，重庆各界人士到机场送行
（从左至右依次为张澜、邵力子、郭沫若、傅学文、张治中、毛泽东）

"不是我们要另起炉灶，而是国民党灶里不许我们造饭。"[2] "我们对国民党，只是有所批评，留有余地，并无另起炉灶之意。"[3] 共产党当时争取的是"造饭"的权利，以期促成民主联合政府的早日成立。

对于蒋介石来说，谈判和召开政协会议都不过是迫使中共放弃武装的一种手段，用武力消灭共产党是他的既定方针。即便全面内战爆发，共产党都没有放弃和平建国的主张，国共两党出现打打谈谈、边打边谈的局面。

内战初期，基于国共力量的对比，毛泽东对解放战争的判断是"长期战争"或"持久战争"，时间估计"不但要准备三年到五年，还要准备十年到十五年"。而蒋介石对战争进程的估计，则十分乐观。1946 年10 月国民党军队占领张家口时，蒋介石曾说 3 个月消灭共产党。

蒋介石依仗强大的军事优势和美国的支持，彻底关闭和谈的大门。中共中央不得不以战争方式最终解决国内问题。1946 年 11 月底，毛

1 胡乔木：《胡乔木回忆毛泽东》，人民出版社 2014 年版，第 401 页。

2 李勇、张仲田编著：《统一战线大事记·解放战争时期卷》，群言出版社 2014 年版，第 26 页。

3 中共中央文献研究室编：《毛泽东年谱（1893—1949）》下卷，中央文献出版社 2013 年版，第 34 页。

泽东提出"现在是否提打倒蒋介石？做此工作而不提此口号"。[1] 到了 1947 年 4 月 10 日，中共首次公开号召消灭蒋介石反动统治。毛泽东在修改新华社社论稿时加了一段话："过去的二十年是中国人民伟大斗争的二十年。这个斗争快要结束了，这就是蒋介石反动统治的灭亡。"[2]

经过一年的战争，国民党政府在政治、经济、军事等各个方面陷入危机。为挽救困局，蒋介石于 1947 年 7 月决定实行全国总动员，以"戡平共匪叛乱"。中共党内有人建议，考虑成立中央一级的民主联合政府。毛泽东说："建立民主联合政府时机尚未成熟，在第二年作战再歼敌一百个旅左右，攻占中长、北宁大部，平绥、同蒲全部，并向长江流域发展，全国人民更加同情我党之时，可以考虑此问题。"[3] 可以看出，力量和人心仍是考虑建立新政权的重要因素。

为了鼓舞民众，中共中央在 10 月 10 日发表的《中国人民解放军宣言》中，发出"打倒蒋介石，解放全中国"的口号。同时，宣言提出："联合工农兵学商各被压迫阶级、各人民团体、各民主党派、各少数民族、各地华侨和其他爱国分子，组成民族统一战线，打倒蒋介石独裁政府，成立民主联合政府。"[4] 这表明，中共中央在思想上发生了根本性转变，由"争取造饭的权利"，转为"另起炉灶"了。

在十二月会议上，毛泽东重申建立民主联合政府的主张，并将之称为"中国共产党的最基本的政治纲领"。他强调："没有中国共产党的坚强领导，任何革命统一战线也是不能胜利的。"[5] 显然，中共在此所提的联合政府中，不但排除了蒋介石集团，而且还明确了领导权问题。但

1　中共中央文献研究室编：《毛泽东年谱（1893—1949）》下卷，中央文献出版社 2013 年版，第 151 页。

2　中共中央文献研究室编：《毛泽东年谱（1893—1949）》下卷，中央文献出版社 2013 年版，第 181 页。

3　中共中央文献研究室编：《毛泽东年谱（1893—1949）》下卷，中央文献出版社 2013 年版，第 209 页。

4　《毛泽东选集》第 4 卷，人民出版社 1991 年版，第 1237 页。

5　《毛泽东选集》第 4 卷，人民出版社 1991 年版，第 1257 页。

对于组织中央政府，这次会议仍然认为目前的时机尚未成熟，"须待我军取得更大胜利，然后考虑此项问题"。[1]

随着人民解放战争的不断推进，毛泽东等中共领导人开始把建立新中国提上议事日程，并谋划未来政权的结构等重大问题。在如何处理与民主党派的关系上，鉴于当时苏共的"老大哥"地位，中共中央还就此征求苏共的意见。

那么，成立民主联合政府的时机何时才算成熟呢？1948 年 3 月 20 日毛泽东写的党内通报中提出，在蒋介石当选总统，"他的威信更加破产之后，在我们取得更大胜利，扩大更多地方，并且最好在取得一二个头等大城市之后，在东北、华北、山东、苏北、河南、湖北、安徽等区连成一片之后，便有完全的必要成立中央人民政府"。他推测："其时机大约在一九四九年。"[2] 这是中共中央第一次明确提出成立中央人民政府、建立新政权的时间表。

但是，战争形势的发展太快了。人民解放军在转入战略进攻的一年间，共歼灭国民党军队 152 万人，收复和解放拥有 3700 万人口的 15.6 万平方公里土地和 164 座中、小城市，即将迎来战略决战的新高潮。人民解放战争的高歌猛进，直接影响中共中央对成立新政权的时机判断。

在国民党统治区，也已形成了第二条战线。毛泽东率领中共中央由陕北向华北转移途中，传来消息，国民党操纵的"行宪国大"于 3 月 29 日在南京召开，要选举"总统""副总统"，企图使摇摇欲坠的国民党统治合法化。国民党"行宪国大"开幕后，一些爱国民主人士看不下去了。南洋华侨领袖陈嘉庚建议，解放区应紧急成立联合政府政权机构，以对抗国民党伪国大后的局面。民盟领导人沈钧儒也提出，解放区应成立产生联合政府的筹备机构，以对国内外号召否认蒋介石伪总统。他还希望中共考虑，可否由中共通电各民主党派，建议召开人民代表会议，成立

1　胡乔木：《胡乔木回忆毛泽东》，人民出版社 2014 年版，第 510 页。
2　《毛泽东选集》第 4 卷，人民出版社 1991 年版，第 1299 页。

联合政府，或由各民主党派向中共通电提出此项建议。各民主党派、社会各界纷纷发表声明，不承认国民党国大、宪法产生的"中华民国政府"和"总统"的合法性，呼吁"由全中国人民，包括一切民主党派及人民团体共同建立民主联合政府，通过民主的方式，产生真正的民主宪法。只有这样，才能实现真正的独立、民主、和平、幸福的新中国"。[1]

形势喜人，形势逼人。毛泽东所关注的力量、人心皆已具备。于是，毛泽东审时度势，发出两封电函，明确表示我党中央认为"会商此项问题的时机业已成熟"，并提出建立新政权的构想。

中共中央发布"五一口号"

中共中央考虑建立新中国新政权的时机成熟、条件具备。但何时发布？以何种方式发布？

恰逢1948年"五一"国际劳动节即将来临。按照惯例，为纪念这一节日，每年的这个时候，中共中央都会通过新闻宣传部门——新华通讯社，对外发表宣言、口号，举行集会、游行，刊发文章、社论。解放战争是共产党同国民党进行的一场决定中国前途和命运的伟大决战。作为中共领导人的毛泽东，是善于利用报刊的宣传家、组织家。要宣传中国共产党的政治主张，"五一"节无疑是个很好的契机。

新华社是中共中央的主要喉舌。为适应迅速传播中央声音的需要，1946年中共中央对新华社和《解放日报》进行改革。改组后，廖承志调任新华社社长。1947年中共中央撤离延安后，《解放日报》停刊，新华社肩负起通讯社、中央机关报、广播电台三项重任，成为党中央、毛泽东指挥解放战争、向国内外进行宣传报道的重要阵地。为了便于工作，新华社也一分为二。廖承志率领总社转移到太行解放区涉县，组织新华

1　中国民主同盟中央文史资料委员会编：《中国民主同盟历史文献（1941—1949）》，文史资料出版社1983年版，第415—416页。

社的中外文字及口播工作；范长江率领番号为"四大队"的新华社小分队，跟随毛泽东转战陕北。4月底，新华社小分队随中共中央纵队到了西柏坡。之所以这样做，胡乔木解释说：如果"不把新华社抓在自己手里，全部让太行的总社去管，那对于整个战争的指导就会不利，所以在转战陕北时毛主席把小分队留在身边是非常重要的。当时，他在很多稿子上都注明在什么时候发表，用什么方式播出，抓得非常紧"。[1]毛泽东一手抓全军作战，一手抓新闻宣传。每逢要发布重要主张，他都会精心组织宣传攻势，甚至亲自撰写重要社论和文章。由于新华社担负特殊的宣传功能，中共中央自然选择新华社发布"五一口号"。

"五一口号"初稿是何人执笔起草的？由于缺乏可信的文献记载，目前众说纷纭。很多人认为是胡乔木。[2]从当时胡乔木的身份来看，此说有一定的可信度。1947年3月中共中央离开延安后的一年内，胡乔木作为毛泽东的秘书，负责大量的文稿起草工作。中共中央给新华社的重要社论，基本上都出自胡乔木和陆定一之手，经毛泽东、周恩来、任弼时的审阅、修改，再向全国播发。

"五一口号"初稿迅速完成，共二十五条。

初稿明确指出："今年的'五一'劳动节，是中国人民走向全国胜利的日子。""是中国人民死敌蒋介石走向灭亡的日子，蒋介石做伪总统，就是他快要上断头台的预兆。""是中国劳动人民和一切被压迫人民的觉悟空前成熟的日子。""是庆祝全解放区和全国工人阶级的团结！庆祝全解放区和全国农民的土地革命的胜利和开展！庆祝全国青年和全国知识分子争自由运动的前进！"

初稿在提出"向中国人民的解放者中国人民解放军全体将士致敬！庆祝各路人民解放军的伟大胜利"的同时，发出了"打到南京去，活捉

1　胡乔木：《胡乔木回忆毛泽东》，人民出版社2014年版，第95页。

2　朱维群主编：《让历史告诉未来：中共中央发布"五一口号"六十周年纪念》，华文出版社2008年版，第107页；康彦新、史进平、吴艳丽：《中共中央"五一口号"发布的前前后后》，《文史精华》2012年第2期。

蒋介石！"的口号，号召"全国劳动人民团结起来，联合知识分子、自由资产阶级和其他爱国分子，组成反帝国主义、反封建主义、反官僚资本主义的统一战线，为着最后打倒蒋介石，建立新中国"。

初稿号召："工人阶级是中国人民革命的领导者，解放区的工人阶级是新中国的主人翁，更加积极地行动起来，更早地实现中国革命的最后胜利。"

最后，初稿还提到解放区的支前、经济、科技、劳动、民主等方方面面的工作，并向解放区职工、蒋管区职工、全国工人阶级、援助中国的世界各工人阶级致敬！[1]

从上述内容可以看出，这个初稿基本上是1948年3月之前中共中央已发表的政治主张。毛泽东4月底在两封信中表明的建国构想未能体现出来。

当这份初稿送到毛泽东案头时，他那建立新政权的恢宏构想激荡于心！蒋介石的反动统治即将灭亡，中国共产党人不懈追求的建立一个独立、民主、和平、统一的新中国的目标就要实现！这是无数中国共产党人和中国人民用鲜血和牺牲换来的呀！毛泽东直抒胸臆，对初稿作了重要修改，发出"各民主党派、各人民团体、各社会贤达迅速召开政治协商会议，讨论并实现召集人民代表大会，成立民主联合政府"的号召！蕴含中国共产党建国思想、影响中国历史进程的"五一口号"因毛泽东的修改而闪烁着更加辉煌的光芒。毛泽东修改后，还征询了在城南庄的其他同志意见，并让聂荣臻通过电话，一字一句念给在西柏坡的周恩来，请他征求其他三位书记的意见。

从毛泽东字斟句酌的修改，可以看出他对"五一口号"的重视程度。经过逐条梳理，毛泽东共作了27处修改。一字一句，皆有深意。其中有4处修改，含义最为深邃。

电头"总社"修改为"陕北"，以保守中共中央、毛泽东已到达华

1　参见毛泽东修改"五一口号"初稿的手迹，原件存中央档案馆。

北的秘密。1947年3月到1948年3月这段时间，出于对中共中央机关和毛泽东转战陕北的保密需要，廖承志率领的新华社总社与范长江率领的小分队密切配合，把新华社电讯的电头改"延安"为"陕北"播发新闻，使新华社继续发挥中共中央的耳目喉舌作用，不间断地传播中央的声音。1948年4月，新华总社由太行解放区涉县陆续北上。这月底，新华总社一部分已到平山县，但毛泽东仍将这份初稿的电头由"总社"改为"陕北"。显然，毛泽东是在给国民党军队唱一出"声东击西"，让蒋介石误以为中共中央、毛泽东还在陕北指挥作战。

第四条的修改，进一步完善了统一战线的组成结构。初稿第四条"全国劳动人民团结起来，联合知识分子、自由资产阶级和其他爱国分子，组成反帝国主义、反封建主义、反官僚资本主义的统一战线，为着最后打倒蒋介石，建立新中国"，毛泽东将之修改为："联合全国知识分子、自由资产阶级、各民主党派、社会贤达和其他爱国分子，巩固和扩大反对帝国主义、反对封建主义、反对官僚资本主义的统一战线，为着打倒蒋介石，建立新中国而共同奋斗。"修改后的这一条具有重要内涵，既

毛泽东修改的"五一口号"底稿

进一步重申了"各民主党派、社会贤达"在统一战线中的地位和作用，又提出"打倒蒋介石，建立新中国"的奋斗目标。

修改后的第五条，正式提出"建立新中国"的路线图。毛泽东删除了初稿第五条"工人阶级是中国人民革命的领导者，解放区的工人阶级是新中国的主人翁，更加积极地行动起来，更早地实现中国革命的最后胜利"；重新起草了这条内容："各民主党派，各人民团体，各社会贤达，迅速召开政治协商会议，讨论并实现召集人民代表大会，成立民主联合政府！"修改后的第五条是"五一口号"的点睛之笔。这一修改，高度概括了中共中央的建国方略，正式向国内外宣告要成立新政权、建立新中国，由此开启了中国共产党协商建国的精彩华章。

毛泽东删除了初稿第二十三条"中国人民的领袖毛泽东万岁"和第二十四条"中国劳动人民和被压迫人民的缔造者，中国人民解放战争的领导者中国共产党万岁"，改第二十五条"中华民族解放万岁"为第二十三条。这充分反映了中共中央、毛泽东天下为公、虚怀若谷的精神境界和家国情怀，彰显了中国共产党人的胸襟和品格。

1948年4月30日至5月7日，中共中央在城南庄召开书记处扩大会议（城南庄会议）。毛泽东、刘少奇、朱德、周恩来、任弼时等出席会议。会议总结了人民解放军转入战略进攻以来的经验，分析了当前的战略形势，研究了夺取全国胜利的各项战略部署和方针政策。大家对经毛泽东修改后的"中国共产党发布一九四八年'五一'劳动节口号"进行了热烈讨论。周恩来指出，"五一口号"提出召开政治协商会议，从形式上看是恢复1946年1月政协的名称，但性质和内容都不同了。周恩来专门强调，"五一口号"不是宣传口号，而是行动口号，这是今天形势发展的趋势，是全国人民的要求。刘少奇指出：目前召开政治协商会议的国际国内形势已经成熟，我们先提政协这个口号，可以起号召作用，要争取90%的人，团结一切可以团结的力量。中国共产党在全国人民中取得50%以上的拥护是没有问题的，其他任何政党都没有我们这个地位。

發展工業的勞動政策與稅收政策

陳伯達

中國共產黨中央委員會
發佈「五一」勞動節口號

晋察冀日报

1948 年 5 月 1 日的《晋察冀日报》

会议经过认真讨论，决定以中共中央名义发布"五一口号"。具有重大意义和深远影响的"五一口号"正式诞生。

"五一口号"是中国共产党发布的重要政治主张。对此，中共中央及毛泽东都十分重视。据时任《晋察冀日报》社长兼总编辑的邓拓回忆：

> 4月30日，我接到紧急通知，要我赶到城南庄参加一个紧急会议。当时，《晋察冀日报》驻在新房村，离城南庄只有一公里远。我见到主席后，主席紧紧地握住我的手，兴奋之情溢于言表。主席亲自把《纪念五一国际劳动节口号》手稿交给我，让我拿去打印。为了慎重起见，将"五一口号"打出清样后，我又交送主席审阅。4月30日深夜，主席亲自审改后，于5月1日《晋察冀日报》在第一版头条位置发表，共二十三条，口号上方还端端正正地印了毛泽东的侧身头像。[1]

4月30日，新华社正式对外发布"五一口号"，新华广播电台同时进行了广播。

5月1日，《晋察冀日报》《群众日报》等解放区报纸头版全文刊登"五一口号"。5月2日，当时还不是中共中央机关报的《人民日报》全文刊登。在解放区以外，最早刊登"五一口号"全文的是香港《华商报》。时任《晋察冀日报》编辑部副部长、报社编委陈春森，对刊登"五一口号"的过程有一段比较详细的回忆：

> 1948年4月30日，中共中央（书记处）在城南庄召开（扩大）会议，会议通过了《中共中央纪念"五一"劳动节口号》。快到中午的时候，晋察冀日报社接到上级任务，中央要求"五一口号"一定要保证在5月1日当天的报纸上见报。那天我是值班编辑，

1　林干：《仁者彰风——纪念饶彰风诞辰一百周年》，广东经济出版社2013年版，第137页。

由于这个任务特别重要，邓拓社长也来到编辑室和我一起值班。从下午等到傍晚，稿件一直未到，我们心里不免有些着急。

晚上10点刚过，毛主席审定的稿子终于送到了。我们翻开稿子，看到其中第五条"各民主党派，各人民团体，各社会贤达迅速召开政治协商会议，讨论并实现召集人民代表大会，成立民主联合政府"这段话是毛泽东亲笔写在原稿上的。事不宜迟，邓拓和我马上进行编排，迅速送印厂排出小样，我们再对小样反复校对，确保内容准确无误。"五一口号"被安排在报纸的头版头条发布，文前标的是"新华社陕北三十日电"。

（5月1日）凌晨，刊登着中共中央"五一口号"的《晋察冀日报》在印刷厂开机印刷。那天晚上，从社长总编到编辑、排版和印刷工人，大家都没有合眼，整整忙碌了一夜，报纸印刷完毕已是东方大亮。我们按照党中央的要求，在5月1日那天迅速将刊登有"五一口号"的《晋察冀日报》发放出去。[1]

"五一口号"是中共中央到华北后围绕打倒蒋介石、建立新中国这个核心任务而发布的一个重要文件，虽然只有1300多字，但语句凝练，涵盖了当时的政治、军事、经济、社会、民心等各个方面，是一个指引方向和部署工作相结合、宣传口号和行动口号相一致的政治宣言。胡乔木回忆：

中共中央发布五一劳动节口号二十三条，其中经毛主席亲自改写的第五条，正式向全国各民主党派、各人民团体、各社会贤达发出"迅速召开政治协商会议，讨论并实现召集人民代表大会，成立民主联合政府"的号召，由此揭开了筹建新中国的序幕。[2]

1　陈春森：《亲历中共中央"五一口号"首刊〈晋察冀日报〉》，中国政协文史馆编：《文史资料选辑》第170辑，中国文史出版社2017年版，第169页。

2　胡乔木：《胡乔木回忆毛泽东》，人民出版社2014年版，第552—553页。

廖承志请示电报"疑谜"

"五一口号"的发布在中国共产党历史上是一件具有重要意义的大事件。在当时，它有着深刻的时代背景和现实影响。但关于"五一口号"发布的缘由，有一个广为流传的故事。主人公就是时任新华社社长的廖承志。

廖承志是国民党元老廖仲恺、何香凝夫妇之子。父母亲希望他长大后继承革命先辈的志向，因而起名"承志"。廖承志曾两次负责新华社工作。第一次是长征到达陕北保安后，任红色中华通讯社外国电讯负责人。中共中央迁到延安后，红色中华通讯社改名为新华通讯社，

1946 年 1 月 22 日，邓颖超与刚出狱的廖承志在重庆的合影

他是主要负责人之一。第二次是全面内战爆发后，他就任中共中央宣传部副部长、新华社社长，再度领导新华社工作。

1948 年的"五一"劳动节马上来临了。当时，人民解放军势如破竹，在山东、东北、晋南、陕北都取得了重大胜利，中原战场告捷，直逼国民党长江防线。形势比人强。作为新华社社长的廖承志凭着丰富的斗争经验、强烈的政治责任感和高度的职业敏锐性，意识到在这个重要时刻，中央一定有重大宣言需要发布！于是他从涉县给中共中央发了一份简短的电报予以请示。

由于廖承志的电报与"五一口号"这一重大事件相关而多次被党史界、学术界提及，但均没有披露过电报原文。据说电文简短而有"不雅"

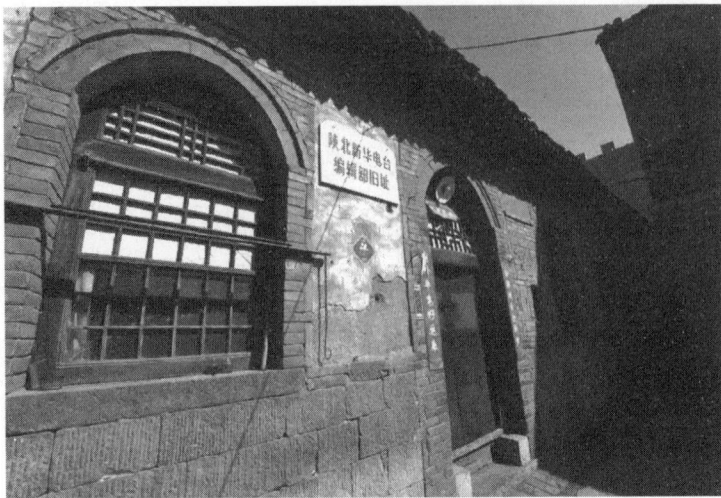

位于河北涉县的新华电台编辑部旧址

的成分，大意是："五一节将至，中央有什么屁要放？"[1]

军旅作家郝在今在《协商建国：中国民主1949》中，用文学的手法，对廖承志"问屁"故事作了描述：

> 战事正忙，行程未定，中共中央怎么想起发布这个口号？
>
> 那是缘起廖承志的一封电报。
>
> 廖承志时任新华社社长，率队驻扎在太行山深处涉县的西戌村（即今西戌村——笔者注）。五一国际劳动节快到了，负责新闻发布的新华社当然要请示请示中央。
>
> 西柏坡的机要工作负责人罗青长把廖承志来电送给中央书记处书记周恩来，罗青长暗观周恩来神色，因为他知道，廖承志这封电报的语言太——

---

1 陈延武：《万水朝东——中国政党制度全景》，生活·读书·新知三联书店2011年版，第138页；郝在今：《协商民主：中国特色政治协商制度开创纪实》，金城出版社2014年版，第4页。

"五一节快到了，中央有什么屁要放？"

"屁"？

下级干部对上级领导、对中央，竟敢使用这种不恭的语言？

周恩来看看电报，只是一笑："这个小廖，吊儿郎当的！"

这领导真够民主的！连"屁"都敢放，还有什么意见不能提？

"有话就说，有屁就放。"这句民间俗语，不时被毛泽东引用。毛泽东总是说，不让人说话不行，屁放了，肚子就舒服了！

而蒋介石那里，只有他一人可以"娘希匹"一下，别人有屁也只好憋着。李宗仁的夫人郭德洁曾说：李宗仁见老蒋只会打立正。

有了廖承志问"屁"这个引子，中共中央决定发布五一口号。[1]

廖承志发电报的事因为与"五一口号"的发布有关，其流传之广、被引用之多超乎人们的想象，频频出现在专家学者著作、各种期刊文章、影视文学作品中。就连在纪念中共中央发布"五一口号"六十周年之际，中央统战部策划的《让历史告诉未来》一书中，也讲了这件事：

人类历史的发展，在很多情况下是一种必然与偶然交汇的结果。中共中央"五一口号"的起草与正式发布，在时机成熟和条件成熟的情况下，还缘于廖承志的一封电报。

1948年的"五一"国际劳动节快到了。按惯例，为纪念这一节日，每年的这个时候，中共中央都会通过新闻宣传部门——新华社，对外作出专门决定，发表宣言……

革命战争迅猛发展形势下的1948年"五一"劳动节，自然也不会例外。当时担任新华社社长的是廖承志，正率队驻扎

1　郝在今：《协商建国：中国民主1949》，漓江出版社2010年版，第2页。

在位于太行山深处涉县的东西戌村。

……

作为新华社社长的廖承志，在"五一"国际劳动节到来之际，想到的是请示中共中央。于是，他随即给中央发来一个十分简短的电报，询问"五一"劳动节快到了，中央有什么重要事情发布。电文很快传到了西柏坡，机要工作负责人罗青长随即把来电送给中央书记处书记周恩来。

廖承志的这封简短来电，当即引起毛泽东和周恩来等中共中央领导人的高度重视。国民党反动统治即将崩溃，一个独立、民主、和平、统一的新中国即将诞生。该是对外公布共产党人的政治主张、提出新中国政权蓝图的时候了。

时机成熟！条件具备！恰逢重大节日！于是，中共中央立即着手起草"五一口号"。[1]

廖承志给中央发请示电报的事之所以说是"流传"，是因为直到现在这封电报也没有现世。而流传之广的原因主要有二：一是这封简短电报与"五一口号"发布的缘起有关联，二是电报中的"问屁"内容使这封电报变得非常传奇。

时光流逝70多年了，关于廖承志给中央发请示电报这件事的传说仍然经久不衰。许多人自然而然地接受了这件事的真实性，然而一些相信"眼见为实"或勇于"质疑"的人不禁要问，既然现在看不到这封电报，那么到底有没有廖承志发电报这件事？如果廖承志发了这封电报，里面有没有"问屁"内容？

由于"五一口号"在新中国成立历史上具有重要意义，探寻与其相

1　朱维群主编：《让历史告诉未来：中共中央发布"五一口号"六十周年纪念》，华文出版社2008年版，第105—107页。

关的缘由，自然有重要的史学价值。笔者试图多方查询这封电报的真实性，也曾求助于权威档案机构，求教于专家学者，翻阅大量史料，均无所获。当年的亲历者基本已不在人世，无法印证。对这个"疑谜"，只能依据一些旁证资料，采取自问自答的方式，尝试做一些探究。

首先，廖承志在"五一"节之前是否给中央发了电报？有没有"问屁"内容？

中共中央发布"五一口号"前后这段时间，正处于战略决战的前夕。在城南庄、西柏坡的小平房里，中共中央主要靠发电报和各战场、各方面联系，与远在涉县山坳里的新华社的联系也是通过这样的方式。据中央档案馆和新华社的一些史料看，当时中共中央与新华社电报往来十分频繁。战争形势发生重大变化，且逢重要节日，处在与国民党政治斗争前沿的新华社及其社长廖承志，向中共中央发电报请示宣传口径，程序上是正常的，逻辑上也是合理的。

李敦白（1921—2019），美国进步人士，是中国共产党早期历史上唯一的外籍党员。他和毛泽东、周恩来、朱德等很多中共高层领导人有过密切接触，也亲历了若干重大历史事件，可以说是"跻身核心圈的独一无二的老外"。1945 年他来中国，1946 年先后在张家口、延安新华广播电台从事英语广播稿的编辑

1966 年 10 月 1 日，李敦白在天安门城楼同毛泽东合影

和播音工作。1948 年时，他受廖承志领导，也是廖承志的好朋友。

2009 年，河北电视台为了制作大型历史文献片《新中国从这里走来》，采访了大量与西柏坡有关的历史人物，其中就包括李敦白。他在接受采访时曾说过这样一段话：

新华社曾经在涉县还待过一段时间。到涉县后工作全面恢复，包括扩大规模。涉县那个叫"西戍"，那个戍是卫戍司令部的戍，但当地老百姓念 shui，西 shui，东 shui，中间一个小村子叫诚村，大概那个地方是古代一个小国的首府，在那儿全面干起来了。那是很苦的地方，有一条小溪，有时候有水，有时候没水，他们老百姓说一个大人物来了，他就来水，那廖承志来了就来水，要不然跑很远的地方把水拉回来。

1948 年的时候，当时新华社发表"五一"口号。4 月底，马上要"五一"了嘛。按照惯例要发表东西是吧，当时这个影响挺大的。当时的情况是廖承志首先给中央发电报。"五一"的时候还没到平山。

从李敦白的回忆中可以看出，廖承志在 1948 年"五一"节前夕确实给中央发了电报，但遗憾的是，李敦白并没有说明电报的内容。

2021 年，已经退休的军旅作家郝在今曾表示，关于廖承志发"问屁"电报的故事，是他首次披露的。郝在今说，1999 年的时候，为了准备革命历史题材电影《肝胆相照》剧本素材，他采访了罗青长、梅黎（张唯一的夫人，张唯一担任过周恩来的秘书）同志，两人都提到了廖承志发的"五一节快到了，中央有什么屁要放？"以及周恩来说"这个小廖，吊儿郎当的！"的话。郝在今的回忆，比较确定地说明了，廖承志确实给中央发了请示电报，而且电报中有"问屁"字样。

其次，为什么查不到这封请示电报？

中共中央到了西柏坡后，虽然仍是紧张的战时状态，但中共中央的档案管理已经比较严格和规范了。这一时期绝大部分档案的保存比较完整。在中共中央离开西柏坡向北平转移之前，中央办公厅对各单位的档案管理工作做过专门要求。1949 年 2 月 25 日发出的《机关、部队转移前后应该遵守的事项》，其中规定：

2. 一切废纸、杂字、油印后的蜡纸、用过的复写纸一律烧毁。

3. 对各种档案、文件、电讯及一切有关机密材料，应即进行清理登记、包封，妥为装箱保管，临时使用之材料，应责成专人携带。凡有已失时效，又无须带走的文件材料须焚毁时，必须经本机关最高首长批准，并有两人以上在场始能焚毁之。

4. 一切文件装箱，须分普通与特别机密两部，并须事先指定专人看管押送。

5. 立即详细检查一切不令人注目的偏僻地方、收检片纸只字（如室内墙缝中、老鼠洞内、箱柜下、箱柜背后、桌凳脚下、炉灶中、坑［炕］席下、墙壁桌凳所写的名字、机关代号、糊窗纸上、室内外之厕所中、小便池内、垃圾堆、猪圈、驻地道路旁边，那怕是片纸只字）事先加以检查与清理。[1]

由此可见，中共中央机关在离开西柏坡时连墙缝中、老鼠洞内的"片纸只字"都没有丢下。这就可以确定，廖承志的请示电报，不可能丢落在西柏坡。

我们在做有关人民政协成立的课题时，曾到中央档案馆查询，遗憾无果。这有两种可能：一是中央机关离开西柏坡时，此电报由于过短或者因电文不雅被列入"焚毁"之列。假如是这种情况，那么廖承志的请示电报就真的再也看不到了。二是此电报仍在，只是"沉睡"在档案馆的某个"角落"，没被查到；或者是查到了，出于解密规定、电文不雅、政治考量等原因不宜公开。果如此，将来某一天，它可能会大白于天下。

还有，廖承志本人为什么从来没有提及此事？

廖承志于 1983 年逝世。在世时，廖承志本人从来没有提及给中央

1　中央档案馆、西柏坡纪念馆编：《西柏坡档案》第 3 卷，中国档案出版社 2012 年版，第 1352 页。

发"问屁"电报的事。笔者分析，1948年"五一"节之前，廖承志远在河北邯郸涉县，并不知晓毛泽东等中央领导人关于建立新中国的构想，这从"五一口号"初稿内容便可看出。他只是出于政治敏锐性和惯例，在"五一"节前夕这样一个重要时间节点，给中央发了请示电报。廖承志的自觉行动，与中共中央正欲发表建国主张的设想，在时间上恰巧高度契合。也就是说，中共中央发布"五一口号"是历史的必然，而廖承志此时发的请示电报，是这个必然历史事件发生过程中的一个重要的偶然因素。廖承志作为党内的高级领导干部，自然不会把偶然因素与历史必然混淆在一起。

类似的情况在中共党史中并不罕见。比如，中共秘密党员、著名民主人士胡愈之，1948年9月在由香港前往东北解放区的途中，发表了一番关于解放战争进程的"高论"，引起旅大党委重视并派专人护送他到西柏坡向中共中央汇报。他是怎么向党中央汇报的，中央是不是接受了胡愈之的建议？对于这一系列问题，胡愈之直到逝世，他自己从来没有提及。若不是当年旅大党委负责人李一氓后来披露，恐怕现在也成了悬案。

廖承志不愧为伟大的革命家、政治家，在中国革命的关键时刻，顺应历史潮流，发挥了重要作用。

毛泽东致信李济深、沈钧儒

中共中央发布的"五一口号"，明确提出了协商建立新中国的蓝图和实现这一蓝图的路线图、领导力量、依靠力量。能否得到当时社会各界的支持，特别是具有政治影响力的各民主党派、上层民主人士的支持，对于建立新中国的正当性、合法性、民主性，意义重大。

自从1921年中国共产党成立以后，中国的政治舞台上便形成了以共产党和国民党为"两极"的政党格局。但在国共两党之外，还有诸多党派组织和团体，这就是通常所说的中间势力，亦称中间力量、中间党派、第三方面。

中间势力在当时的中国是不容忽视的一股社会、政治力量，其主体是民族资产阶级及其知识分子，在政治上的代表主要是各民主党派。胡绳曾有个观点：党史研究不只要研究国共两个对立的方面、研究武装斗争，实际上中国的社会政治面貌应该是两头小中间大。中间势力跟谁走，谁就有了胜利的把握。不是因为战争，至少不是完全因为战争才使你这个党能够执政。是中间的这么一大块力量，信服你的感召、信服你的路线、信服你的目标，才能决定你的胜败。[1]

中共对中间党派的称谓及认识有个发展演变的过程。最初提法是"各党派"或"各党各派"，如 1935 年发表的《为抗日救国告全体同胞书》中说，"共产党愿意立刻与中国一切愿意参加抗日救国事业的各党派……进行谈判共同成立国防政府问题"。[2] 抗战时期，对中间党派的称谓因时而异，在谈到国共两党之间时，称之为"中间党派"；在谈到抗日战争时，称之为"爱国党派""抗日党派""爱国的抗日党派"，如 1943 年 10 月 5 日，毛泽东在《评国民党十一中全会和三届二次国民参政会》一文中，提到"一切爱国的抗日党派、抗日人民应该团结起来"。[3] 到 1945 年 4 月，毛泽东在《论联合政府》中有"一个为各个抗日民主党派互相同意的最低限度的纲领"，"承认各民主党派的合法地位"[4] 的提法，首次出现民主党派的称谓。从此以后，中共多称中间党派为民主党派。这个提法逐步被各方接受，延续至今。

当时，中共改称中间党派为民主党派，主要是为了最大限度地团结中间势力，将一些右翼党派如民社党和青年党等也包括在内。1946年 11 月民社党、青年党参加了由国民党一手包办的"国民大会"时，

1　李向前：《新中国宏伟蓝图的构建》，张同乐、张军锋编著：《西柏坡口述史》，河北人民出版社 2020 年版，第 337—338 页。

2　中央统战部、中央档案馆：《中共中央抗日民族统一战线文件选编》中册，档案出版社 1985 年版，第 16 页。

3　《毛泽东选集》第 3 卷，人民出版社 1991 年版，第 926 页。

4　《毛泽东选集》第 3 卷，人民出版社 1991 年版，第 1065、1069 页。

中共随即指出："现在只有中国共产党与真正的民主党派、真正的社会贤达及最广大的人民群众，才一直坚持去年一月停战协定与政协路线。"[1] 这时已将民社党和青年党等右翼党派排除在民主党派范畴之外了。"五一口号"号召中所指的"各民主党派、各人民团体、各社会贤达"，显然也是排除民社党、青年党等党派的"真正的民主党派、真正的社会贤达"。

在围绕旧政协、伪国大等与国民党开展的现实斗争中，各民主党派逐渐认识到，在中国走中间路线只是一个幻想，根本走不通。各民主党派与国民党决裂的标志性事件，是民盟被宣布为非法。1947 年 10 月 28 日，国民党中央社发表《政府宣布民盟非法》的声明，声称：查民主同盟勾结"共匪"，参加叛乱。政府已将该"民主同盟"宣布为非法团体，今后各地治安机关，对于该盟及其分子一切活动，严加取缔，以遏乱萌，而维治安。[2] 在国民党政府的高压下，11 月 6 日，民盟中央主席张澜被迫发表"中国民主同盟总部解散公告"。

迫于国民党的恐怖政策，民盟、民建、农工党等民主党派被迫转入地下活动。在中共的安排、帮助下，各民主党派的领导人一部分采取分散方式坚持斗争；一部分去香港和解放区公开斗争。

战后初期的香港是"一个既不是蒋管区，也不是解放区的'第三种地带'"[3]，而且人们觉得在这里"不像解放区那么动荡，也不像蒋管区那样受迫害"[4]，对革命的和民主的力量来说，有着较大的活动空间。为躲避国民党的白色恐怖，民主党派纷纷将"主战场"转移到香港，重新集结，高举反蒋旗帜，与中国共产党合作，加入人民民主统一战线。

1　周恩来：《评马歇尔离华声明》，《解放日报》1947 年 1 月 14 日。

2　朱维群主编：《让历史告诉未来：中共中央发布"五一口号"六十周年纪念》，华文出版社 2008 年版，第 38—39 页。

3　沙鸥：《需要批评》，《华商报》1948 年 6 月 20 日。

4　郭沫若：《一年来中国文艺运动及其趋势》，《华商报》1948 年 1 月 7 日。

1947 年 5 月，致公党第三次全国代表大会在香港举行，鲜明提出反对帝国主义、封建主义和官僚资本主义，以加入中共领导的人民民主统一战线，结束国民党反动统治，建立新中国为奋斗目标。11 月，谢雪红、杨克煌、苏新等人，在香港召开了台湾民主自治同盟筹委会第一次会员代表大会，把反对蒋介石统治、反对台湾独立和托管阴谋作为自己的重要斗争任务。12 月 25 日，中国国民党民主派第一次全国代表大会在香港正式召开。1948 年元旦，中国国民党革命委员会宣告成立，李济深当选为主席。在"成立宣言"和"行动纲领"中，民革明确提出，要推翻蒋介石卖国独裁政权，成立联合政府。民革的成立，标志着国民党内各派爱国民主力量的大联合，也标志着国民党革命派与国民党反动派的公开决裂。1 月 5 日至 19 日，由沈钧儒、章伯钧主持，民盟在香港秘密举行一届三中全会。民盟三中全会是民盟历史上一次极为重要的会议。全会总结了历史上的经验教训，批判了中间路线，宣布彻底和美蒋决裂，重新确立民盟的政治路线和组织路线，重建民盟总部。从此，民盟基本上接受了中国共产党的新民主主义革命纲领。

1948 年 5 月 1 日之前，除了民主建国会和九三学社总部仍留在内地坚持地下斗争，其余各主要民主党派总部及其主要领导人（民主建国会领导人黄炎培后来也经过香港北上）基本上都聚集香港，汇成强大的民主力量。人民民主统一战线得到空前巩固和壮大。

在香港的这些民主党派、民主人士中，民革、民盟及其领导人李济深、沈钧儒，无疑是最具代表性、影响力的。中国共产党要把建国的基本构想、重要步骤，与各民主党派、各人民团体、各社会贤达进行协商，李济深、沈钧儒他们的意见和态度至为重要。

因此，在"五一口号"正式对外发布的第二天，即 1948 年 5 月 1 日，毛泽东以中共中央主席的名义，致信在香港的民革主席李济深、民盟中央常委沈钧儒，以协商的口气具体提出了召开政治协商会议的时间、地点、参会党派和原则、实施步骤等，对"五一口号"第五条作了进一步的补充说明。信函写道：

在目前形势下，召集人民代表大会，成立民主联合政府，加强各民主党派、各人民团体的相互合作，并拟订民主联合政府的施政纲领，业已成为必要，时机亦已成熟。国内广大民主人士业已有了此种要求，想二兄必有同感。但欲实现这一步骤，必须先邀集各民主党派、各人民团体的代表开一个会议。在这个会议上，讨论并决定上述问题。此项会议似宜定名为政治协商会议。一切反美帝反蒋党的民主党派、人民团体，均可派代表参加。不属于各民主党派各人民团体的反美帝反蒋党的某些社会贤达，亦可被邀参加此项会议。此项会议的决定，必须求得到会各主要民主党派及各人民团体的共同一致，并尽可能求得全体一致。会议的地点，提议在哈尔滨。会议的时间，提议在今年秋季。并提议由中国国民党革命委员会、中国民主同盟中央执行委员会、中国共产党中央委员会于本月内发表三党联合声明，以为号召。此项联合声明，弟已拟了一个草案，另件奉陈。以上诸点是否适当，敬请二兄详加考虑，予以指教。三党联合声明内容文字是否适当，抑或不限于三党，加入其他民主党派及重要人民团体联署发表，究以何者适宜，统祈赐示。兹托潘汉年同志进谒二兄。二兄有所指示，请交汉年转达，不胜感幸。[1]

在协商建立新中国历史上，毛泽东的这封信有着特殊的意义和价值。它迈出了政党协商的第一步。"五一口号"虽然提出了召开政治协商会议、召集人民代表大会、成立民主联合政府的主张，但这只是中共单方面的意见。召集人民代表大会、成立民主联合政府的时机是否成熟，这个路线图是否可行，政治协商会议哪些人参加、如何召开、在哪儿召开？这些问题都需要与各民主党派、各界民主人士进行商量。

从此后的历史进程可见，这封信发出后，中共中央委托香港分局、

1　中共中央文献研究室编：《毛泽东书信选集》，中央文献出版社 2003 年版，第 277 页。

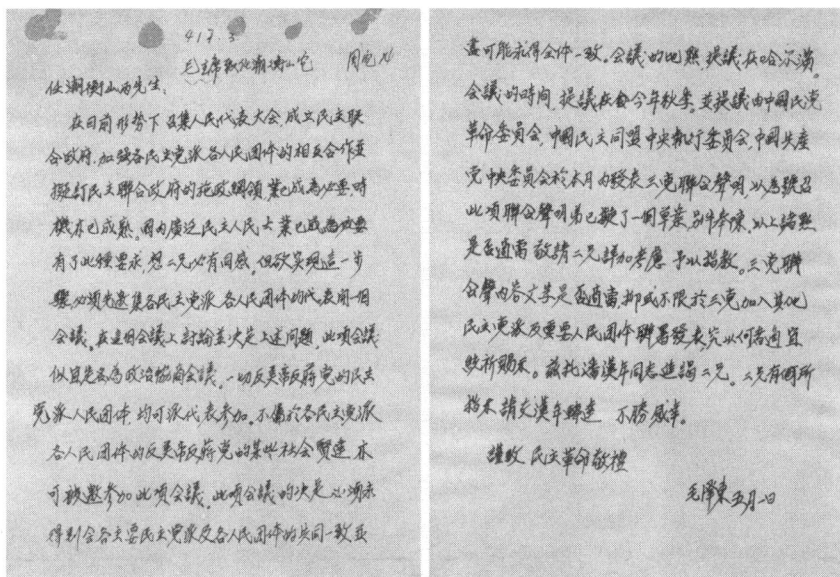

1948 年 5 月 1 日毛泽东致李济深、沈钧儒信

东北局分别与民主人士围绕召开政协会议、成立新政权开展了多次协商。在滹沱河畔的西柏坡和李家庄，由于占据天时地利，中共中央及其领导人毛泽东、周恩来与到达华北解放区的民主人士之间，上演了一幕幕协商建国的故事。

海内外响应五一号召

1948 年 4 月 30 日，中共中央通过电报将"五一口号"传到民主党派和民主人士云集的香港。第二天，中国共产党创办的《华商报》头版全文刊载。李济深和沈钧儒也收到了由香港分局潘汉年送来的毛泽东的信函。

"一石激起千层浪。"在香港的各民主党派、人民团体、无党派民主人士，纷纷发表通电、宣言、声明，掀起了一波波响应"五一口号"的高潮。

5 月 5 日，李济深等 12 名民主党派负责人和无党派民主人士代表，代表各自党派向全国同胞联合发出通电，并联名致电中共中央主席毛泽东，赞同中共中央的"五一口号"。"五五通电"酣畅淋漓地表达了民主党派心声，正面回应了中共中央"五一口号"，表达了与中国共产党共同筹备、召开政协会议的决心。其反应之快速、态度之明确、意见之一致，对于政见各异、组织众多、人员分散的民主党派和民主人士来说，在历史上不曾有过。这充分表明，"五一口号"符合民意、顺应民心。

"五五通电"虽然代表多个民主党派，但各党派认为还不足以充分表达心声，尤其是那些没有一起署名的民主党派和民主人士。随之，各民主党派、人民团体、海外华侨纷纷发表宣言、声明或通电，公开响应中共"五一口号"。一场"新政协运动"在香港轰轰烈烈地开展起来。

"新政协"显然是区别于1946年在重庆召开的政治协商会议。在"五一口号"提出召开政治协商会议后，中国共产党和各民主党派、人民团体、无党派民主人士及社会各界一致认为，尽管这两个"政治协商会议"名称相同，但已经有了本质的区别。为了区别起见，把1946年的政治协商会议，称为"旧政协"；把"五一口号"提出要召开的政治协商会议，称为"新政协"。

《华商报》是中国共产党在香港创办的一份有重大影响的报纸，创刊于1941年4月8日，太平洋战争爆发后停刊；1946年1月4日在香港复刊。报社骨干中，党员和党外人士各占一半。也就是说，复刊后的《华商报》具有统一战线的性质。1947年香港分局成立后，设立报刊工作委员会。《华商报》归报刊委领导。解放战争期间，香港《华商报》成为解放区以外能直接传播中共中央声音的一张重要报纸，被誉为"人民舆论之喉舌，对敌斗争之纸弹"。1948年5月8日，由《华商报》出面，组织在港的郭沫若、马叙伦、邓初民、章乃器、冯裕芳、黄药眠、翦伯赞、沈钧儒、章伯钧等19名著名民主人士，召开题为"目前新形势与新政协"的座谈会。5月16、17日，《华商报》连续两天刊登此次座谈会记录。这是目前有据可考的最早使用"新政协"一词的公开报刊。此后，无论中共中央的文电、报刊，还是各民主党派的宣言声明，甚至连国民党及中间立场的报刊，都广泛采用"新政协"一词。

　　社会各界对"五一口号"广泛而热烈的响应，催生着新政协。伴随着大决战的冲锋号角，在滹沱河畔小山村里，中国共产党领导各民主党派、人民团体、无党派民主人士，围绕筹建新政协、创建新中国也开始了实际行动。

1948 年 5 月 6 日《华商报》

新华通讯社
●

中央马列学院
中央法制委员会
●

中央宣传部
●

中央ɡ
●

中央社会部
●

中央组织部
●

中共中央
中央军委
解放军总部
中央政策研究⅀
总参谋部
军委作战部

第三章

滹沱河畔
运筹帷幄

中央统战部

中央办公厅
中央财政经济部
总政治部
后勤部

央卫生部

从 1948 年 9 月中央政治局会议以后，党中央最大的工作是两件：一是打仗，二是统战。9 月 7 日，决定新中国命运的三大战役相继发动。统战工作，主要是把在香港和国统区的民主人士接到解放区来，准备召开新的政治协商会议。这是政治上的一件大事……

张东荪、费孝通、雷洁琼等是从北平经石家庄到西柏坡的。我们安排他们住在中央统战部旁边的一个名叫李家庄的大村子里。

————《杨尚昆回忆录》

毛泽东入驻西柏坡

1948 年 4 月 30 日，时任中共中央办公厅主任、中央军委秘书长杨尚昆宣布：中共中央、中央军委 5 月 1 日起，在西柏坡正式开始办公。从此，西柏坡成为中共中央最后一个农村指挥所。

城南庄会议后，毛泽东仍留在城南庄。他准备在 5 月初动身越过京张铁路到哈尔滨，再前往莫斯科会见斯大林，商讨政治、军事、经济等问题。建立和巩固新的政权，无疑将是讨论的重点。中共中央已准备让罗瑞卿带领一个旅护送毛泽东。

等候期间，毛泽东和中共中央高度关注"五一口号"发布后，在香港的各民主党派、人民团体、无党派民主人士的反应和态度。这将影响下一步的决策。

5 月 7 日，毛泽东起草中共中央致香港分局、上海局并潘汉年电，要求他们就召开新政协问题，用非正式的或交换意见的态度，与各真诚反美反蒋的民主党派、人民团体及社会知名人士交换意见，并将各方反应报告中央。5 月 13 日，周恩来电示香港分局，要求将响应"五一口号"的电文内容、署名全文电告中央。

就在这时，斯大林改变了此前同意毛泽东去莫斯科的意见。斯大林提出，从河北到哈尔滨，沿途有傅作义的部队，安全难有保障，希望毛泽东推迟访苏。

不去苏联了，毛泽东就准备稍事休整，搬到西柏坡，与中共中央汇合。不料，5 月 18 日，城南庄遭遇敌机轰炸。对当时事态的凶险，多年后聂荣臻回忆起来仍心有余悸：

> 那天早晨，收听完广播，我正在吃早饭，接冀晋军区报告，有敌机在沙河一线活动，接着听到有机群的轰鸣声，这时我思想上特别警惕，因为毛泽东同志住在这里，必须对他的安全绝对负责。
>
> 我急忙走到院里，敌机的轰鸣声，越来越大了。
>
> 我循着声音望去，有一架敌机已经飞来了，在城南庄上空盘旋侦察，接着，后面传来一阵轰鸣声，声音很沉重，不多时又飞来了一架敌机，这时已经看清是B-25轰炸机。于是，我疾步向毛泽东同志的房间走去。
>
> 当时毛泽东同志正在休息，为了保证主席的安全，我叫警卫人员找来担架，和赵尔陆同志一起把主席抬起来，一溜小跑着到了房后的防空洞，我和毛泽东同志刚走进防空洞，敌人的飞机就投下了炸弹，只听轰轰几声巨响，我们驻地的小院附近升起了一团团浓烟。
>
> 这次敌机一共投了5枚炸弹，一枚落在驻地的东南，一枚落到房后山坡上没有爆炸，两枚落在离驻地较远的地方，另外一枚在毛泽东所住的小院里爆炸，把房子门窗的玻璃都震碎了，有一些鸡蛋也被弹片砸烂了。看到这些，我心中未免害怕起来，如果不是我们当机立断，事情的后果是不堪设想的。[1]

毛泽东刚吃完安眠药入睡，敌机就来轰炸，可见是内鬼作祟。此案很快得以破获。原来是国民党特务有预谋的一场暗杀行动，目标针对中国共产党的领袖毛泽东。城南庄被炸后，周恩来当天从西柏坡赶来，并

---

1 聂荣臻：《在城南庄的日子里》，钟辰、夏鹭等编：《毛泽东（领袖交往实录系列）》，四川人民出版社1992年版，第155—157页。

于当晚帮助毛泽东秘密迁往城南庄以西 20 多里的花山村。第三天清晨，10 余架敌机再次袭击城南庄，来势比"5·18"更加猛烈。

为安全起见，5 月 27 日，毛泽东一行离开花山村，到达西柏坡，与朱德、刘少奇、周恩来、任弼时会合。西柏坡村有一处占地 24 亩的自然院落。中央工委来后，村民腾让出来，称之为中央大院。整个院落分为前后两部分，中间有一道东西向的山梁，人称柏坡岭。岭南叫前院，其东部 3 处农院紧紧相连，分别住着毛泽东、周恩来、任弼时 3 家；西部有 2 处民房，原是刘少奇、朱德合住的院子和董必武的住所。岭北叫后沟，后来在此又盖起 3 间窑洞式的房子，在毛泽东的坚持下，朱德一家搬了进去。

从此，直到 1949 年 3 月 23 日中共中央迁移北平，毛泽东、周恩来等中央领导人，在西柏坡这个指挥所部署大决战、谋划大方略，为新中国的成立做着全面的准备。

为抓紧推动新政协新政权的筹划，5 月 31 日，毛泽东写信给刘少奇、周恩来等，请他们考虑将张东荪、吴晗、许德珩这些人尽快从平、津接出来，以便征得他们同意后，选为华北行政机构的委员，并有一二人任部长，一二人任副部长。

西柏坡村的中共中央领导人办公处所俯瞰

中共中央机关在滹沱河畔分布图

对中共中央来说，"五一口号"发出一个多月了，香港那边情况如何？李济深、沈钧儒等民主党派领导人的态度如何？香港分局是否理解中央意图、以非正式交换意见的方式征询民主人士的意见？所有这一切音信皆无。6月13日，毛泽东为中共中央起草电文，再电示上海局、香港分局并告潘汉年：关于召开新政治协商会议的时间、地点、召集人、代表名额以及人民代表会议何时召集及如何召集等事项，请征询各民主党派、人民团体、社会贤达人士的意见。

事实上，在香港，中共香港分局正积极引导"新政协运动"走向深入。6月30日，分局书记方方亲自主持召开座谈会，邀请马叙伦、郭沫若、沈钧儒、谭平山、茅盾、李章达、胡愈之、王绍鏊等出席。李济深因故没有到会，委托香港分局统战委员连贯转达他的意见。在5月8日座谈会上，讨论的大多关乎新政协性质等宏大话题，这次座谈会则集中围绕具体问题展开。比如，新政协何时召开？在什么地方开会？谁是新政协的召集人？新政协要解决哪些问题？哪些单位和个人有资格参加新政协？等等。

其中，关于新政协的参加单位和个人是讨论最热烈、也最具原则性的一个问题。会议一致赞同"五一口号"提到的"民主党派、人民团体、社会贤达"这个框架，但普遍认为应以其对现阶段民主的实际态度和贡献为原则。在讨论接近结束的时候，连贯转达李济深的意见"新政协代表范围要扩大到蒋介石下面的拥护政协的各种力量"时，引起一些人的反对。谭平山认为：那些人也要争取，但是只是个别争取，不要整个争取，整个争取也是不可能的。

香港"新政协运动"虽不过数月，但影响深远，它开启了中国共产党与各民主党派面对面进行政治协商的新模式。中共与各民主党派、人民团体和无党派民主人士围绕新政协若干实质性问题深入讨论，交流看法，统一思想，凝聚共识，为新政协筹备、新中国成立创造了积极的条件。

遗憾的是，由于种种原因，毛泽东并没有在第一时间看到"五五通电"

及其他相关声明和讨论情况。他复电民主人士，已经是 8 月 1 日了。

毛泽东复电的同一天，中共中央另致电香港分局和潘汉年，对拖延报告香港情况之事予以批评：

> 中央"五一"口号发表后，港、沪民主党派及文化、经济、妇女、青年、华侨各方面人士均有热烈响应。中央亦曾电告你们，向各方征询对召开新政协，讨论并实现人民代表会议、成立联合政府的意见。但这件事对你们并未引起足够重视，如香港各党派五月五日两份通电，你们延至辰寒（5 月 14 日）还只约略告大意，我们当电索全文，你们直至七月中始将全文拍来，延迟两月之久，而对其他通电、宣言，直到现在也未转来，使我们对此事的回答，延搁几至三月，引起各方面不必要的猜疑。从这件事上，证明你们的政治注意力甚弱。[1]

从当时情况看，中央有此批评是理所当然的。"五一口号"发布数月，中共中央几次发电部署和催问，但毫无消息；民主党派和各界人士在香港响应之及时之热烈，可用如火如荼来形容，中共中央这边却没有了回应，也难免"引起各方面不必要的猜疑"。不过出现这种状况事出有因。据当时在香港分局负责机要电报工作的杜襟南回忆，"延搁"的原因是"密码故障"引起的，而并非"政治注意力甚弱"的缘故。按照机要原则，"五五通电"已在报上公开，必须另编密码发出。但电报发出后，中共中央办公厅机要部门几次译不出来，或译不完整。经技术检查，直到 7 月中旬才将电文全部译出。[2] 这也就是毛泽东致电李济深、何香凝、沈钧儒等民主人士并转香港各民主党派、人民团体及无党派民主人士中所说的"五月五日电示，因交通阻隔，今始奉悉"的原因。

1　西柏坡纪念馆编：《西柏坡记忆》第 5 卷，河北人民出版社 2018 年版，第 60—61 页。

2　杜襟南：《亲历者的历史见证——香港民主人士响应中共中央"五一"口号及毛泽东迟复的实情》，《广东党史》2005 年第 5 期。

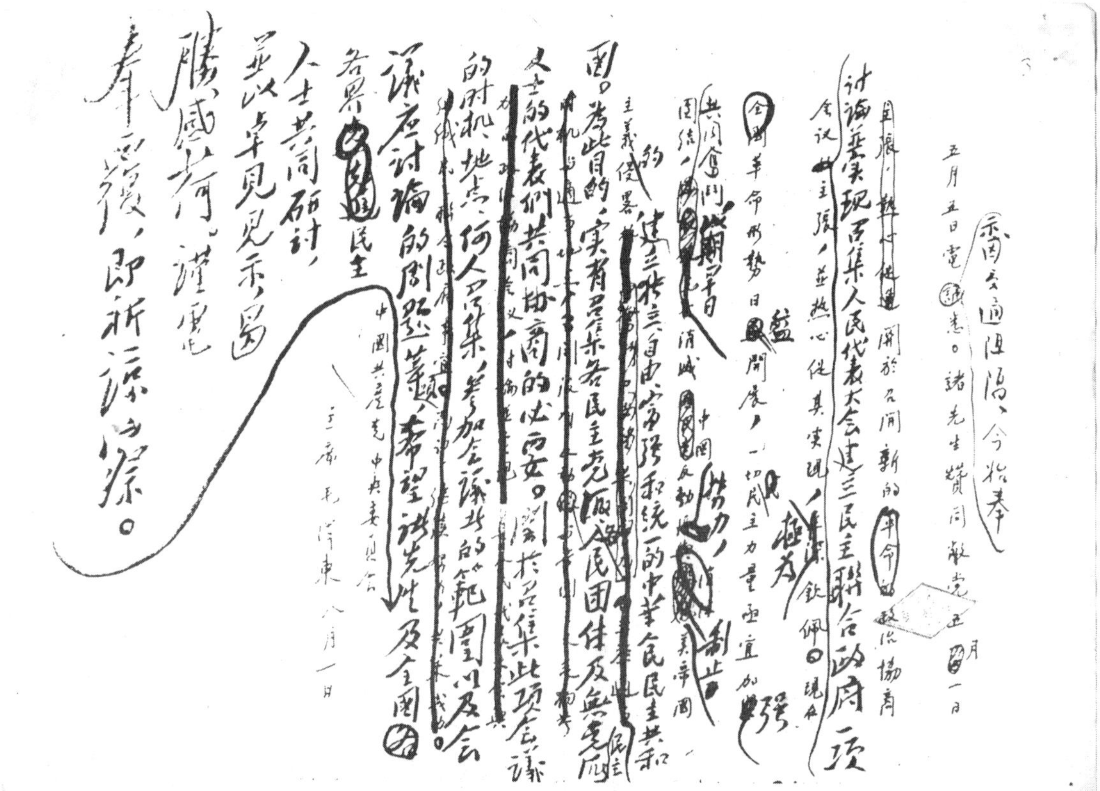

毛泽东修改的“八一复电”

毛泽东在复电中对各民主党派和各界人士响应"五一口号"并热心促其实现的行动表示钦佩。他提出：为建立独立、自由、富强和统一的中华人民民主共和国，实有召集各民主党派、各人民团体及无党派民主人士的代表们共同协商的必要。"关于召集此项会议的时机、地点、何人召集、参加会议者的范围以及会议应讨论的问题等项，希望诸先生及全国各界民主人士共同研讨。"[1]

"八一复电"后，按时任中共中央副秘书长、中央办公厅主任杨尚昆的说法，统战是当时党中央抓的两项重点工作之一，几乎与打仗同等重要。中共中央把部署和护送民主人士到解放区，参与筹备新政协、建立新政权摆上了重要议事日程。

毛泽东的复电在各民主党派、人民团体、无党派民主人士和国外华侨中，又一次引起了强烈震动。大家倍感振奋，因中共中央"迟复"带来的疑虑一扫而光，仿佛感受到了新政协的第一搏脉动，触摸到了新中国的第一缕曙光。许多民主人士期盼能够早日参加到新政协的筹备工作中去。

邀请民主人士到解放区

召开新政协是建立新政权、成立新中国在程序上的第一步，至关重要。在响应中共中央"五一口号"热潮中，"迅速召开政治协商会议，讨论并实现召集人民代表大会，成立民主联合政府"成为各民主党派、各界人士的共识。但哪些党派团体有资格参与这一不朽盛事，哪些人有资格成为会议代表，则是一件严肃的事情。请什么人来、通过什么方式邀请等一系列问题，需中共中央慎重考虑，也需要与各民主党派深入协商。但由于各民主党派总部及其领导人在国统区或者在香港，这种沟通协商只能通过中共地下党组织转达或代为进行。

1　中国人民解放军政治学院党史教研室编·《中共党史参考资料》第 11 册，第 57 页。

在"五一口号"正式发布前，毛泽东就已经考虑如何邀请民主人士来解放区、如何征求他们意见的问题了。毛泽东4月27日在致华北局城工部部长刘仁的信中，专门请他联系北平的张东荪、符定一等民主人士，商议应邀请哪些人参加新政协。"五一口号"发布后，中共中央紧接着向上海局、香港分局发出邀请民主人士来解放区的指示，同时提出了一份29人的邀请名单："我党拟邀请李济深、冯玉祥、何香凝、李章达、柳亚子、谭平山、沈钧儒、章伯钧、彭泽民、史良、邓初民、沙千里、郭沫若、茅盾、马叙伦、章乃器、张絅伯、陈嘉庚、简玉阶、施存统、黄炎培、张澜、罗隆基、张东荪、许德珩、吴晗、曾昭抡、符定一、雷洁琼及其他民主人士来解放区开会。其中有被敌监视不能来者，可派遣本人的代表。"[1]这是中共中央集中发出的第一张"请柬"。名单中的这些人，多数在香港，还有人在北平、上海、天津等国统区。

毛泽东"八一复电"后，中共中央加快了邀请民主人士到解放区的行动。9月20日，周恩来又拟定邀请从港、沪和长江以南前来解放区商讨召开新政协的各民主党派及无党派人士77人名单。这个名单具体到了各个民主党派和社会各界别。比如，国民党革命委员会如李济深能来最好，否则除蔡廷锴外，何香凝、柳亚子、朱蕴山仍望能来；民主同盟除沈钧儒外，尚有史良、邓初民、周鲸文、罗隆基、张澜、梁漱溟、曾昭抡、胡愈之、马哲民……

同一天，中共中央致电华北局并华北局城工委员会，提出为筹备召开新政协，除在港、沪及长江以南邀请各民主党派、人民团体的代表人物，拟在平津邀请24名民主人士："党派张东荪、吴晗、潘光旦；产业界李烛尘、李组绅；教授许德珩、樊弘、袁翰青、张奚若、闻家驷、费孝通、李广田、徐悲鸿、陆志韦、劳君展（女）、翁独健、王之相、向达、雷洁琼、卢念苏、周炳琳、钱端升；绅士符定一、李锡九。"同时要求华北局城工部："此

1　中央统战部、中央档案馆编：《中共中央解放战争时期统一战线文件选编》，档案出版社1988年版，第198页。

外学生团体如华北学联、民青、民联
等各推代表数人，由华北城工委准备。
天津方面，也望提出数人。"[1]

邀请来解放区的民主人士如何安
置，中共中央在9月20日给沪局、
香港分局电文中作出部署。当时，主
要解放区集中在东北和华北，所以电
文专门提到："北来人士，拟先集中
哈尔滨招待商谈；华北民主人士如直
进解放区，则集中华北。视战事发展，
明春或来华北或即在哈市召开新政
协。"[2]由此可见，召开新政协的地点

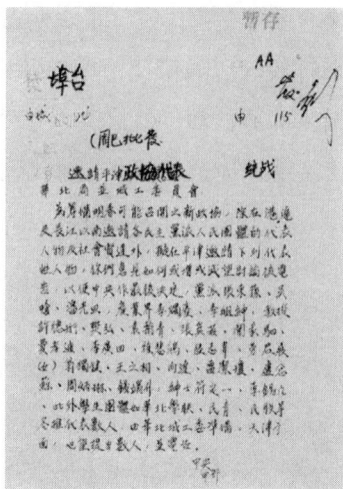

中共中央致华北局并城工委员会电文

拟打算在华北或者哈尔滨。随着东北解放区区域的进一步扩大，哈尔滨
作为解放了的大城市，曾一度成为首选地。10月8日，中共中央提出"由
于交通困难，故必须从现在起，就陆续邀请他们来哈尔滨，方能赶得上
新政协明年之召开"。

后来，中共中央不断调整、完善邀请名单。10月15日提出了7个党
派和团体参加新政协的代表名单；10月30日，又明确了邀请的各党派
代表，请他们早日北来；11月3日，指示高岗、李富春与哈尔滨民主人士
商议：新政协代表人数能有200至300人方好，因此，在民革、民盟、民
进（蔡廷锴）、第三党、致公党、民建、职教社、产业界、教育界、新闻界、
自由职业界、宗教界及华侨13个单位（占39个单位的三分之一）的代表中，
应多邀请一些尚能与我们合作的中间人士；11月5日，再次致电香港分局、
上海局，除已到哈市之沈钧儒、谭平山、章伯钧、蔡廷锴、王绍鏊、朱学范、

1　中央统战部、中央档案馆编：《中共中央解放战争时期统一战线文件选编》，档案出版
　　社1988年版，第208—209页。
2　中共河北省委统战部编：《李家庄时期统一战线史料选编》上卷，华文出版社2018年版，
　　第268页。

李德全 7 人外，要尽先邀请民革李济深、民促马叙伦等北上。

临近这年底，三大战役即见分晓，平津解放为期不远。11 月 20 日，中共中央致电上海局、香港分局，望港、沪两地速动员一批经天津无甚危险的民主人士、党内干部及拟请之专门人才，于 12 月来。

在中共中央的邀请名单中，有几位民主人士接收到毛泽东、周恩来或以他们名义发出的专函。1949 年 1 月 19 日，毛泽东、周恩来联名致电宋庆龄，诚挚邀请她参加新政协。电函指出："庆龄先生：中国革命胜利的形势已使反动派濒临死亡的末日，沪上环境如何，至所系念。新的政治协商会议将在华北召开，中国人民革命历尽艰辛，中山先生遗志迄今始告实现，至祈先生命驾北来，参加此一人民历史伟大的事业，并对于如何建设新中国予以指导。至于如何由沪北上，已告梦醒与汉年、仲华切商，总期以安全为第一。谨电致意，伫盼回音。"[1]

1 月 20 日，中共中央致电方方、潘汉年、刘晓，邀请张澜、黄炎培等人参加新政协。电文说："望即以毛主席名义设法向张澜致意，新政协即将在华北筹备召开，希望他经香港北上，如他愿意即须帮助他到港；设法致意黄炎培，希望他能经港北上，参加新政协。"[2] 同一天，毛泽东致信司徒美堂、陈嘉庚，邀请他们北来解放区参加新政协会议。

从这一封封电报、信件的字里行间，充分体现出中共中央对邀请民主人士参加新政协这项工作的重视和慎重，既有诚恳的态度，也不乏细密的掂量。

周恩来坐镇指挥

在国共双方仍在决战、民主人士对中国共产党及其要成立的新政权认识程度不一的情况下，中共中央邀请函发出了，但对方是否赴约？即

1　中央档案馆、西柏坡纪念馆编：《西柏坡档案》第 2 卷，中国档案出版社 2012 年版，第 847 页。
2　根据中央统战部复印件摘录，原件存中央统战部办公厅档案处。

便对方同意赴约，在战事紧张的形势下如何安全护送他们抵达解放区？这一系列的问题，都需要中共中央及有关党组织慎之又慎、协调处置。尤其是聚集在香港的各界人士 1000 多人，包括大部分民主党派的领袖，需要从港英当局的眼皮子底下，躲开特工监视，冲破国民党军队的封锁，跨过茫茫大海，到达解放区，其间，环节多、影响大、风险系数高，不亚于一项系统工程。周恩来亲自担任这项工程的总指挥。

周恩来不仅是中国共产党卓越的领导人，也是党和军队情报工作的创建者。作为中共隐蔽战线的"掌门人"，他素以心思缜密著称。中共中央"五一口号"发布后，周恩来坐镇滹沱河畔的西柏坡，在协助毛泽东进行军事部署的同时，投入很大精力开展新政协的筹备。时任中共中央社会部第一室主任的罗青长回忆：

> 在退出延安到西柏坡的时候，一方面周恩来是总参谋长指挥前方作战，几个决战就是在西柏坡决定的。同时在国统区、香港、南洋海外很多的工作都是由周恩来筹划建议指挥的，具体执行就是通过我们的秘密电台。比如说当时开全国政协（会议）来了那么多民主人士，现在大部分都过世了，很不容易的，从香港到东北很费周折，周恩来同志当时非常精细的，从哪个道路走，走哪个港口他都有很精密的布置。轮船也是很不容易的，从香港到大连，有的是经过朝鲜平壤转移到西柏坡，最后到北平，也是大量工作。当然具体工作是我们做的，但是周恩来亲自指挥费了很大劲的，常人根本不知道他的工作精神。[1]

接送民主人士这个"系统工程"的关键，是要制定安全可靠的接待地点和接送路线。中共中央拟定的邀请名单里，个个都是在全国有着较

1　罗青长：《西柏坡时期前后的周恩来》，张同乐、张军锋编著：《西柏坡口述史》，河北人民出版社 2020 年版，第 250 页。

1948 年周恩来在西柏坡

大影响力的各界代表人士。这些人同时也是国民党的重点防控对象。据后来解密的档案，1949 年 1 月 25 日，引退后的蒋介石在溪口老家召见保密局局长毛人凤，指示他制定一份暗杀名单。其中，除了少数几个国民党内部政治宿敌，大部分是反对他的民主党派领袖人物和知名人士。

中共中央经过慎重考虑，确定了两个目的地：一个是哈尔滨，一个是中共中央统战部所在地李家庄。

在 1948 年夏秋，中共中央曾把哈尔滨作为新政协的召开地。由于东北地区在我国版图中的重要战略地位，中共中央一直把东北放在抗战胜利后全局工作的重中之重。1947 年上半年，在取得三下江南、四保临江和夏季攻势的胜利之后，哈尔滨的形势稳定下来。哈尔滨不仅是全国解放最早的大城市，而且是中共中央东北局、东北民主联军总部和东北行政委员会的所在地，是中共在东北的政治、军事、经济和文化中心。哈尔滨还有交通区域优势，是东北的水陆交通枢纽和物资集散地。解放后的哈尔滨，在中共东北局的领导下，城市经济得到很快恢复和发展。

这些都将为召开新政协会议提供保障。

由于哈尔滨位于中国的东北部，与中、南部地区间隔着大片的国统区。中共中央认为，把散居在全国各地的参加新政协的代表人士全部护送到哈尔滨，显然难以实现，必须在南部选择一个比较稳固的、安全的地点，作为参加新政协人员的聚集地。经过权衡，这个聚集地就选择在中共中央所在地西柏坡附近、中共中央统战部所在地李家庄。

1947 年 11 月石家庄解放以后，除了北平、天津、太原等几个孤立的大城市仍在国民党手中，晋察冀、晋冀鲁豫两大解放区连成一片，成为稳固的解放区。尤其是中共中央与中央工委、中央后委汇合后，西柏坡一带的安全就更有保障。李家庄与西柏坡都在滹沱河畔，比邻而居。这里是中央统战部驻地，群众基础较好，既安全又便于开展工作，自然成为接待民主人士的另一备选地。哈尔滨、李家庄，一北一南，遥相呼应。

接送各地民主人士进入解放区的目的地不同，路线设计自然不同。香港距离哈尔滨和李家庄这两个接待地点都比较远，中间有国统区和国共双方交战区。周恩来考虑，由于李家庄位于华北腹地，香港人士到李家庄只能走陆路，而大多民主人士身份显赫，没有战斗经验，不利于隐蔽，这样太过危险，所以，把香港民主人士的目的地确定在哈尔滨。从后来发生的情况看，从香港出来的民主人士也并非全部去了哈尔滨。只有第一批沈钧儒一行到了哈尔滨。之后的北上者，大多汇集到刚刚解放的沈阳；也有人冒着风险辗转来到李家庄。

最使周恩来费尽心血的是香港这一路。香港与哈尔滨之间，周恩来最初设计的是空中路线。他设想：从香港乘飞机先到伦敦，再由伦敦转飞苏联，由苏联进入哈尔滨。这条路线的安全性是有保障的：香港至伦敦，同属英国管辖，国民党政府鞭长莫及，无法公开干涉或进行拦截。伦敦至苏联，由于第二次世界大战期间英国和苏联具有同盟关系，且战后争夺亚洲势力范围主要是美苏，英苏之间没有直接利益对抗，所以，也不会由于英苏关系而对民主人士产生威胁。苏联至哈尔滨，也比较安全。

1948 年后中共与苏共关系日益走近，且哈尔滨与苏联边境没有国民党统治区，完全处于中共军队的控制之下。

这一设想能否顺利实现，取决于港英政府的态度。1948 年，国民党在军事上开始走下坡路，国共力量对比发生逆转。英国政府虽然与国民党政府有正式的外交关系，但为了在香港的长远利益，不得不重新审视与中共和各民主党派的关系。港英政府开始采取"中立"政策，既不支持国民党限制共产党在香港的活动，也不与共产党合作明确反对国民党；对旅居香港的民主党派更是另眼相看，只要不违反港英当局的法律，一般不限制民主党派的活动。为了保持与中共和各民主党派的联系，港英当局指定时任香港大学校长的施乐斯（D.T.Sloss）为非官方代表。周恩来正是抓住了英国政府和港英当局这种政治心态，才大胆设计了这条空中路线。

这条路线的最大难点是必须要经过英国海关。为此，1948 年秋周恩来密电潘汉年，指示其设法与港英当局联系。潘汉年找到了与中共关系密切，并任民主党派驻港代表的萨空了商议，由萨空了出面与港英当局交涉。萨空了找到施乐斯，说明民主党派主要负责人李济深、沈钧儒要从香港去伦敦，转经苏联到东北解放区，请提供过境方便。施乐斯表示，这两个政党领袖离开香港非同小可，必须报告香港总督。过了一段时间，施乐斯回话说，这件事香港总督也做不了主，需请示伦敦，并明确表示要有一个较长时间才能答复。香港与伦敦距离是远点，但有直接通讯联系。所谓的"请示"，显然有敷衍之意。周恩来从港方的态度中已有察觉。由于新政协会议预定在 1948 年冬季召开，周恩来等不及了，只得放弃这条路线。后来一直到 12 月份，施乐斯才转来伦敦的意见，说不发护照，但可给一个证明身份的文件，离开伦敦时还可以保护。这只能是一个迟到的答复。因为中共的护送工作早就启动，沈钧儒等部分民主人士已到达解放区。

这条途经欧洲的空中路线虽然最终没能启用，但它让香港民主人士体会到了中共的邀请诚意，以及对他们的安全高度负责的态度，更加坚定了民主人士北上的决心。

周恩来决定放弃欧洲空中路线后，马上启动了海上路线。这条路线是由香港至大连或朝鲜罗津到东北解放区的海上航道，沿途经过朝鲜海峡、黄海、东海和台湾海峡。周恩来未雨绸缪，早已派钱之光等人以经营贸易名义打通了此航道。但是，这条路线也要经过三关：一是出港要通过检查。港英当局若不配合，出港前很容易受到国民党特务的监视、阻挠，甚至暗杀。二是北上要经过台湾海峡，有可能遭遇国民党军舰拦截。三是登岸问题，当时东北还没有共产党军队控制的港口。

经过各方商议，为解决这3个难点，周恩来决定租用外国的货轮，绕开港英当局和特务监视，躲过国民党军舰拦截，在朝鲜港口登岸。租用外国货轮，一方面可以麻痹港英警方和特务监视，顺利通过检查；另一方面，可以避开国民党军舰拦截。在没有确切情报的情况下，国民党军舰一般不敢随便拦截外国商船进行检查。

走空中路线，看似绕道，实则相对便捷。而走海路，租用货轮，只能秘密分批进行。途中不仅耗时长，各种风险和不确定因素无法预料。周恩来专门将时任大连中华贸易公司负责人的钱之光派往香港，与香港分局潘汉年等人组成工作专班，护送民主人士北上。

毛泽东"八一复电"的第二天，周恩来致电在大连的钱之光，让他以解放区救济总署特派员名义前去香港。8月9日，周恩来起草了中共中央致香港分局电："为邀请与欢迎港、沪及南洋民主人士及文化界朋友来解放区，并为他们筹划安全的道路，望指定汉年、夏衍、连贯负责计划，并协商一个名单电告。"[1]

潘汉年、夏衍、连贯都是中共香港分局的重要成员。中共香港分局决定成立一个接送民主人士北上的五人小组，除了他们三位，还有许涤新、饶彰风。潘汉年负责全面工作，夏衍、连贯负责与各民主党派联络，

1　中共中央文献研究室编：《周恩来年谱（1898—1949）》，中央文献出版社1998年版，第803页。

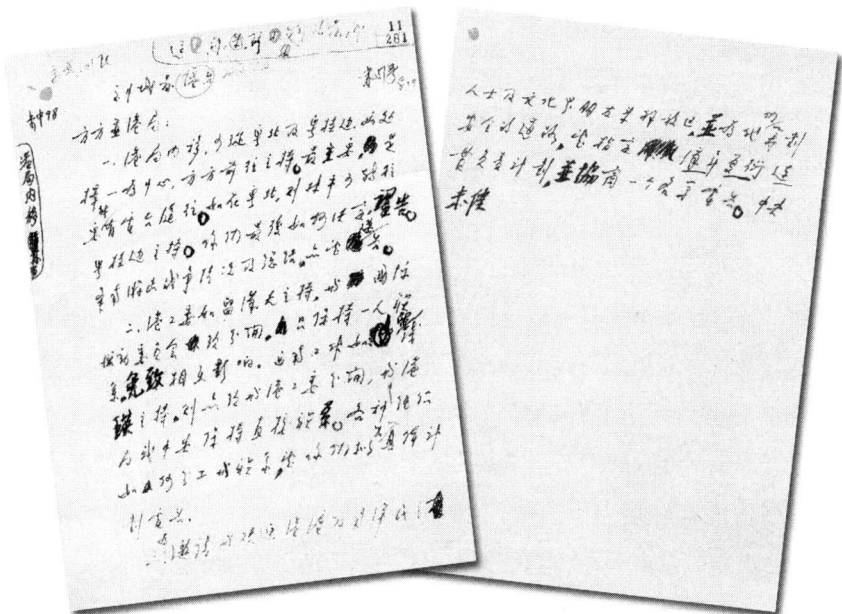

周恩来起草的中共中央关于北上工作致方方并港局电报

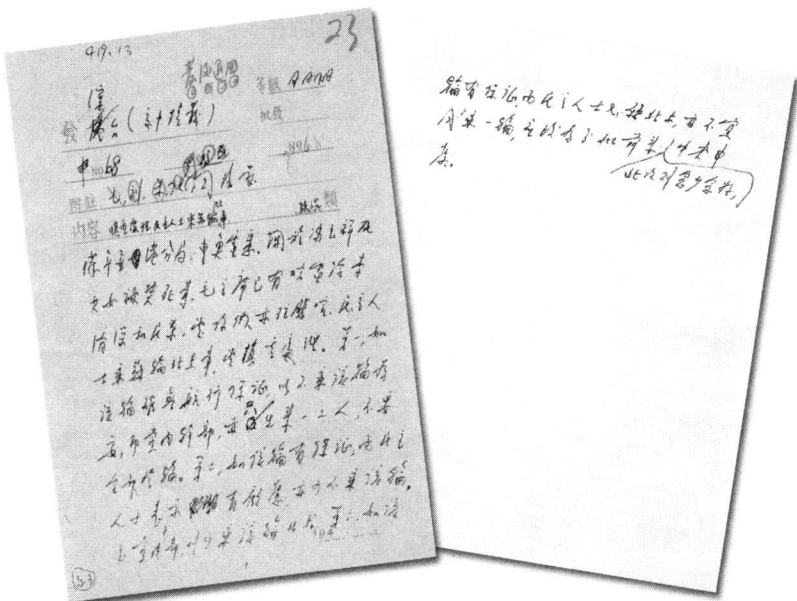

周恩来起草的中共中央关于慎重处理民主人士北上事宜的电报

许涤新负责筹措经费，饶彰风负责接送工作的准备。

钱之光从大连出发后，先到平壤，会见中共驻朝鲜办事处负责人朱理治，一同前往苏联的办事机构，提出租船要求。苏联办事处马上答应并办理了手续，安排"波尔塔瓦"号货轮去香港。钱之光启动了整个接送工作的第一步。

8月30日，周恩来获知中共香港分局的首批接送工作已准备就绪，遂与任弼时、李维汉联名致电钱之光，提醒"须注意绝对保密"。一周后的9月7日，周恩来得到消息，冯玉祥乘苏联客轮由美归国途中在黑海不幸遇难。这件事给即将起程北上的民主人士不能不说带来了一丝阴影。周恩来立即致电潘汉年并香港分局：民主人士乘轮北上事，望慎重处理。"第一，如该轮确无船行保证，以不乘该轮为妥"；"第二，如该轮有保证，而民主人士表示有顾虑，亦可不乘该轮"；"第三，如该轮有保证，而民主人士也愿意北上，亦不宜乘一轮，应改为分批前来，此次愈少愈好"。

为贯彻安全第一的原则，中共香港分局和潘汉年、钱之光等人遵照周恩来的要求，做了大量周密细致的工作。除严格保密外，他们商定：每批接送都要有共产党员陪同，做到与民主人士真正的"风雨同舟"。后来担任香港华润公司董事长的钱之光回忆：

> 当时情况复杂，要保守秘密是一件很不容易的事。我们每次护送民主人士，特别是一些引人注目的知名人士上船，事先都做了比较周密的安排。要求负责联系的同志，机智灵活，特别要注意密探的跟踪。对于上船要经过的路线，事先也做了调查了解，熟悉经过地段的情况，还事先约好，从哪条路走，要经过哪些街道；什么人去接，遇上情况如何对付等等。由于民主人士社交活动多，认识的人也多，为了避免遇到熟人，每次都是安排在黄昏以后上船的。[1]

1　钱之光：《接送民主人士进解放区参加新政协的回忆》，《人民日报》1983年8月14日。

北上的民主人士，有的对共产党不甚了解；有些即便与共产党人比较熟悉，也未必了解解放区的情况。合作共事、协商建国，需要一个相互信任的氛围。解放区的接待工作如何，直接影响民主人士的第一印象。

民主人士尚未出行，周恩来就早早谋划从海路到达港口后的接待事宜。7月31日，周恩来致电时任中央军委总后勤部部长的杨立三，通知他港沪将有一批党员干部和民主人士经大连来华北，已指定钱之光负责大连的接头、招待事宜；由大连到俚岛到石家庄，拟由后勤部负责。后来由于战事变化，这条路线没有启用。除了路线，周恩来还考虑到民主人士到岸后的报道、宴请、席位、着装等，对方方面面都做了安排。钱之光夫人刘昂晚年在《一项重要的历史使命》中回忆：

> 第三批北上民主人士最多，有李济深、茅盾夫妇、朱蕴山、章乃器、彭泽民、邓初民、王绍鏊、马寅初、洪深、翦伯赞、施复亮、梅龚彬、孙起孟、吴茂荪、李民欣等。周恩来同志对这次行动的指示更加具体、周密，电示我和冯铉，这批民主人士北上，要与苏联驻大连的有关部门交涉，安排最好的旅馆、确保安全；要举行宴会；请大连地委协助做好接待工作。连宴会的席位、座次都有明确的交代，还要我们为北上的民主人士准备好御寒的皮大衣、皮帽子、皮靴。从这其中，我们看到了中国共产党对各民主党派的真诚和关怀，也看到了周恩来同志严肃认真、一丝不苟的工作作风。[1]

在组织护送民主人士北上解放区的整个过程中，周恩来一直靠前指挥、具体部署。他亲笔起草多份以中共中央名义发出的电文；亲拟以中共中央名义提出的邀请名单；研究并批准香港分局所制定的每一批民主

1　中国政协文史馆编：《文史资料选辑》第171辑，中国文史出版社2019年版，第322页。

人士北上方案；直接布置安排民主人士抵达解放区后的接待工作。正如钱之光事后总结的："民主人士的顺利北上，自始至终离不开党中央的领导，离不开周恩来同志亲自指挥。可以说，民主人士的顺利北上以至新政协的顺利召开，是党中央的英明决策，是毛泽东、周恩来同志亲自部署、周密指挥的结果。"[1]

成立新政协的专责机构

为切实加强新政协筹备工作，1948 年 9 月，中共中央将城市工作部改名为统一战线工作部，李维汉出任中央统战部部长，高文华任副部长，齐燕铭、童小鹏分任正、副秘书长。中央统战部自成立之日起，即承担起筹备新政协的重任，并立即投入邀请、安排和护送民主人士前往解放区的工作。

中共中央统一战线工作部，是中共中央主管统一战线工作的职能部门。统一战线是中国共产党的"三大法宝"之一。1938 年秋，中共六届六中全会规定，在区委以上各级党委之下设立统一战线部。1939 年 1 月 5 日，中央书记处会议决定组织"中央统一战线部"。从此，中央统战部正式成立。同年 3 月 20 日，中央书记处《关于统战工作的指示》，要求各局、各省委、各特委如"还无统一战线部的"，必须"迅速成立"，并"必须经常讨论和领导统一战线部的工作"。

这之后，中共中央统战部工作机构几经变化。1943 年 3 月，中央决定调整领导机构，由中央组织委员会统管中央统战部和其他几个部门的工作。1944 年 5 月至 1945 年 4 月，中共在延安召开扩大的六届七中全会，决定成立中央城市工作部，领导敌占区的抗日民族统一战线工作。1945 年 8 月，中央统战部划归城工部。抗战胜利后，各级城工部停止工作。1946 年 12 月 2 日，中共中央书记处会议专门研究国民党统治区工作，

1　中国政协文史馆编：《文史资料选辑》第 171 辑，中国文史出版社 2019 年版，第 271 页。

并决定改组中央城工部，由周恩来兼任部长，李维汉任副部长，负责研讨与经营蒋管区的一切工作（包括农工青妇）。

1947 年 3 月 10 日，中央城工部撤离延安，向晋西北转移。4 月 22 日，到达山西临县王家沟村。4 月 27 日，中央城工部召开部务会议决定：由于部长周恩来转战陕北，由华岗、潘梓年等人组成部务会议，负责部内工作；由李维汉、华岗、于江震、童小鹏组成常委会，处理日常工作。5 月 6 日，经中央后委常委会讨论决定，城工部的任务为：掌握情况，向中央提供指导建议；总结经验，积蓄经验；训练干部，输送干部。

中共中央工委驻扎在河北平山县西柏坡后，1948 年 1 月起，中央城工部全体人员分批由山西省临县王家沟向河北省平山县转移；4 月下旬先后到达李家庄新驻地。中央工委、中央后委取消后，中共中央调整任命了一批中央机关负责人。5 月 15 日，中央决定李维汉任城工部部长。7 月份，根据中共中央决定，李维汉兼石家庄市委书记。同时，中央城工部再次对部内机构进行调整，其下属单位有石家庄办事处，负责人周子健；财办研究室，负责人黄剑拓；秘书处，负责人童小鹏；机要科，负责人邹群；总务科，负责人王冶。

"五一口号"发布后，筹备新政协的工作日益紧迫，客观上需要有一个专门机构来组织落实中央的部署。8 月 24 日，刘少奇向毛泽东写了一份报告，其中说："在中央汇报时大家意见将城工部改为统战部，以便能管政协、海外及国统区工作，而将解放区城市政策及工人运动归彭真及政策研究室管。此点你的意见如何？请决定！"毛泽东认为刘少奇的意见非常好，立即批示："同意这种改变。"[1]

9 月 26 日，在部署辽沈战役的紧要关头，中共中央发出关于城工部改名为统战部及该部工作任务等问题的指示。

1　王荣丽、李海明、陈宗良主编：《西柏坡纪事》下册，中央文献出版社 2011 年版，第 559 页。

各中央局，中央分局，各前委：

中央决定将中央城市工作部改名中央统一战线工作部，管理国民党统治区的工作，国内少数民族工作，政权统战工作，华侨工作及东方兄弟党的联络工作。原城工部所管解放区城市政策的研究工作，划归中央政策研究室。中央政策研究室负责研究解放区城市与农村各项政策，新区工作及不属于其他各部、委、校的各项工作政策。

中央

申宥[1]

城市工作部改名统一战线工作部，是中共中央在新形势下做出的重要决定。这一改组，不仅加强了中央对统一战线工作的领导，而且明确了统一战线当前的重点任务：筹备召开新的政治协商会议。从此，中国共产党统一战线工作在新的起点上，开始起航。

华北城工部开辟秘密交通线

中共中央发布"五一口号"后，华北局城工部遵照指示，承担了护送平津和途经平津的民主人士，到达平山县西柏坡、李家庄的重任。

到达华北的这些民主人士走的是陆路，不可能成群结队、浩浩荡荡。在1948年底之前，北平、天津尚未解放。从平津到李家庄要穿越国民党军队的封锁线，危险随时可能发生。华北局城工部为此精心策划，专门开辟了一条从平津地区到晋察冀解放区的秘密交通线。

在河北沧州泊头市区的大运河畔，有一座青砖青瓦、古色古香、保存完好的山西风格建筑。这座院落整洁清雅，占地920平方米。它就是充满神秘色彩的中共中央华北局城工部旧址，也是民主人士进入解放区

1　根据中央档案馆复印件摘录，原件存中央档案馆。

华北局城工部旧址

的重要中转站之一。

1948 年 2 月至 12 月，华北局城工部一直驻扎在这里。华北局城工部的前身，是 1941 年春成立的中共中央晋察冀分局城市工作委员会。1944 年秋，在此基础上扩大规模，组成晋察冀分局城市工作部。1945 年 8 月，晋察冀分局升格为中央局，分局城工部编入北平市委机关。

1946 年 10 月，北平市委撤销后，改设晋察冀中央局城工部。1948 年 5 月，晋察冀和晋冀鲁豫两大解放区合并成立中共中央华北局，原晋察冀中央局城工部改称华北局城工部，驻地设在沧州泊镇（今泊头市）。

泊镇位于沧州市以南 40 公里的津浦线上。大运河由镇中心南北穿过，水路交通方便，地理位置优越，北距古都北平、南距华北重镇济南、西距华北要塞石家庄都是 200 公里，北至华北重要商埠天津 150 公里，是连接华北、华东地区的重要通道。

1948 年 9 月，济南战役后，国民党军收缩兵力，这里便成为解放区。华北局城工部驻地选择在泊镇河东一个很不显眼的小四合院里。为了保密，对外称"华北建设公司"。

华北局城工部主要负责平津地区的地下工作，时任部长刘仁，代号"老头儿"。在刘仁的领导下，华北局城工部在北平织就了一张规模庞大的地下情报网，建立了学生、平民、工人、文化、铁路及警察 6 个工作委员会。无论在国民党的军政要害部门、学校、厂矿、报社，还是街头各式店铺、澡堂浴室，抑或在胡同口旁、四合院内，几乎都有中共地下党的情报员。

在中共中央发布"五一口号"前夕，毛泽东于 4 月 27 日致电刘仁，指示他联系北平的张东荪、符定一等民主人士，商议应邀请哪些人来解放区参加新政协。5 月初，刘仁在石家庄参加华北局会议后返回泊头，立即向城工部机关干部传达中央的指示。他分析说："'五一口号'中提出召开新政协会议，这不仅仅是个宣传口号，而是实际要做的。今天提出来试探一下，看看各方面的反应，看看各民主党派的反应，等一两个月，就要请他们来开会。""我们城市党组织要做的工作，是首先把召开政协的意见与各方面商量商量，看看各阶层首先是基本群众的反应，再是中、上层的反应，征求一些意见，看哪些人能代表华北的民族资产阶级；考虑一下工商界、教育界的开明进步人士，哪里人可以请来参加政协，提出来报中央批准，一两个月后恐怕就要请来开会了。"[1]

根据刘仁的安排，华北局城工部通知北平学委："对'五一口号'除应广为宣传外，你们应：首先把召开政协的意见与张东荪、符定一及吴晗、陆志韦、翁独健，及托吴与许德珩、樊弘等进步教授多方商量，征求他们有何意见，并注意在华北民族工商业界有哪些人将来好邀请。

1　中共北京市委党史研究室编：《中共中央华北局城工部》，中共党史出版社 1995 年版，第 90 页。

请你们立即进行此工作，并将反应随即报告。"[1]

北平、天津的中共地下组织立即着手这些工作。后来中共中央向平津地区 24 位民主人士发出到解放区的邀请，北平各高校的教授占了相当比例，如潘光旦、张东荪、吴晗、许德珩、樊弘、袁翰青、张奚若、闻家驷、费孝通、李广田、徐悲鸿、陆志韦、劳君展、翁独健、向达、雷洁琼、钱端升、卢念苏、周炳琳等。

随着解放战争的胜利推进，需要越来越多的人参与新中国的创建。除了民主人士，中共地下党还组织了大批北平学生来解放区。城工部的任务日益繁重。为此，成立了 7 个工作室，其中第一室负责总务、招待、交通等；第六室为统战室，负责接待由各地地下党秘密送来的民主人士，而后再派地下交通员把这些人护送到解放区；第七室包括电台、机要、化装、政治交通等。从这个组织体系可见，中共已为接送民主人士到解放区做好了周密准备。

从平津地区前往晋察冀解放区的秘密交通线，在 1947 年五六月间已经开辟，目的是运送平津地区的学生到解放区的北方大学学习或工作。

陈鼎文参与了这条秘密交通线的建立。他当年是民盟成员，与民盟北平负责人汪骏同在北平做地下学生工作。几十年后，他专门写了一篇回忆文章，记述建立这条交通线的情况：

> 1947 年初，有一次汪骏从解放区回到北平后来找我，交给我一项任务：在北平为北方大学扩大招生。事后才知道，这是北方大学校长范文澜同志指名要我做的。据汪骏后来讲，他回解放区后被分配到北方大学，任校长室秘书。不久有一天，范文澜校长对他说，要他回北平一趟，找北平民主同盟的陈鼎文，动员北平青年学生、教师和其他知识分子到北方大学学习或工

1　中共北京市委党史研究室编：《中共中央华北局城工部》，中共党史出版社 1995 年版，第 89 页。

作。范老介绍汪去找晋察冀边区负责人杨秀峰、戎子和汇报情况，说明任务。经过研究，都认为天津到泊头镇路途比较好走，而且从这里进入解放区比较近，于是通过冀中行署把任务转到泊头市政府。汪去找了泊头市政府负责人路一同志商谈了如何接待平津同学，以及将他们妥善转送到北方大学等一系列问题。这样便确定了开辟北平—天津—闸口—泊头这条秘密交通线。[1]

建立这条地下交通线的人也许没有想到，一年后，中共中央发布"五一口号"，这条交通线便派上更大的用场。民主人士以及其他各界人士从平津地区前往华北解放区，主要走这条交通线。

这条交通线的第一段路是北平到天津。1947年，北平到天津尚通火车，每天有三四趟车来回，所以这段一般是乘火车。

崔月犁时为北平学委秘书长，策划和布置民主人士到解放区，多出其手。吴晗前往解放区，即由崔月犁安排北平学委池重护送。新中国成立后任重工业部副部长的科学家钟林，也是由崔月犁布置季洪组织人员护送的。钟林有中国"喀秋莎之父"之称，他冒着极大风险，从重庆国统区带出一箱子制造火焰喷射器的图纸和技术资料。这箱图纸资料显然不能由钟林随身携带上火车，而须另行稳妥运送。季洪后来对将这箱秘密图纸运送到天津的细节，有一番生动的描述：

> 由北平到天津，必须经过两个关口，一是北平火车站，一个是天津火车站。这两个车站都有国民党军警宪特把守，盘查来往行人很严格。经过周密的思考与筹划，我决定请曹振仑帮忙。曹振仑是我的一个可靠的地下关系，他在北平国民党"剿总"军需部工作，请他派国民党兵押送到天津。曹振仑办公地点在东直门内，我骑上自行车去找他，见面客套了几句后，我对他

1 中国政协文史馆编：《文史资料选辑》第171辑，中国文史出版社2019年版，第351页。

说："我有些东西急着送往天津，经过北平和天津两个火车站，我一个人照顾不过来，又怕车站上有人捣乱，你能不能派两个人送送我？到天津就回来。"曹振仑一听二话没说，一口应承下来说："这有何难！你打算什么时间出发呢？"我说："明天早晨就走。"他说："这样吧！我先安排人，下午下班前你给我来个电话，约好时间地点，通知我就可以了。"

次日清晨我西服革履，打扮得很阔气，雇了两辆三轮车来到火车站。看见两个国民党当兵的正在东张西望，我走下三轮车正好曹振仑走过来向我打招呼，他便对两个当兵的说："这是齐先生（那时我的化名为齐英），你们抬着箱子把齐先生送到天津，然后就回来。"向曹振仑道谢后我们就进站上了火车。因有国民党兵的押送，没有人敢拦阻和盘查，一路平安地到达天津，出了车站我拿些钱给了两个当兵的打发他们回北平了……次日下午按照约定好时间，去天津腔子河畔与韩伯平接上关系。那时韩伯平也做政治交通工作，他主要走水路秘密交通线。由天津坐船去解放区，运东西比较安全可靠。[1]

以这种方式避开检查，是因情况确属特殊。当时北平和天津同属国统区，民主人士从北平乘火车到天津，一般不会遇到麻烦。但从天津起程后，就难免会遇到麻烦了。所以在钟林临行前，季洪把他约到中山公园水榭的一个僻静处喝茶，叮嘱说：你们去解放区的路线是从北平出发先到天津西站，然后换乘去天津闸口的火车，过了闸口就没有火车了，只能坐马车到沧县，那里有人接你们，我们派人送你们到沧县。你们现在需要做好两件事：一件事是准备好化装用品和衣物，二是编造一套应付敌人盘查的言词。两个交通员护送钟林到解放区，一个事先与钟林夫

1　中共北京市委党史研究室编：《中共中央华北局城工部》，中共党史出版社 1995 年版，第 323 页。

妇见过面，另一个则只对钟林夫妇暗中保护，不直接照面。钟林之行基本上概括了到解放区的基本要素：秘密护送、先火车后马车、事先化装、应对敌人盘查、穿越封锁线等。

在民主人士前往解放区的路线上，天津留下了深重的历史遗痕。

北平的民主人士去华北解放区，天津是必经之地；北方其他地区的民主人士去华北解放区，也要经过天津；上海等江南地区的民主人士去解放区，多经香港北上，但也有先到天津的，例如楚图南、周建人一家等。因而完全可以说：天津是当年平津等地民主人士秘赴解放区的第一中转站。

在天津南开大学，有一个地下交通站，其负责人为地下党员胡国定。协助他工作的还有老交通员孙大中等人。1948 年秋冬，南开大学地下交通站与北平党组织派来的陈鼎文等配合，多次护送民主人士进入解放区。

时任中共天津地下党学委委员兼南开大学总支书记刘焱，保存下来一本《南开地下党记事本》，其中记录了当时天津地下党为护送各界人士到解放区的巧妙方法。2017 年笔者专程去采访这位 90 多岁的老人，翻阅了这个记事本。已经发黄的纸张，在默默地诉说着历史的沧桑。

《天津日报》曾报道过这个记事本的故事：

　　1947 年，经南方局决定，在南开大学建立了地下交通站，由在数学系任助教的地下党员胡国定负责，掩护并输送地下党员、中国民主青年联盟成员（简称"民青"）和进步群众到解放区去，为此，制定了一整套严密的办法。刘焱当时在记事本上记下了一首实为地下党联络暗语的七言打油诗："高棠李爱何时了，清河骡马街头找。小楼昨夜又东风，故园花落知多少。"护送人员去解放区，必须要事先充分做好化装、伪造身份、编造说辞等准备工作，然后到天津南市清河大街上的骡马大车店，雇从天津到泊镇的大车，到目的地后找中国建设公司经理高棠接头（高棠即荣高棠，当时的公开身份是中国建设公司经理），说是"李爱"介绍来的。除此之外，还要给每个去解放区的人编排一个由百家姓和天干地支组成的特殊接头暗语，比如一月份去的人叫"赵子甲"，二月份去的人叫"钱丑乙"，以此类推。在掌握暗语的同时，去解放区的人还要领到一张"路条"，这些路条是国民党银行发行的小额钞票，由胡国定统一保管和发放，解放区的同志掌握这些钞票的号码以便接头时核对。[1]

民主人士在天津中转时并无定所，以隐蔽安全为要。有住朋友家的，有住某个机构宿舍的，也有住旅馆的。他们在天津逗留期间，一般都深居简出，甚至足不出户，自然更不会出现在成规模的活动场合。倒是天津五大道常德路 57 号金宅，有时会聚集一些中转的民主人士。

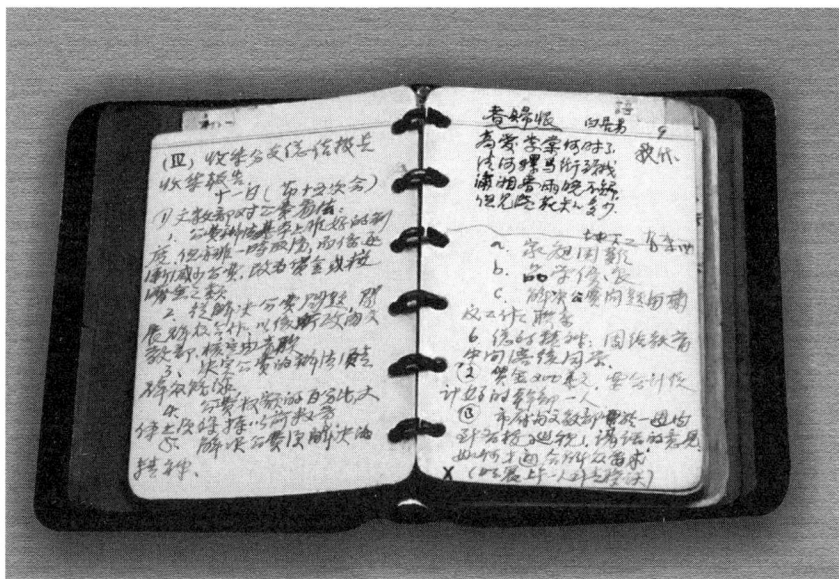

刘焱记录从天津护送民主人士至解放区的袖珍笔记本

1　《一个珍贵的南开地下党记事本》，《天津日报》2014 年 12 月 31 日。

金宅共有五幢西式建筑，其中临街四幢建于1937年，有文字记："当时共建成四所三层欧式楼房，坐南朝北，清水墙，筒瓦顶。房屋为砖木结构，有菲律宾木地板、木楼梯、三槽窗和挂镜线，天花板为圆型灯光灰线和方框灰线。室内装修高级，暖气卫生设备齐全。"[1]金家第四子金克刚从燕京大学毕业后成为天津第一发电厂工程师，他的另一个身份是中共地下党员。金克刚入党后，便利用自家身份做掩护，将常德路57号变成了中共地下联络站。1948年秋天，一些前往解放区的民主人士在天津中转时，被安排住进金家。为掩人耳目，他们伪装成金家的亲友，逗留期间常利用打牌、跳舞、打乒乓球等作掩护。金家是大户豪宅，有一堆佣人、八九个厨子，亲友众多，经常高朋满座，因而民主人士借住其家，一般不至于引起特务的怀疑。

到了天津，再往前走就是解放区。到解放区主要有几种走法，视情而定：一是南去的火车能通到唐官屯或陈官屯时，可从天津再乘几站火车到车站下车，一般出站不远即过卡口，进入解放区辖地；二是雇大车从天津市郊直达泊镇，在天津西，有一家大车店比较可靠，可以帮助雇车；三是走水路；四是步行。从津郊到闸口步行得走一天多，累是肯定的，但比较机动、安全。无论选择哪一种走法，都要穿过蒋管区国民党军队设卡盘查的封锁线，也就是当地人所说的"卡口"。

民主人士过封锁线，一旦身份暴露，后果不堪设想，因此事先要做足准备。民主人士多为知识分子出身，一辈子没做过生意，但必须装扮成生意人；民主人士中也极少本地人，不乏南方口音者，遇事只能尽量不说话，由护送他们的交通员出面应付。当初建立这条交通线的陈鼎文等人设计了一套周密而巧妙的办法，也就是刘焱说的小额钞票作为"路条"。这些办法最初是为到解放区的学生"量体裁衣"订制的，后来也复制到民主人士身上：

1　金彭育、金朝：《五大道》，天津人民出版社2015年版，第190页。

无论何种走法，都需要化装成为普通老百姓，去掉学生气，并持有符合化装形象的身份证明，说明必须走这条路到达某地的理由。我和木根、大中帮助走的同志化装，并刻了许多枚木章，用来制造身份证。曾有一位地下党员给了我几十张空白身份证，真是帮了大忙。另外，到解放区后还得有接头凭证，开始用我开的介绍信，上写有事先约好的暗语，不久就发现这个方法极不安全。于是路一同志出了个主意，用当时 5 元一张的法币，记下其号码，作为接头凭证。这招妙极了，这张"法币"即使被搜去或遗失也没关系，不致误事。到达接待站，只要能说出所持"纸币"的号码，就被认可。因为每张纸币的号码都是不同的。[1]

化装、制作假证件，是民主人士过封锁线不可或缺的装备。这由华北城工部第七室专门负责。周建人、吴晗、楚图南都是通过地下交通线从天津前往解放区的。虽然他们走法不同，但都要化装后穿过封锁线。

民主人士穿过封锁线，到达解放区，最先接触到的是华北局城工部的泊镇办事处，由此转送到石家庄，再由中央统战部设在石家庄的交际处负责接待并送到西柏坡、李家庄。华北局所在的泊镇，成为民主人士进入华北解放区的最前哨。当时泊镇附近的大庞、苏屯、姜桥几个村和河东都设有招待所，"客人"多时，一个村能住上百人。

由于城工部一直开展敌占区城市工作，所以保密性非常强。大批青年学生和民主人士来到泊镇后，华北局城工部机关给予热情接待，同时提醒要注意保密工作。通常，"客人"们都是单独或与同来的人住在一处，外出要一律头顶毛巾遮盖面部。与"客人"接触最多的是招待员，被称为"小鬼"，都来自老根据地，自幼受到教育和熏陶，极其朴实、诚恳，

1 陈鼎文：《记通往晋察冀边区的一条秘密交通线》，北京市政协文史资料研究委员会编：《文史资料选编》第 39 辑，北京出版社 1990 年版，第 54 页。

对待"客人"热情、亲切。每当有"客人"来时，即由招待员送饭送水送书报物品等。"客人"有事情也由招待员和其他工作人员同他们联系或代为转达。总之，尽量避免"客人"的暴露。有一次，城工部为活跃气氛，给"客人"表演节目。有趣的是，"客人"们都需隔着帷帐参加。为避免节目进行中有人笑出声音，还事先安排工作人员准备敲锣鼓。笑声出来时，立即一阵锣鼓，把笑声盖住。这种设计，也算把保密工作做到极致了。

城工部机关人员，按照边区统一的供给制度，常年吃小米饭，少油少菜，但对待"客人"则待遇从优，在规定招待开支范围内，尽力加以改善。城工部工作人员回忆，每当"客人"到达时，都尽可能用细粮、炒菜招待一顿，以后每隔几天吃顿细粮，有时能吃到点肉。为了保证让"客人"吃到肉，炊事班的同志利用了一切可能的条件，包括自己养猪。

时为华北局城工部工作人员的高深，参加了民主人士的接待工作，他回忆：

> 1948年四五月间，组织上调我到沧州交通站，任务是除一般接待工作外，更注意接待一些民主党派上层人物，即所谓"特客"。要做好接待，保证安全，护送到后方机关。5月党中央提出准备召开新政协的口号，得到社会各界拥护，因此有更多的人士来到解放区。
>
> 这时沧州交通站有范合、温利民、许怪妮等人，站址设在铁路东边的机务段内，有一座小红楼，几排平房，紧邻着机车库，明显好找，对外公开叫平教会。据北平出来的客人讲，很多大学院校里，在进步同学中都知道沧州有个平教会，找到平教会就算到解放区了。有时最多一天接待三四十人，分情况安排食宿。一般上午来的，吃过午饭稍事休息，就介绍到泊镇机关，下午到的留宿第二天再走。记得为欢迎他们，机关还举办过多次联欢会，会上有口琴演奏、小合唱，我和

石澎、曾平还来过几段京剧清唱。当然最精彩的还要算荣高棠的京韵大鼓《大西厢》了。台上台下欢声笑语，一片革命大家庭的欢乐景象，令人念念不忘。经我接待过的一些"特客"有张申府、刘清扬、田汉、安娥、吴晗、楚图南、焦菊隐等人。他们都经过千辛万苦，绕过国民党特务的追踪而来到解放区的。这些同志一到交通站，大都是长长出了一口气，接着就诉说途中艰难经过，笑骂国民党的腐败无能。我们都热情接待，让他们吃得好一些。一般都住下好好睡一觉，第二天由站上同志护送到机关。对年长体弱的，就用马车送行。记得田汉走时，把两包毛笔忘在了抽屉里，我们发现后，马上派人骑车送去。[1]

泊镇，现在看起来并不算大，但在华北局城工部护送民主人士工作中发挥了重要作用。吴晗、刘清扬、米暂沉、周建人、符定一、楚图南、李明灏、田汉、安娥、焦菊隐、马彦祥、蓝天野等民主人士及各界知名人士都曾在此经过。在泊镇期间，华北城工部圆满完成了中共中央交给的政治任务。

平津解放后，民主人士再不用如上述那样冒着风险到李家庄了。张东荪、费孝通、雷洁琼和严景耀等4位燕京大学和清华大学的教授，是在8名解放军战士护送下，乘坐大卡车直奔石家庄，再到李家庄的。

还有一些民主人士通过其他途径到达华北解放区。他们没有走这条地下交通线。如胡愈之是先从香港到朝鲜半岛的仁川，转赴大连，再跨海经胶东半岛辗转到达李家庄；葛志成从上海走陆路北上，穿过国统区的封锁线经苏北、山东青州、石家庄到达李家庄；何惧也是先从上海北上，穿过国统区到达天津，后经李烛尘联系中共地下党组织派人护送至解放区。

1　中共北京市委党史研究室编：《中共中央华北局城工部》，中共党史出版社1995年版，第411—413页。此文所列名单疑似有误，至今没有查到张申府到泊头的资料。

李家庄接待"特客"

李家庄，位于滹沱河北岸、郭苏河东岸的两河交汇口。村廓面积 0.5 平方公里，地势东高西低，北高南低，渐次倾斜。整个村庄依山傍水，风景秀丽。村东北的大石堂山，山石峻峭，奇形异状，其中的蛤蟆石、龙劈石居高而卧、虎视眈眈，被村民们认为是镇村之宝。村西的郭苏河由北向南纵贯全境，似玉带盘绕，妩媚多姿。河两岸滩涂数百亩，林木参天，杨柳依依，芦苇摇曳，一望无际。隔河相望的西山，逶迤数里，茫茫苍苍，郁郁葱葱。村西和村南是一望无际的农田，阡陌纵横，麦黍苗壮。李家庄距离西柏坡只有 2.5 公里，是平山县境内滹沱河沿岸比较大的村庄。

中共李家庄党组织建立得较早，群众基础很好。据李家庄村村志介绍，新中国成立前全村先后有 69 名村民加入共产党。抗日战争时期，李家庄村在数次"扫荡"中厄运不断，房屋被烧，村民遭蹂躏和杀害，损失惨重。面对日本侵略者，李家庄人率先组织起来，成立了青抗先、妇救会、儿童团、游击组等抗日组织，奋起自卫，锄奸反特，打击侵略者。在中国人民军事博物馆的农村妇女展厅中央位置展柜里，陈列着一个普通的罐子，格外引人注目。下方的说明牌上写着："一九四三年秋晋察冀军区二团战士何建祥同志在部队转移时因病留在河北平山李家庄休养，当敌人'扫荡'李家庄时，他住在山洞中，由群众刘吉华之妻为他送饭。这是送饭用的罐子。""罐子"的故事只是李家庄革命事迹的一个缩影。

解放战争时期，李家庄村民一边发展生产，缴纳公粮，做军鞋，捐物资，支援前线；一边号召青壮年参军参战，组织民工抬担架、送弹药，做好战勤服务。李家庄村涌现了一批战斗英雄。

1948 年 4 月，中央城市工作部从山西临县王家沟迁到李家庄后，更名为中央统一战线工作部。为适应新形势下筹备新政协的需要，自这年下半年起，李家庄陆续接待 20 多位民主人士（其间还有一些稍停即走的"过客")。因为他们是中共中央邀请的客人，所以当地人都尊称其为"特客"。李家庄也因中央统战部和这些"特客"的到来，见证了围绕新政协筹备而开展的政治协商、多党合作，由此成为中国共产党统一战线史和人民政协史"红色血脉"的重要源头。

9 月 26 日，中共中央决定"将中央城市工作部改名为中央统一战线工作部"，也意味着中央城工部的原班人马全部转入中央统战部，首要任务是组织民主人士到解放区，筹备新政协。为迎接到李家庄的民主人士，中央统战部对接待工作高度重视、精心准备。

接待 20 多位民主人士，看似简单，实则不易。这项工作政治性、政策性强，个性化程度高，稍有不慎就会影响大局。当时面临的最大困难，一是中央统战部新的工作体系尚未建立起来，二是李家庄的接待条件差。时任中央统战部副秘书长的童小鹏回忆：

1948 年李家庄村貌

中央统战部受命筹备新政协、接待民主人士后，立即紧张行动起来。当时，摆在我们面前的条件是：（一）本部的人少，业务干部只有三十来人，连机要勤杂人员加到一起才百把人；（二）李家庄只有五六十户人家，原来我们分散借住群众的房子已经够挤了，民主人士来了没房子住；（三）经费困难等。[1]

面对各种困难和繁重的工作任务，中央统战部全力以赴。中央决定宣布后，李维汉立即召开统战部全体会议，向大家传达中央指示，并报告解放战争转入全面反攻、国民党统治区民主运动蓬勃发展的大好形势。他阐述了筹备召开新政协会议的重要意义，动员大家发扬艰苦奋斗、克服困难的延安精神，保证完成中央交给的光荣政治任务。

首先是完善机构，明确分工。10 月 7 日，中央统战部部务会议决定了组织机构和分工。主要组织机构为"五室一处"，第一室：负责政权统战工作，主任由齐燕铭兼任；第二室：负责国民党区的工作，主任张秀岩；第三室：负责华侨工作、东方兄弟党的联络工作，主任章汉夫、连贯；第四室：负责少数民族工作，主任由副部长高文华兼任；第五室：负责干部管理工作，主任梁华；秘书处，处长周子健，副处长骆是愚。另外还有资料室，主任于刚。统战部设有机关党总支，书记由童小鹏担任。后来随着工作需要，这个内部机构又进行了一些调整，设立了部办公室，第四室并入第一室。

关于新政协筹备和民主人士接待工作，中央统战部内部作了明确分工：齐燕铭负责民主人士的联络和协商工作，章汉夫、于刚等也参加这项工作；总务处长周子健负责解决民主人士的吃住问题，伙食按中央机关小灶标准供给；在石家庄建立交际处，以原陕甘宁边区政府交际处为基础，增加一些干部，由金城、申伯纯负责；童小鹏除了分管行政工作，还负责同上海、香港等地的地下党组织的秘密无线电台联络，保证及时、

1　童小鹏：《少小离家老大回——童小鹏回忆录》，福建人民出版社 2000 年版，第 331 页。

准确传达中央的指示并向中央报送收到的电报。

中央统战部的内部机构和工作布局，完全是根据中央赋予的工作任务设置的，为统战工作的开展和新政协的筹备提供了有力保障。

为使各项工作有章可循、尽快步入正轨，中央统战部建立和完善了规章制度。比如，在办公用品配备方面，规定高干办公用具，大条桌或方桌、文件箱各1个，单人凳2至3个；一般干部办公室使用标准，1人1张条桌、2人1张方桌（两条桌合并作方桌），6人1张办公台，每人凳子1条；2人1个砂壶，4人1个铜壶，超过标准须经过秘书处批准等。

中央统战部虽然登记人数有258人之多，但包括了石家庄办事处等外地接待单位及行政事务、通讯警卫、家属、休养人员，本部业务干部只有30多人，显然不能适应工作需要。为此，从北平、天津、上海等地和解放区的大中学校中，抽调了一批进步学生，经过考察和培训，充实到统战工作队伍中来。中央统战部先后调进40多名青年学生。这些学生到统战部后，在组织的教育培养下，很快成为中坚力量。

中央统战部为改善生活条件，从非常紧张的经费中抽出3000万元边币，搞了一个杀房、一个豆腐坊、一个酱园、一个供给商店（提供本机关和本村农民日用品）。但只有杀房和商店微有盈利，豆腐坊、酱园和农场主要用来调剂伙食，改善饭菜质量。通过发展多种形式的经营，丰富了机关的物质生活，也为迎接民主人士的到来奠定了基础。

中央统战部高度重视机关党的建设，到1949年1月底，党员人数由刚到李家庄时的70余名增至165名，并成立了总支部，下设5个支部。通过开展各项政治思想工作，大家劲头很高，相处融洽，营造了良好的氛围。

对中央统战部那段既紧张、又活泼的工作生活，当时的工作人员感触颇深。时为中央统战部工作人员，后来任统战部研究室副主任的华毅，在这里完成了从学生到统战工作者身份的转变。他回顾那段生活时曾说：

　　到了李家庄，如同进入一个新天地，到处都是新事物。有些优良传统，回想起来印象非常深刻。第一点就是机关的政治气氛、学习空气非常浓。我到了这儿，接连听了几个报告。首先是罗迈（李维汉——笔者注）的报告，大家亲切地叫他罗公，我是第一次听那么精彩的报告，思想性、逻辑性强，而且语言生动，内容深刻，非常吸引人。接着是秘书长齐燕铭同志作的中国社会和中国革命的报告。几位学者、民主人士，如吴晗、楚图南、胡愈之等都给我们作报告。陈毅同志来西柏坡参加中央全会，应邀到统战部作报告，讲淮海战役。解放军战士英勇战斗，前仆后继为革命献身的精神，深深感动了每一个人。那时李家庄还有一个图书馆办得挺好，书很多，国统区的各种杂志都有。李维汉同志讲过，做统战工作的同志必须看这些杂志，特别是要看《观察》，那是代表中间阶级政治倾向的杂志。第二点就是艰苦奋斗的作风。当时我们的生活还是很艰苦的。吃的是小米饭、南瓜、胡萝卜，天天吃这些东西。一星期改善一次，吃一次细粮，吃白面、吃点肉。但是我们的生活要比李家庄的老百姓好得多，老百姓粮食不够，瓜菜代，尤其是青黄不接的时候，还要吃一些糠。军民关系很好，记得著名的京剧演员李和曾带领京剧团到过李家庄，搭台唱戏，军民同乐。春节期间，机关干部和老乡一起扭秧歌，锣鼓喧天，喜气洋洋，迎接中国革命的胜利。统战部任务很重，晚上常加班，油灯下写字。我在文书科工作，从早到晚就是写字。领导见我写的字端正，调我去部办公室抄写统战部上报中央的文件和人物材料。当时新政协筹备工作正在紧锣密鼓地进行，人物材料不断增加，抄写的任务也很重。没有打字机，全凭手抄复写，短时间内写了那么多字，离开李家庄时，手指已长了一层茧子。工作很紧张，生活很愉快。文书科都是一些青年人，朝气勃勃，在滹沱河河滩唱歌、打球、游泳。同志之间的关系很好，没有上下级的隔阂。

> 童小鹏同志是当时的副秘书长，大家从不称他官衔，而叫小鹏，一直叫到今天。我们的直接领导、秘书长周子健同志就像一位兄长一样对待我们。[1]

作为民主人士的接待地，李家庄与哈尔滨相比，条件差别是相当大的。民主人士大都生活在大城市，习惯了城市生活。如何让这些民主人士来到李家庄后，生活上满意，成为周恩来非常关注、中央统战部着力解决的问题。

李家庄村庄虽大，但由于抗战期间受到日军的多次"扫荡"，全村所剩房屋已经寥寥无几了。中央城工部到来后，占用了大量房屋，还有较大的缺口。1948 年 8 月份以后，民主人士开始陆续到来。住在哪儿，这成了一个大问题。战争年代，并无他法，只有发扬自力更生、丰衣足食的优良传统。中央统战部全体出动，动员群众参加，很快建起了许多房屋，改善了自身办公条件，也提高了接待水平。经历过战争洗礼的李家庄村民，本来思想觉悟就高，一时间，全村男女老少齐上阵，重建家园。李家庄村民刘君祥回忆当时的情景：

> 李维汉部长、高文华副部长就一边发动城工部的工作人员，另一边做好群众的思想工作，从被烧毁的废墟中挖出部分木材和石头，自力更生建设家园。为了调动群众寻找建房材料的积极性，城工部宣布：所有李家庄的群众，只要自己能够提供木料，不论多少，哪怕是一根房梁或是椽子，城工部就提供其他材料，并派工作人员给群众盖新房。[2]

---

1 华毅编：《流金岁月——中央统战部离退休干部回忆文章汇编》，2007 年印，第 33—34 页。
2 刘君祥口述：《中共中央统战部的摇篮》，中共河北省委统战部编：《追忆李家庄》，华文出版社 2018 年版，第 167 页。

　　周子健是中央统战部总务处长，按照分工负责解决民主人士的吃住问题。他除了把村里较好的房子都腾出来，还计划利用村里的空地或旧房基，再盖起一批新房子。新盖的房子，按当地富裕人家的住房设计：白灰平顶，砖木结构，屋内砌上土坯炕，作为取暖设施。从 7 月初开始，统战部就抓紧协调规划，备上砖瓦木料，建房施工。几栋砖土木结构的平房，很快盖起来。屋内砌上砖磨围边的土火炕，配上崭新的桌椅。这种居住条件虽依然简陋，但在李家庄算是最高级的了。为了解决洗澡问题，在村里建起了一个浴池，修了公共厕所。只要能想到且力所能及的，中央统战部都竭尽全力。周子健回忆说：

　　　　住房问题不大，每人一间房子，那不可能再给每个人弄个院子。周建人跟他夫人两个人住一块，两个女儿住一块。那没法。雷洁琼大姐也是一间房子。一到解放区了大家这些素质都表现得很好。[1]

　　当然，由于经验有限，也出现过一时的忙乱。1949 年 1 月 25 日，中共中央统战部在《一九四八年机关工作报告》中总结道："10 月份起，民主人士相续而来，就集中最大力量，在赶造房屋，赶制家具与进行招待工作，加以供给部的许多帮助，而且有进步，是一般地完成了这一任务。但这一工作因为没有经验及人力物力的困难，开始时期还有些忙乱，在修建工作中因计算及监工不严，发生一些浪费现象，招待员也有些浪费，揩油食物等现象，现正在检查纠正和进行教育中。"[2]

　　当时实行的是供给制，伙食费供给标准分为 3 个档次。在伙食供应方面，对民主人士给予很高待遇。沿滹沱河两岸东西长 20 公里范围内的村庄，都住满了中央、军委机关，人数有好几万。这些机关和人员的物资

1　周子健：《亲历新政协筹备会议》，张同乐、张军锋编著：《西柏坡口述史》，河北人民出版社 2020 年版，第 258 页。

2　中央档案馆、西柏坡纪念馆编：《西柏坡档案》第 3 卷，中国档案出版社 2012 年版，第 1334 页。

供应由工校供给部负责。工校供给部对供应标准作了详细规定。其中关于伙食费标准规定为："大灶：每人每月肉一斤十二两，油一斤半，盐一斤三两，菜三十五斤半，炭三十斤。""中灶：每人每月肉三斤九两，油一斤十二两，盐一斤三两，菜三十五斤半，炭三十五斤半。""小灶：每人每月肉七斤二两，油二斤六两，盐一斤三两，菜三十五斤半，炭三十五斤半。"关于粮食供应标准为："大灶：每人每日小米一斤六两。""中灶：每人每日小米一斤六两。""小灶：每人每日白面一斤三两。"[1]从供应标准可以看出，小灶与大灶的供应标准差距很大。小灶每天三顿饭，大灶每天两顿饭。在李家庄中央统战部机关内，能够享受小灶标准的只有李维汉部长一人。民主人士在李家庄则全部享受小灶标准。

童小鹏曾回忆：

> 由周子健负责，组织总务、财务人员抓紧解决接待住房问题，除了挤出原有较好的民房让民主人士居住外，并请当地木工、泥水工利用空地或旧房建几栋土木结构的平房，砌上土炕，配上木制家具，即成李家庄当时的高级住房了。吃饭由炊事员照中央机关小灶标准供给。民主人士多数来自上海或北平，习惯住城里的洋房，但当他们看到新的住所条件比李维汉部长住的还要好，伙食都和部长一样，就感到满意了，有些人还为共产党这样的优待而有些过意不去。[2]

统战部在石家庄设立了一个交际处，共有40多人，由周子健、金城、申伯纯负责。来华北解放区的民主人士首先到石家庄交际处，先给予热情招待，然后再用战场上缴获来的美式吉普车转送西柏坡、李家庄。

---

1 中央档案馆、西柏坡纪念馆编：《西柏坡档案》第3卷，中国档案出版社2012年版，第1113、1115页。当时的1斤相当于16两。
2 童小鹏：《少小离家老大回——童小鹏回忆录》，福建人民出版社2000年版，第330页。

中共中央统战部为民主人士修建的接待用房

用来在石家庄、西柏坡、李家庄之间接送民主人士的美式吉普车

接待好来李家庄的民主人士，是一项政治任务。毛泽东、周恩来等中央领导经常过问，要求中央统战部不仅要安排好吃喝住行，还要丰富业余生活。曾担任林伯渠秘书的钟灵到西柏坡后，专门被抽调出来做民主人士的接待服务工作。他有过一段生动的回忆：

> 到了西柏坡后，林老就由中央办公厅负责照顾，而我则被派到中共中央统战部去做接待民主人士的工作。统战部设在西柏坡附近的李家庄，部长是李维汉，秘书长是齐燕铭、童小鹏。
>
> 正像一首当时非常流行的歌曲里唱的那样，解放区的天是明朗的天，解放区的人民好喜欢。
>
> 当时，无论是百姓还是我们这些干部，大家全都意气风发，到处都是一片欢乐的气氛，因为解放全中国已胜利在望，新中国就要诞生了，所以大家都在忘我地工作着、战斗着，似乎浑身有着使不完的劲儿。
>
> 就在这时，有一大批名流、学者、教授和民主党派的负责人被接到了李家庄，他们是我们党的嘉宾、朋友，是我的服务对象。
>
> 在当时的条件下，领导上指示我们要尽可能满足这些人的一切生活需要，但是，尽管我们尽了最大的努力，可一切却还非常简陋。
>
> 令人欣慰的是，这些民主人士却并不觉得艰苦，他们的精神状态非常好，到了解放区后，他们都感到好像进入了一个新的世界，甚至有人说自己变得年轻了（其实他们当时并不老，最年长的也不过五十多岁）。
>
> 他们当中有鲁迅先生的弟弟周建人先生和夫人及他们的两位女公子；有田汉和夫人安娥；有著名的教授吴晗、翦伯赞、张东荪；有严景耀和雷洁琼夫妇；有鲁迅的夫人许广平和儿子周海婴，等等。他们都被安排住在老百姓家里，每天在另一间

大房子里参加集体活动。周恩来副主席经常和他们在一起开会。记得有几次讨论战争罪犯的名单草案，一直讨论到深夜。

当时，我被派去负责这些客人的饮食起居和文化娱乐活动，给我的感觉是，为这些贵宾服务太容易了，我从没听到过他们对生活待遇提出任何意见，更没有一个人因为生活问题而发脾气。他们在讲文明礼貌方面给我们这些"土包子"作出了榜样。

实际上，在生活待遇上他们只比我们略强一些，不过多吃些细粮，多几顿有肉的菜，惟一特殊的是每天早饭时有奶粉喝，这是我们在战斗中缴获的美国奶粉，正好为招待民主人士用上了。

这些贵宾们最感兴趣的，除讨论国家大事外，就是我组织的文体活动了。我利用业余时间教他们唱歌、扭秧歌。我记得当时教过两首歌：《解放区的天》和《团结就是力量》，而最受大家欢迎的则是晚饭后练习扭秧歌。

每天晚饭后，这些贵宾中有些人在村旁小路上散步，而大部分人则都集中到李家庄的打麦场上了，每到这时，勤务员们便拿出锣鼓敲打起来，锣鼓声一响，村民们特别是小孩子们就都围拢来看，场面非常热闹。

因我在延安时就担任过秧歌队队长，而且是秧歌队的"伞头"（即打着彩伞牵头带队的人），所以我对扭秧歌非常在行，于是，我就使出浑身解数教这些人扭秧歌，从基本步伐到变招变式，再到队形的变化，每天都有新课程，大家都学得津津有味，欢歌笑语不断。

当时学得最快、扭得也最美的，要数田汉夫人安娥和雷洁琼教授，男宾们扭得不太像样，但大家兴致都很高。

每天晚上，打麦场上便呈现出一片军民团结的欢腾景象，大家每次都要跳到暮色降临才散去。离去时，大家都还恋恋不舍。[1]

1　钟灵：《奋斗与机缘》，辽宁少年儿童出版社 1997 年版，第 88—92 页。

　　由于年代久远，钟灵的这篇回忆不免有失实之处，比如，许广平和周海婴从香港直接到了东北，没有来过李家庄。但从钟灵的叙述中，民主人士在李家庄的精神生活跃然纸上。这种欢腾景象被童小鹏形容为"沸腾的李家庄""山潮水潮人来潮"。

　　李家庄距离西柏坡很近。民主人士能够经常见到中共高层领导。毛泽东、周恩来等人不时地来李家庄看望民主人士；有时也把民主人士请到西柏坡，在他们住的小平房里畅谈思想、共商国是。这也使得中共中央领导人与民主人士就新政协筹备等问题的面对面协商成为现实。一种新型民主的政治模式，在滹沱河畔孕育发芽。

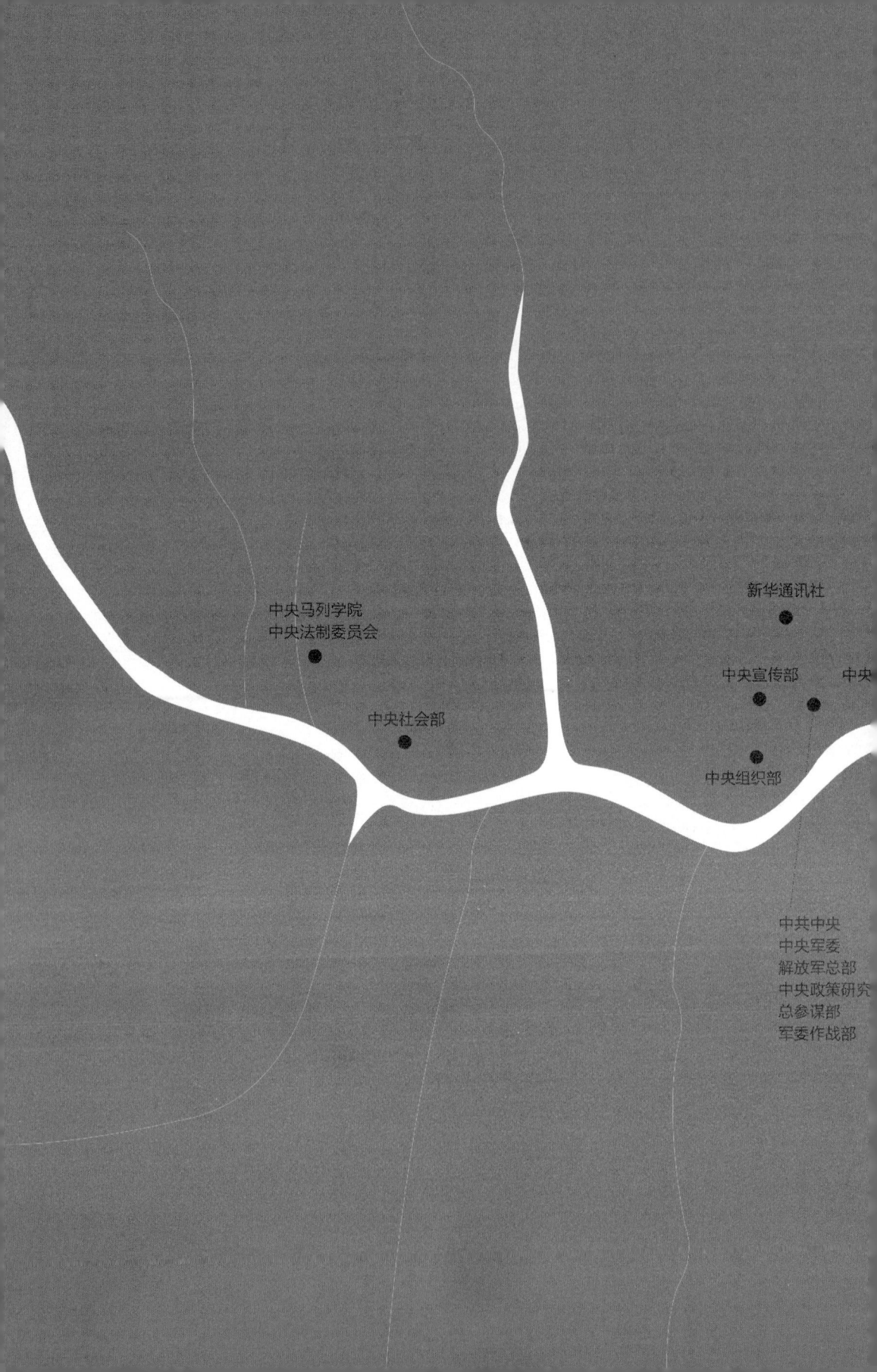

新华通讯社

中央马列学院
中央法制委员会

中央宣传部　　　中央

中央社会部

中央组织部

中共中央
中央军委
解放军总部
中央政策研究
总参谋部
军委作战部

第四章

秘密穿越封锁线

中央统战部

中央办公厅
中央财政经济部
总政治部
后勤部

卫生部

我们排在队中一步一步向前方移动。当轮到查我时，没等他搜身，我赶忙抢先把包袱打开，亮出了事先摆好的钞票。只见这位"国军"习惯而熟练地迅速把钞票塞进他的衣袋，随即打了个手势，放我过来了。我后面是吴晗的夫人，她没有携带东西，也没有带钱。我赶忙向那位"国军"说："我们是一起的。"那"国军"见她确是分文无有，无可奈何地只好放她过来了。后面的吴晗因已做好准备，照方抓药，也是破费了两张钞票，换得个顺利过关。

——池重：《护送吴晗同志去解放区》

吴晗历险记

我国著名历史学家、社会活动家吴晗是在北平上了国民党黑名单，几经周折，冒险穿越封锁线到达华北解放区的。

吴晗 1909 年生于浙江义乌，原名吴春晗，字辰伯。20 岁时他考入中国公学，成为校长胡适的门生。这时的中国公学兼容并蓄，学术自由，思想活跃。吴晗入学不久，就写了《西汉的经济状况》一文，深得胡适赏识。吴晗也视胡适为伯乐，不时请教问题。1930 年 3 月，吴晗在整理《佛国记》时遇到一些问题，径直写信给胡适讨教。信中说："明知先生很忙，不过除了先生之外，我实在想不出一个比先生更能用科学的方法来解决和指导路径的人。"敬仰之情由此可见。

不久，胡适离开中国公学。吴晗追随北上，经人介绍安排在燕京大学图书馆当馆员。其间，他写下《胡应麟年谱》，正式开始研究明史。吴晗再度写信请教于胡适。在收到信后的第二天，胡适即给吴晗回信，对其研究赞赏有加，并约吴"星期有暇请来谈"。

时人有个口头禅"我的朋友胡适之"。对吴晗，胡适也如师如友，不仅给予学业上的指导，还尽力提供生活上的帮助。1931 年吴晗考入清华大学时，胡适即给清华代理校长翁文灏和教务长张子高写信："此人家境甚贫，本想半工半读，但他在清华无熟人，恐难急切得一个工读机会。他若没有工作的机会，就不能入学了。我劝他决定入学，并许他代求两兄帮忙。此事倘蒙两兄大力相助，我真感激不尽。"信中还介绍了吴晗的学术水准，不吝溢美之词。

作为清华学子，吴晗全面师法的却是胡适这位北大先生。胡适在给吴晗的信件中，对这位弟子多方面指导："治明史不是要你做一部新明史，只是要你训练自己作一个能整理明代资料的学者。"吴晗深感受益："光耀所及，四面八方都是坦途。"在清华求学期间，吴晗写下了《胡惟庸党案考》《明代靖难之役与国都北迁》《明代之农民》等一批相当有见地、有较大影响的文章，被当时史学界名宿胡适、蒋廷黻等称为"史学界升起的一颗明星"。吴晗毕业时，在自己的毕业照上题写胡适的名言："大胆的假设，小心的求证。少说些空话，多读些好书。"胡适几乎成为他的楷模。1934年，吴晗毕业留校任助教，开设明史和明代社会等科目，在史学界的影响直追陈寅恪、张荫麟这些史学大家。

抗日战争全面爆发后，28岁的吴晗应邀南下，成为云南大学历史学教授。北大、清华、南开组成的西南联大落户昆明后，吴晗于1940年重回母校。这期间，他的思想开始全面左转，与中共的云南组织多有接触。吴晗曾在一份《自传》中说：从1937年到1940年，我还是和在清华时一样，埋头做学问，不过问政治。1940年以后，政治来过问我了。他所谓的"政治"，就是当时的现实。在云南，吴晗目睹与他一样的知识分子在跑警报中艰难度日，普通老百姓的生活更是火热水深。而当政者却腐朽专制，四大家族发着国难财。严峻的现实使他开始新的思考。引领他走上政治道路的，也有他妻子袁震的影响。

袁震，原名袁震之，1907年出生于湖北光化县一个书香门第家庭。1921年，考入武昌女子师范学校，受到董必武、陈潭秋等几个进步老师的影响。1925年，袁震毕业后，以优异成绩考上了武汉大学历史系，因交不起学费只好返聘到武昌女子师范任教。她一边为生计奔波，一边继续求学，于1930年又考入清华大学历史系。

尽管同在清华，吴晗与袁震的相知相爱却颇有戏剧性。袁震考入清华历史系后，因患肺结核长期卧床。袁震的老师吴之椿、同学梁方仲先后照料她。后因工作变换，他们委托已是清华教师的吴晗。袁震是董必武的学生，思想进步，追求革命。由于她较早地接受了初步的马克思主义思想，加上思路开阔，对许多事件都能发表自己的意见，病榻旁，袁震与吴晗多有思想交流。对吴晗专攻的历史学领域，她也往往能够根据历史唯物主义观点提出独到见解，这使吴晗深感佩服。一来二去，两人生出几多情愫，成了情侣。

有一次讨论一个学术问题，吴晗引证了"适之先生"的观点，但这个观点被袁震驳倒了，吴晗心悦诚服。袁震笑他："你怎么老是在胡适面前矮三尺呢？"吴晗则说："那么，我在袁震面前就矮了一丈了！"足见其对袁震的倾心。如果说胡适对吴晗的影响主要是学术上的，那么袁震在思想上的影响更为深远和有力。后来吴晗也承认："袁震对我倾向党、倾向革命、皈依马列主义起了很大作用。"

九一八事变爆发后，吴晗积极支持学生们发起的请愿活动。他在写给胡适的信件之中，痛骂当局为"世界各国历史中绝无仅有的卑鄙无耻、丧心病狂之政府"，并希望恩师胡适能与自己走"一条应当的路"。胡适在这件事上没给吴晗回应。自此，他们虽然学术上惺惺相惜，在思想上却渐行渐远。

1943 年 7 月，经周新民、潘光旦介绍，吴晗加入民盟，并出任刚刚成立的民盟云南支部青年部长。他开始全面抛弃胡适的"读书救国"论，从一名历史学家转变为社会活动家。对于这一转变，吴晗曾回忆说："袁震的同乡同学李文宜（中共党员）来看我们。她的爱人周新民（中共党员，做民盟工作，表面上是国民党员）常和我们来往。他讲了许多过去不知道的东西，并介绍我见华岗同志。我第一次知道统一战线这件事。结果，我在 1943 年参加民主同盟，不久就被选为民盟中委，直接在党的领导下工作了。"[1]

在中共组织的支持下，吴晗投身各种反蒋活动，态度越来越激烈，对国民政府的批判越来越尖锐。在 1945 年"一二·一"昆明事件中，他参与筹备时事晚会，支持学生罢课，带领教授罢教，以笔为枪撰写

1　苏双碧、王宏志：《吴晗小传》，《吴晗文集》第 4 卷，北京出版社 1988 年版。

《一二·一惨案与纪纲》，以犀利的文风，抨击国民党当局。这场惨案后，他的政治信念更加坚定、明确，成为著名的爱国民主教授。国民党污蔑其为赤色公子，送他一个"吴晗诺夫"的外号。

西南联大解散后，吴晗前往上海。在上海期间，李公朴、闻一多先后被暗杀的噩耗传来。吴晗深陷挚友之死的巨大悲痛之中，写下一系列文章，痛斥国民党当局独裁、专制、暗杀行径。在《论暗杀政治》一文中，吴晗写道，独裁与专制"保证你有失踪、挨打，被造谣中伤，以致挨枪刺、手榴弹、机关枪，还有无声手枪之自由"。他称这种暗杀政治是"自绝于人民，自绝于国际，自绝于人类"的反民主的反动政治。

1946 年 7 月 17 日、18 日晚，吴晗两次在张君劢住处见到周恩来，之后与中共的关系更为密切。回到清华后，吴晗担任民盟北平市支部主委，宣传进步思想。许多知名教授受其影响，思想渐渐左转。朱自清，这位不问政事的教授，也参加各种反蒋反美的通电、签名等活动。此时，吴晗已成为中共信赖的朋友。他的住处成为中共地下党员、进步师生经常聚会的地方。

全面内战爆发后，国民党新闻封锁很严，吴晗经常从军调部中共代表团那里了解解放区及其他方面的情况。1947 年初，军调部中共办事处被迫撤退。在叶剑英、徐冰组织的与北平民盟负责人告别晚宴上，吴晗向徐冰提出要个收音机的要求，徐冰便把军调部中共办事处的那台收音机给吴晗留下。吴晗安排专人每天晚上收听解放区的新闻广播，记录以后传抄、油印、散发，传播中共的声音。吴晗曾在解放后对民盟北京市委的人说："不要看它老旧了，样子不好看，在解放前的黑暗岁月里，它可起了了不起的作用啊！"[1] 这台"起了了不起作用"的收音机现在保存在革命博物馆，成为"寓教于展"的历史文物。

国民党不能容忍任何与其作对的政治派别。1947 年 10 月，民盟被宣布为"非法团体"，勒令解散。吴晗负责的北平市民盟拒不接受解散令，

1　吴晗：《清华杂忆》，见吴晗：《春天集》，作家出版社 1961 年版，第 40 页。

把组织转入地下，继续坚持斗争。

石家庄解放后，解放区需要大批知识分子。吴晗接到北方大学校长范文澜的信，要他多输送进步青年去解放区学习、工作。吴晗积极协助中共党组织，想方设法帮助许多青年学生和进步人士，安全转移到解放区。他为这些人筹备路费，准备化装的衣物。有的人走之前就躲在他家里，有的人躲到他亲戚家。吴晗后来回忆说："我们输送了一批批的青年到解放区去。其中有些是和我直接见面的，有些是经过间接关系的。只要有可靠的人介绍，我们便替他们安排一切，顺利地通过封锁线。"[1]

中共在清华的党组织很想利用图书馆这个阵地开展群众性的宣传教育工作，便找吴晗商量如何设法使图书馆订购一些进步书刊。因当时清华有规定，买书必须有馆长或教授签字批准。吴晗马上签了字，并爽快地说："许他们胡乱买那些老古董，就不许我们买进步书？我们就得抢这块阵地。你们买，我签字，他们出钱。"[2]吴晗利用他的教授身份，为清华图书馆购入许多进步图书。他还把军调部中共办事处留下的一批解放区出版的书籍转移到清华图书馆。在白色恐怖下的北平，清华图书馆竟然有毛泽东的著作。这样做的风险不言而喻。

还是在1946年的时候，吴晗与余心清、王冶秋等人曾组织过一个进步人士座谈会，讲形势，谈问题。他们力图争取国民党军阀孙连仲，策动他起义。后策反失败。除余心清外，同案被捕的谢士炎、赵连璋等5人全部殉难。余心清被捕后，吴晗掩护、帮助王冶秋等人去到解放区。他的行动引起当局的注意。有一天，清华大学校长梅贻琦突然找吴晗谈话。梅贻琦追问吴晗同余心清、王冶秋的关系，并提醒吴晗："你要当心，千万别进城，一进去被他们逮住，就没有救了。在学校里，多少还有个照应。"[3]

---

1 吴晗：《清华杂忆》，见吴晗：《春天集》，作家出版社1961年版，第42页。

2 袁永熙、肖松：《沉痛悼念吴晗同志》，民盟北京市委编：《文史资料选辑》第1辑，1980年印，第15页。

3 吴晗：《清华杂忆》，见吴晗：《春天集》，作家出版社1961年版，第44页。

1948 年 8 月 17 日，国民党政府发布了在全国逮捕爱国学生和民主人士的命令。8 月 19 日，平津各报登载了第一批 249 人的黑名单，加上"危害国家""共党嫌疑分子"等罪名。当天北平各院校都接到反动当局的传票，限定在 20 日以前交出黑名单上的学生。清华有 32 名学生在列。在中共党组织的周密安排下，这些被列入黑名单的学生有的隐蔽起来，有的越墙化装奔赴解放区。

吴晗也做了各项准备。他把自己所保存的文件烧光了以后，就坐在门口的台阶上，"恭候他们光临"。[1] 由于清华学生自治会的斗争，国民党的军警没有来。此后的一段时期，北平的空气仍然十分紧张。吴晗被内部人士告知上了黑名单。这个时候，他接到中共中央邀请，到解放区筹备新政协。

当时由北平通往解放区的条条道路，都有国民党的特务拿着照片检查行人。有的学生过封锁线时被捕。看来直接去解放区危险太大。吴晗只好绕路上海。上了黑名单的人，如此绕道风险也是很大的。《中国建设》杂志创办人王艮仲专程从上海到北平，帮助吴晗到了上海，暂时安顿在他家里。王艮仲社会关系众多，交游甚广。恰逢国民党北平市党部的书记长吴某也到上海，硬要住他家里。王艮仲"艺高人胆大"，竟然把他们一个安排在楼上，一个安排在楼下。吴晗有惊无险地度过几天。后来，黄炎培离开上海转道香港到解放区，也是王艮仲设计使黄"金蝉脱壳"的。解放后，汪道涵曾称王的这种义举为"江南大侠"。

吴晗原打算到上海后再到香港，与其他民主人士一同去解放区。不料到达上海那天，报纸上刊登了一条消息：飞香港的机票一律凭照片购买。上了黑名单的人，车站、机场、码头，到处有他们的照片，这下就把路堵死了。当时郑振铎也在上海。他来看吴晗，嘱咐他行踪一定要保密，切不可在公开场合露面。有一次，郑振铎陪吴晗到街上买自来水笔。店员问要不要刻名字？吴晗随口说"要"，提笔就写了一个"吴"字。郑

---

1 吴晗：《清华杂忆》，见吴晗：《春天集》，作家出版社 1961 年版，第 46 页。

振铎手疾眼快，抢过笔写了"辰伯"（吴晗字辰伯）两字。郑振铎担心吴晗粗心坏事，把自己正在编辑的《玄览堂丛书二集》和《明季史料丛书》等书搬给他看，不再让他出门。

在上海期间，吴晗约见了留守在上海的民盟元老张澜、黄炎培、罗隆基等人。据时任民盟中央委员的叶笃义回忆，1948 年 10 月间，中共展开全面军事进攻时，民盟在沪中委还商讨起草一个向中共的建议书，提出"①内政上实行议会制度；②外交上采取所谓协和外交方针（即对美苏采取同样友好方针）；③民盟有退至合法在野党的自由（鉴于民盟被国民党宣布为"非法团体"失去了这个自由）；④在盟内的共产党员应公开身份，党员和盟员避免交叉"。在中委座谈会讨论时，史良、楚图南等提出反对，这个建议书没有通过。但他们还是以中委名义致函沈钧儒、章伯钧，要求沈、章将其摘要转交中共。"这封信是我当面交给当时住在王艮仲家里的吴晗本人的。"[1] 这表明，在各民主党派响应中共中央"五一口号"的一个时段内，关于新中国新政权的重大方略问题还是存有一定分歧的。

后来，吴晗转住在弟弟家，深居简出。等北平来信说去解放区的事已经安排好了，吴晗又坐飞机回到北平；当天转道到天津，见到已在天津等他的袁震。华北局城工部学委负责人崔月犁，派交通员池重护送他们从天津到解放区。这段旅程距离不长，但惊险重重、一波三折。如果拍成电视剧，或许比当下播放的剧情还要精彩。

担负护送任务的是北平温泉中学校长助理、中共地下党员池重（原名池汝康）。多年后，他对护送过程有一个详细的回忆：

> 吴晗刚在上海参加了民主党派秘密召开的一次会议，应我党邀请，要到石家庄去参加我党召开的一次重要会议。为此他已偕夫人来到天津，隐蔽在旧英租界的一个朋友家里，正等着

1　叶笃义：《虽九死其犹未悔》，北京十月文艺出版社 1999 年版，第 67 页。

我党派人护送他们进入解放区。他们准备先到泊头面见刘仁，然后转道石家庄。城工部在沧州设有招待站，对外名称叫"平教会"。崔月犁交待我的任务是把吴晗夫妇送到沧州"平教会"。他曾一再叮嘱我一定要确保吴夫妇的安全，同时还要照顾好他们的饮食起居，还特别提到吴夫人脊椎骨动过手术，身上带有钢骨架，腰部不能转动，必须配合吴晗对她照顾周到。

　　池重按照崔月犁的指示，第二天就起程去了天津，找到吴的住所。吴的朋友见是个陌生人，高度警惕，坚持说他家没有住一个叫吴晗的。池重无功而返。翌日，崔月犁亲自带他再去天津。这次吴晗等人见是崔月犁来了，欣喜若狂。吴晗夫妇对前一天的事一再对池重表示歉意。袁震快人快语，为消除误解，向池重打趣说："看你穿着这样考究的西服，头发抹得这样亮光亮光，我们怕你不是个共产党员呀！"一番话，引得大家都笑了起来，池重也释然了。在他原来想象中，吴晗定是一位举止超脱、沉静斯文的博学老人。这一见面，觉得他更像一个朝气蓬勃的青年学子。

　　当时从天津去解放区，要路经陈官屯，这里有国民党设立的卡口。驻扎这一带的国民党军，都是前日军豢养的"皇协军"。这些汉奸武装，一贯横行乡里，鱼肉人民，无恶不作。日本投降后，他们被国民党收编，摇身一变，成了堂堂的"国军"，更加穷凶极恶，成为反共的"急先锋"。

　　从天津通向陈官屯只有两条路：坐火车，或者坐大车（马车）。火车上有特务，但当天可出卡口；坐大车要在陈官屯住一夜，风险更大。崔月犁仔细考虑后，认为还是坐火车比较妥当。当即决定次日做好准备，第三天起程。

　　第二天池重依约来到吴晗住处。吴晗说，有两件东西必须带去，一是他的近视镜，离开了眼镜，就不能工作；二是一张极薄的小纸片，上面密密麻麻地写满了字。字迹极细、极小，显然是用专门的笔写的。这无疑是叶笃义交给吴晗的那份向中共中央转呈的密函。

按照惯例，从天津到解放区去，贵重物品都由交通站从水路转送。从吴晗处出来，池重反复考虑，既然眼镜和文件如此重要，由交通站通过运河转运物资时带去，不确定因素太多，只有随身携带才最安全。这个问题难不倒隐蔽战线上经验丰富的地下工作者。池重很快想了一个妥善方法：向其他同志要了一个不透明的旧雪花膏瓶子，把擦手油先装进一些，再把吴的眼镜片拆下，塞在擦手油瓶内，上面又敷上一层擦手油。眼镜架就留下了。另取两个火柴盒芯，改糊成一个双层底的盒芯。把那小纸片夹在两层底的中间，然后装上半盒火柴，连同半包劣质香烟带在身上。

出行前，他们照例先要化装。池重回忆道：

> 次日一早，我换上中式短衣裤，拿了一个小包袱，内有一套单衣，又提了一个小布口袋，内装食品、漱洗用具和一些"官金"（国民党钞票），先到车站买了车票，然后到站前约定的地点去等他们。不一会儿，就见吴夫妇也都穿了中式短衣，背着大沿粗草帽，慢慢地走了过来。我迎上去和他们打招呼，不料竟吓了他们一跳，定睛看出是我，同时又意识到原来他们自己的打扮也是和我一样的，才又忍不住轻声笑了起来。

火车上，人声嘈杂，非常拥挤，大多是"跑单帮"做买卖的。车厢通道上到处堆放着大筐、小筐、大包、小包的货物，无处下脚。这倒帮了吴晗一行的忙。车上的军警、特务们对这些小商贩恣意敲诈勒索，雁过拔毛，就顾不上吴晗他们这些空身的旅客了。

近中午时到了陈官屯。车站外不远处就是卡口。过卡子的人们被蒋军官兵驱赶着排成了几个长队，等待搜身盘查。不时传来打骂旅客的声音。池重对这段经历记忆深刻，多年后还记忆犹新：

　　　　我见来势不善，为防止被掠索干净，赶忙把布袋里的钱散装到衣袋等几个地方，并打开包袱特意把两张钞票摆在衣服上面，然后再重新包扎好。吴晗也照样做了。我们排在队中一步一步向前方移动。当轮到查我时，没等他搜身，我赶忙抢先把包袱打开，亮出了事先摆好的钞票。只见这位"国军"习惯而熟练地迅速把钞票塞进他的衣袋，随即打了个手势，放我过来了。我后面是吴晗的夫人，她没有携带东西，也没有带钱。我赶忙向那位"国军"说："我们是一起的。"那"国军"见她确是分文无有，无可奈何地只好放她过来了。后面的吴晗因已做好准备，照方抓药，也是破费了两张钞票，换得个顺利过关。

　　像这样应付敌人搜查的办法，当时出门行路的人都是习以为常的。吴晗夫妇生活的环境"往来无白丁"，这种情形平生以来初次经历。也多亏池重在出门前，向他们介绍了一些应付搜查的办法，思想上早有准备，所以配合起来能够得心应手。尽管如此，等他们出了卡口，三人还是面面相觑，暗自庆幸，对能够顺利过关感到一些欣慰。吴晗对这一奇异经历不禁感慨万分，不断摇头叹息。

　　出了卡口，不等于安全了。卡口外，有一段敌我双方都未能完全控制的"两不管"地区，随时都有危险。好在这一段可以坐大车，不至于太辛苦。有许多大车在争揽乘客。他们找了一个年纪较大，看着也比较老成的车主。为了多挣钱，车主们都尽量往车上塞乘客，以致车上挤得满满的，腿也不能伸直。池重多给了车主一些钱，就让吴晗他们坐在车边上，腿能伸开了，上下车也方便。

　　池重曾多次往返这条路。他观察发现，各类哨卡和歹徒对赶车人都留有情面，从未见他们搜翻抢掠赶车人财物的事。靠山吃山，这也许是黑道匪徒的帮规吧。这一带拉脚的大车，在车下面多钉有一个小木箱，是车主人为自己放衣物用的。为了安全起见，大车开行后，池重从布袋里取出食品，把三人的手表、大部钞票，特别是改造后的擦手油瓶子，都装进了布袋。他对车主人说："老大，请你关照一下，把这点钱和表放到你的箱子里吧，到了沧县酬谢多少都好说。"车老大看出他是常走这条路的人，就爽快地说："只要你信得过我，你就放心吧。"他们每个人衣袋里只装少许零用钱备用。

刚躲开狼又遇上了虎。当车队走出十数里路，迎面被一伙"强盗"截住了去路。所谓"强盗"，不过是卡口上的"国军"。他们有的拿手枪，有的背大枪，有的着便服，有的身穿没有标志、衣帽不全的蒋军军装，吆喝着轰赶着车上的旅客，要大家空身下车，不准携带行李物品，强迫人们排成几队，然后分兵两路，一伙人到车上搜抢财物，另一伙对旅客挨个强行搜身，稍不如意就拳打脚踢。池重说：

> 当我扶吴晗夫人下车时，吴晗已被驱赶到另一个队里，这时我心里很是焦急。当搜到我时，钞票全部拿走了，这倒没什么，我最关心的是半盒火柴和吴晗夫妇的安全。匪徒没有抢走半包劣质烟和半盒火柴，当匪徒要搜吴夫人时，我赶忙对匪徒说："我们是一起的，东西都在车上呢。"匪徒恶狠狠地喊道："去！去！"把吴夫人推到了一边。我们就这样躲过了劫难。回到车上，再看吴晗正被搜身，只见匪徒从吴晗的衣袋里掏出一件黑色的东西，赌气给摔在地上，我不知发生了什么事情，因而十分担心。但见吴晗冷静而毫无表情地慢慢蹲下身躯，一面注视着匪徒，一面拾起那黑色物，显然是在提防敌人的手脚。吴晗站起身后又看了看匪徒，见他已搜掠后面的人去了，才慢慢走了回来。坐上了车，我才知道，原来那黑色物是吴晗来时一双没来得及洗的袜子。一阵疯狂的抢劫过去了，车队继续向前行进。
>
> 车上的人们充满了悲伤愤慨的情绪，有些妇女因被洗劫一空，顿陷困境而痛哭流涕。坐定之后，吴晗还想着刚才的一幕，指着衣袋对夫人诙谐地说："这袜子没洗，倒帮了一点忙。"

夫人听了，忍不住要笑，但又不便笑出声来，因笑声是和当时车上的悲伤气氛不协调的。

黄昏时分，他们到了一个较大的村庄。这里几乎家家都是"旅店"，村里有很多卖食品的摊贩。各家都是土炕，一间屋子要住六七个人，有的还要多些，嘈杂混乱，气味难闻。为了避免麻烦，池重多方寻找，在一个僻静处找到一个较小的院落，向房主人包了一个单间，并向他询问了这里的安全状况。房主人说："放心吧，保你没事。前几日'卡口'上的人来这里想发点洋财，正赶上解放军来这里，把他们狠打了一顿，扔下两具死尸逃回去了，刚挨完打，总得老实一阵子。"这些话使他们心里踏实多了。

一天的奔波劳累，又要时刻准备应付紧张局面，谁也没有吃东西。晚上安顿下来后，房主人给泡来一壶茶。太累了，即便出来时带了食品，他们也不想吃东西。在如此境遇下，吴晗还想到外面看看，体察一下民情。这次"体察"让池重啼笑皆非：

> 我陪他出去转了转。街上有卖汤面的，我买了两碗，端起要喝时，不料发现碗里都有红头大麻蝇。我好恶心，要求摊主给换一碗，那摊主却不以为然地说："这算什么，你去看看哪家卖吃食的碗里没有这东西，我愿受罚。"我还想争辩，吴晗连忙阻拦说："算了吧，人家都能吃，我们就能吃嘛。"边说边用筷子把大麻蝇挑了出去，就若无其事地大口吞食起来。

身为清华大学教授的吴晗，难得有这种经历，也算是体验民间生活了。第二天早晨他们继续赶路，步步深入解放区。一路上，车上的人们开始有说有笑，情绪活跃起来了，完全驱散了紧张恐怖气氛。到了一个村口，大车停了下来，原来是解放区人民政府的税收人员在征收商品税。当时运到解放区的商品大部分是免税的，也有少数品类要征收一些税金。

吴晗与夫人袁震在解放区

车上带货的人纷纷主动把货搬下来，然后依次坐在路旁，等待验收纳税，秩序井然。过村口时，没有人搜身盘查，甚至连个公安人员的影儿也看不到。在税收人员工作的地方摆着几只水桶，盛满热水，是专为纳税的小商贩准备的。有一般过往旅客掏出干粮，坐在桶旁，就着热水大口地嚼着干粮。税收人员照章收税，一丝不苟，态度和蔼，和小商贩仿佛是老相识，交谈着、寒暄着。在村里，有许多食品摊，处处可闻叫卖声，很是热闹，一派和平景象。这与陈官屯那种横行霸道，令人不寒而栗的恐怖景象形成了鲜明对照。

初到解放区，吴晗饶有兴致地观察着这一切。他在收税处伫立良久，仔细观察收税过程，询问税收政策，十分欣赏税收人员的工作态度；尔后转到村里，东走西看，问这问那，直到车老大大声吆喝要上路了，他才兴犹未尽地走了回来。显然他对见到的一切是肯定的、赞赏的。到了车上，就对袁震说："你也应该下去看看解放区啊！太应当看看了！"

到了沧县，车主人把装有表和钱的布袋交还给池重。当袁震接过自己的表，感激地对池重说："我们的损失算是最低最低的吧，多亏了你。"来到"平教会"，就到了家了。这里早已接到上级的通知，为他们准备好了丰盛的晚餐和舒适的住所。

几天的护送经历，惊险而精彩。这使吴晗夫妇和池重之间也建立了深厚的情谊。当天晚上池重去向吴晗夫妇告别时，有一段美好的插曲，使他们这一行颇为圆满。

晚上我和吴晗夫妇告别，并把眼镜片和那张小纸片交给了吴晗。吴晗夫妇见到两件东西竟已随身带来了，十分满意也很惊讶，一再向我致谢。当他们听到我要回去，另由别的同志护送他们去泊镇时，感到十分遗憾，执意要求仍由我护送前往。"平教会"的同志打电话请示了刘仁，经允许，仍由我继续护送吴晗夫妇去泊镇。

次日，我们三人又乘上大车，在晴朗的天空下，朝泊镇行进。

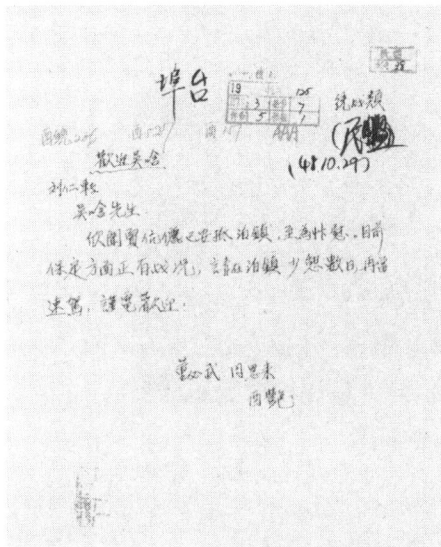

吴晗到达泊镇时，董必武、周恩来致电欢迎

这时吴晗显得精力充沛，情绪十分高涨，宛如脱笼之鸟，尽情地呼吸着冀中大平原自由清新的空气，一直不能平静下来。他看着农田、牲畜、农民的劳作……似乎都感兴趣，时而还跳下车与路人交谈。他对解放区的一切都感到新鲜美好，对一切都在深思探索……[1]

到达泊镇，吴晗夫妇受到华北局城工部的热烈欢迎。周恩来、董必武专门致电刘仁，由于保定有战况，请吴晗在泊镇稍停数日，再去石家庄。从董、周电函可见，1948 年 10 月 29 日吴晗已经到达解放区了。

周建人黎明前转移

周建人是鲁迅先生的胞弟，受鲁迅影响走上革命道路，成为中国民主促进会创始人之一。

周建人 1888 年出生于浙江绍兴，可以说是自学成才的楷模。他出生不久，家庭遭遇变故，父亲早亡。两位兄长周树人（鲁迅）、周作人外出求学，他一个人在家里侍奉母亲，刻苦自学。1909 年参加其兄鲁迅组织的进步活动，并加入文学团体。1919 年，他迁居北京，在北京大学旁听哲学课程，后来到上海商务印书馆编译所做编辑。同时，他潜心研究生物学，并从事译著工作。1923 年应瞿秋白邀请，在上海大学讲授进化论，并先后在神州大学、上海暨南大学、安徽大学任教授。周建人十

1　池重：《护送吴晗同志去解放区》，《北京党史》1993 年第 5 期。

分关注中国妇女问题，倡导男女平等，是我国现代妇女解放运动的先驱者之一。

年轻时候的周建人

　　大革命失败后，恐怖气氛蔓延在上海。鲁迅不畏恐惧，常常提供他的寓所，为瞿秋白、冯雪峰、陈云等中共党员召开秘密会议或避难所用。周建人便承担了他们的通讯、联络和掩护工作，并渐渐受到影响。抗日战争时期，周建人同进步文化界人士一起，投入抗日救亡运动。

　　抗战胜利后，周建人任生活书店、新知识书店编辑。这期间，他投身爱国民主运动，撰文抨击国民党当局卖国、独裁、内战的政策。1945年至1948年这四年间，他撰写的关于和平民主运动的政治论文，总数在百篇以上。这是周建人由革命民主主义者转变为共产主义者的一个重要时期，也是他写政治论文最多最为集中的一个时期。在《战争、科学与民主》中，他大声疾呼要"科学中国化，与中国科学化"，竭力推进民主政治；在《关于新年的希望》中，他进一步阐述了对科学与民主关系的见解。周建人的许多政论文章，代表广大人民的意愿，发出停止内战、实行民主的强烈呼声。

　　1945年12月，周建人同马叙伦、王绍鏊、许广平等人在上海发起成立中国民主促进会，当选为第一届理事会理事。这是一个以促进民主政治的实现为宗旨的政治组织。民进的创始人，都是具有进步思想的爱国民主人士，大部分为文化教育工作者，还有一部分工商界人士。他们平时经常在上海集会座谈，分析国内外形势，联名发表文章，申明共同的政治主张。

　　"一二·一"昆明惨案的发生，使周建人进一步认清国民党当局的本质。转年二三月间，马叙伦、周建人、许广平、林汉达等先后参加和主持了上海各界群众在玉佛寺举行的公祭大会等活动，扩大了民进组织及其影响。

全面内战爆发前后，周建人连续发表《论内战应即停止》《再论内战必须立即停止》及《论反民主逆流急须遏止》等政治论文，以笔为枪，用确凿的事实，与国民党当局展开斗争。1946 年 6 月 23 日，上海 150 多个人民团体发动近 10 万群众，在上海北火车站集会，热烈欢送以马叙伦为团长的上海人民和平代表团去南京请愿，并在会后举行声势浩大的示威游行。病体刚刚恢复的周建人始终参与这一活动。"下关事件"发生后，他和其他在沪的爱国民主人士一起，痛斥国民党反动派的野蛮暴行。血的事实使他们彻底认识到，只有积极行动起来，投入人民运动中去，内战才有可能制止。

在国统区，蒋介石集团进一步强化独裁统治，派特务暗杀了著名民主人士李公朴、闻一多。随后又禁封了《民主》《周报》等一大批进步刊物。周建人等人纷纷发表文章，尖锐地指出"人民的口是终归封锁不住的，文化是终归虐杀不了的"。在《敬悼李公朴先生》中，周建人写道：

> 民主战士既从要求民主的人民里产生的，所以并不孤立，打死一个将产生十个；打死十个，产生出更多的数目。这是一条历史的，社会的，同时也是自然的定律；即一切进步的运动，迟早一定要成功。假使今日中国民主运动在世界上还是创举，其他国家都还在专制独裁之中，那么打击在前线的民主战士，可能把这运动暂时延缓下来的。现在情形不是这样。世界上的民主潮流已汇成为一条巨流，在向前奔流，再想把它抑制下去，便是暂时抑制，也是不可能的。我们并不希望反民主的恐怖者会知道这种道理，自动地歇手，这大抵是不可能的。他们除非被迫地不得不放下手枪与主使者同向人民降伏，才会肯这样做。但这种恐怖的暗杀行为表示些什么呢？它告诉我们反民主的法

西斯距离向人民降伏之期已经不远了，他们已不得不采取最后亦最卑鄙（李先生称为"太卑鄙"）的手段了。人民只要再接再厉的向前进，民主分子决不怕手枪的，多开几枪，无非促短自己的生命,使民主运动快点成功。李公朴先生做了战士的模范，将有无数人民踏着血迹前进，是必然的事情。法西斯向人民投降之期当已不远，大家不可不有这种信心。[1]

反动统治越临近"降伏之期"，越会气急败坏。国民党当局宣布民盟为非法组织，勒令解散，同时也威胁到民进等民主党派领导人。为了避免不必要的牺牲，在中共的帮助下，马叙伦、王绍鏊等部分民进领导人转移到香港。周建人等仍留在上海，继续坚持民主运动。

国民党发动内战以来，国统区经济上通货膨胀，民生凋敝，知识分子和学生的处境尤为艰难。到了1947年5月,各大城市相继爆发"反饥饿、反内战、反迫害"的游行活动。周建人也处在生活困难之中。有一个外国组织为了拉拢中国知名人士，给周建人送去大米、面粉和火腿，被周建人断然拒绝。他说："不义之财，不敢领教。"

1948年4月，国民党的恐怖活动更加猖獗。这也是黎明前最黑暗的时刻。周建人由他的老战友、共产党员艾寒松介绍，毅然加入了中国共产党。按照党章规定，入党需要两位党员介绍，入党后须有预备期。周建人入党却是特事特办：只有一位党员介绍人，也无预备期。这是中共中央根据当时的实际情况，结合周建人对中国共产党的一贯信赖和对革命事业的独特贡献特批的。为了有利于在国统区的活动和斗争，周建人遵守纪律，一直没有公开过自己的党员身份，连自己家人也没有说。

周建人加入中国共产党，标志着他由一个追求真理不断进步的爱国主义者，转变成为一个共产主义者。这年秋天，根据中共中央指示，周建人一家悄然离开上海，乘船北上到达天津，又辗转到了河北省平山县

1　谢德铣：《周建人评传》，重庆出版社1991年版，第180页。

李家庄。

关于周建人到达解放区的经过，周建人自己回忆较少。在中国共产党成立 60 周年之际，周建人撰文《没有共产党就没有新中国》在《人民日报》发表。文中，他对到达李家庄之行有些简单回忆：

> 1948 年秋天的一个傍晚，上海地下党的同志通知我，要我们全家转移到解放区。于是，我们和艾寒松同志一家，坐船到天津。党派了联络员带领我们躲过了敌人的耳目，通过了层层封锁线，终于到达了当时党中央所在地——河北省平山县的李家庄。我们一到驻地，周恩来同志就代表党中央、毛主席来看望我们，问寒问暖。党中央的董老、谢老、刘伯承同志等都来看我们，使我们感到同志般的温暖。周恩来同志还向我们介绍红军长征的历史，介绍当时解放战争的形势，使我们深受教育。[1]

《周建人评传》的作者谢德铣，采访了当年一起随周建人到达李家庄的周夫人王蕴如和女儿周瑾，才把这一曲折的过程补充清楚。

1948 年 10 月 15 日（阴历九月十三日）清晨，周建人偕夫人王蕴如及女儿周瑾、周蕖 4 人，收拾了一点简单的行李，悄悄地离开了上海福熙路四明村 38 号，雇了一辆车到码头，乘船离开上海。因为此行是秘密的，他们离开时，同住在四明村的亲戚都不知道，家中的一切东西来不及处理，锁上大门就走了。

之所以如此匆忙，与周建人入党的介绍人艾寒松暴露有关。艾寒松曾是邹韬奋主编的《生活》周刊编辑，深受器重。他也是中共地下党文委委员，团结文化界人士开展工作，与周建人建立了深厚的感情。抗战胜利后，他在上海继续做文化统战工作，并为《民主》周刊等进步杂志写稿。在 1948 年的一天，他途中突然遇到一个在解放区认识而后来叛

1　周建人：《没有共产党就没有新中国》，《人民日报》1981 年 6 月 26 日。

变成了特务的人。当时他虽然机智地躲开，但是已被发现，并遭追捕。中共党组织就决定要他和周建人一家一起撤离上海。同艾寒松同行的还有其妻子赵金秀及年仅三四岁的小女儿。

经过5个昼夜在船上的颠簸，周建人和艾寒松一行终于到达天津。到天津后，却没有人按计划前来接应。于是，先按照艾寒松所带的地址，在天津找寻可以带他们进入解放区的人。到了那户人家，不料那位同志已经离开天津，无法接头联系。于是，又按照艾寒松所带的另一个地址，去寻找一位纺织厂的老板。他们找到了这位老板并在他家里暂住了一夜。

次日，艾寒松与王蕴如在天津找到了一位做店员的亲戚，由他帮助找到一家旅馆，在那里暂时住了下来。艾寒松写信给上海的中共党组织，报告了路上的情况。

周、艾两家在天津大约住了两三周以后，上海党组织派来了一位姓李的同志，决定送两家进入解放区。这位李同志是原来在天津准备送两家进入解放区的那位交通员的弟弟，在南京工作，任国民党军队的小军官。上海党组织特地派他到天津护送周、艾两家进解放区。

11月9日，李同志找到了一只渔船，准备走水路。在由天津到招头镇的途中，有四五个卡口，不时遇到国民党便衣的询问，均由李同志一一对付过关。可以想象，若周建人一开口，绍兴人的口音立马就会把他们"出卖"。由于船上坐的全是老人和妇女，便衣也没有多加盘查，就顺利地放行了。一天后，他们到达招头镇，住在一位渔民的家中。

由招头镇坐火车到左各庄，这里已是共产党管辖的地区。他们两家在左各庄住了一两夜，然后由当地解放军雇了一辆胶皮轮的大车，把大家送到泊镇，再由泊镇送到石家庄。

周、艾两家在石家庄，受到交际处处长申伯纯的热情接待。他们在交际处住了几天，就由中共中央派车前来迎接，直接送到了李家庄。在西柏坡和李家庄，周建人一行受到毛泽东、周恩来等中共领导人和中央统战部的热烈欢迎。

周建人一家在李家庄的合影

由"侄子"陪伴的楚图南

楚图南是云南文山人，1899 年出生，我国著名外交家、教育家、翻译家、社会活动家。

1913 年，楚图南考入昆明联合中学，后考入北京高等师范学校史地部。求学期间，他就参加进步学生组织的"工学会"和中国社会主义青年团，在李大钊指导下编辑出版《劳动文化》。

1923 年楚图南高师毕业，回昆明省立一中任教。行前，李大钊给他布置任务：要多接触青年学生，组织读书会，吸引他们阅读进步书籍，宣传马克思主义和俄国十月革命的胜利，为建立党团组织准备条件，但不承担发展组织的任务。[1]他在进步学生中组织读书会，帮助一批青年学生走上革命道路。

1925 年底，楚图南接受中共北方党组织和李大钊的委派，以教师身份作掩护，赴东北工作。1926 年冬，他正式转为中共党员，和韩乐然、赵尚志编为一个支部，担任书记。蒋介石发动四一二反革命政变后，楚图南通过各种关系，为从关内来哈尔滨的进步人士安排公开职业。1928 年，发起成立"灿星社"，这是东北地区现代文学史上第一个左翼文化社团，并出版文艺刊物《灿星》。

因东北地区中共党组织遭受破坏，1929 年春，楚图南来到山东，先后在泰安省立三中、曲阜省立二师工作，继续组织学生运动。他的这些活动，引起国民党当局的注意。于是，他离开曲阜到济南省立一中教书。1930 年，他在济南学潮中被通缉，返回哈尔滨，应聘东北特区第一女子中学。在课堂上，他被国民党警察抓走。反动当局没有抓到他任何"共党活动"的证据和口供，只好以"误尽青年""宣传与三民主义不相容的主义"的罪名，判处楚图南 9 年零 11 个月的徒刑。此案在东北引起

---

1 楚图南：《怀念先烈李大钊》，麻星甫编：《一生心事问梅花——楚图南诞辰百周年纪念文集》，朝华出版社 1999 年版，第 255 页。

了轰动，吉林各界特别是文教界起而声援，开展营救。

1934 年 6 月，楚图南出狱后应邀到河南开封北仓女中任教。1935 年初，他化名楚曾，到暨南大学任教。其间，他积极参加上海进步文化界活动，发表了散文集《开封随笔》、译作《在俄罗斯谁能快乐而自由》《草叶集》等作品。

1937 年 11 月上海沦陷。楚图南离开上海，经香港绕道河内回到昆明。他先在云南大学附中任教，撰写了校歌《山国的儿女们》。"我们是创造者的后代，我们是垦荒者的子孙……"脍炙人口的歌曲，激励着青年学子。1938 年 7 月，他转到云南大学文史系，先后任副教授、教授、系主任。他倡导学生掌握正确的立场、观点、方法，观察社会、认识社会；指导组织读书会、时事座谈会、讲演会、讨论会、诗会及办壁报等，宣传抗战，宣传民主。皖南事变后，昆明形势紧张，学生运动处于低潮。他引导进步学生办清寒食堂，成立壁报联社。楚图南邀请李公朴等进步人士到联社做报告，和学生座谈，扩大进步社团的影响。在白色恐怖下，云南大学进步力量日益壮大，成为昆明的重要民主堡垒。

楚图南在云南任教的同时，积极投入进步文化运动。1938 年 5 月，他当选中华全国文艺界抗敌协会云南分会理事。为纪念鲁迅，他发表文章、诗歌，作《我所知道的鲁迅》的演讲。在文协开展的捐助活动中，他把自己的《刁斗集》捐赠出来，并在扉页上题写鲁迅的诗句，以鼓励青年。

1943 年 4 月，楚图南加入中国民主政团同盟。1945 年 12 月，在民盟云南省支部第一次盟员大会上被选为执行委员，任主任委员。在他的组织下，罗隆基、潘光旦、曾昭抡、吴晗、李公朴、闻一多等民盟同侪，组织活动、发表演讲、演话剧、办壁报……云南的民主运动如火如荼。

楚图南生于云南，走出过云南；身为中共党员，又兼民盟盟员。他利用这些特殊的身份，架起本地文化人与内地流亡到云南的文化人之间的桥梁，促进学者教授、实业家、青年学生、民主进步力量、地方实力派之间的交流，在推动云南抗日民主统一战线工作中发挥着积极作用。

抗战后期，楚图南将主要精力倾注于抗日民主运动，相继在云南高校举办的"七七"抗战七周年时事座谈会、"云南护国起义纪念大会"等活动上，发表演讲、组织游行。1945 年震惊全国的"一二·一"惨案发生后，楚图南等云南民盟领导人与昆明各大中学校教师 298 人联名发表《为 12 月 1 日党政军当局屠杀教师学生，昆明市各大中学校教师罢课宣言》，支持学生的民主运动。

为了揭露国民党当局所谓"民盟企图勾结地方势力在云南组织暴动夺取政权"的造谣污蔑，1946 年 6 月，民盟云南支部举行招待会，楚图南以主委身份发表了题为《民盟政治主张与政治态度》的致辞，表达了民盟和平建国的意愿。

全面内战爆发后，国民党当局更加肆无忌惮。7 月 5 日，楚图南和闻一多到医院看望手术后的盟员王振华。王告诉他们国民党特务要进行暗杀的消息，黑名单中有楚图南、闻一多、李公朴等。早些间，就有传言，云南警备司令霍揆彰下令列出黑名单，并悬赏 500 万购买闻一多、楚图南二人头颅。7 月初，霍揆彰接到暗杀密令，开列了 10 余人的黑名单。民盟盟员李何林回忆："黑名单的威胁也早在市上散布，尤其对于李、闻、楚三先生特别恨之入骨，悬赏购其生命之说，言之凿凿，但李、闻、楚诸先生将生命置之度外。"[1]

噩耗随之传来。7 月 11 日晚，李公朴偕夫人外出回家时，在昆明青云街被特务杀害。楚图南闻讯赶到医院。李公朴夫人张曼筠提醒他要小心。他坚定地说："这是反动派最卑鄙最无耻的手段和做法，这说明了他们害怕我们。我们更要发动群众起来，用舆论狠狠打击敌人！"[2] 民盟

---

1 李何林：《黑色恐怖的昆明——回忆李、闻被暗杀前后》，《李何林全集》第 4 卷，河北教育出版社 2003 年版，第 366 页。

2 王健：《在民盟中央举行的楚图南追思会上的发言》，1994 年 4 月。

云南省支部发表抗议，公布事件真相。7月15日上午，在云南大学举行李公朴死难经过报告会上，楚图南坐在主席台，闻一多作了最后一次讲演。当日下午，在《民主》周刊社，楚图南主持记者招待会，控诉国民党特务罪行，要求严惩凶手。散会后，为避免被特务一网打尽，他和闻一多分头回家。楚图南先行一步，发现有特务，即改道绕行，从不为人注意的昆华师范后边的小门进入，回到宿舍。不多时，有朋友来告闻一多遇害。他已经做了遭遇不测的准备。血腥恐怖笼罩昆明。民盟支部决定：已公开身份的负责人撤离昆明，民盟组织转入地下。

8月，楚图南从避难的美国领事馆，乘飞机离开昆明到上海，在中共办事处与董必武、华岗接谈。华岗嘱他在上海开展民盟工作，以后可争取到解放区。10月4日，上海各界5000余人，在天蟾大舞台举行"李公朴、闻一多两烈士公祭大会"，邓颖超宣读了周恩来的悼词，楚图南报告了闻一多生平。后来，经沈钧儒推荐，楚图南到上海法学院任教授，开设中国通史和中国经济史课程。11月，民盟被国民政府宣布为"非法组织"后，楚图南和一部分民主党派领导人转移到香港。

在香港，楚图南通过《华商报》联系到中共在香港的负责人章汉夫、乔冠华。由于情况复杂，他接受香港工委建议，回上海准备奔赴解放区。在1948年1月民盟召开三中全会时，楚图南委托周新民全权代表他出席。

在上海期间，楚图南所翻译的《查拉斯图拉如是说》《看哪，这人》出版，并再版了《刁斗集》《旅尘余记》《在俄罗斯谁能快乐而自由》。他一面从事教学和民盟活动，一面秉烛奋笔，翻译《希腊的神话与传说》，交付出版社。他将此书预支的部分版税和其他几本译著的版税分作两部分，一些作为赴解放区的路费，一些留作家人在上海的生活费。

楚图南过去在昆明有一位学生辛毓庄，当时在中共中央城工部工作。取得联系后，辛毓庄专程从天津来到上海。当楚图南向他说明章汉夫、乔冠华意见，以及想进解放区的愿望时，他回复说要回天津和城工部商酌并预先做好安排，让静候通知。

这年秋季，楚图南得到辛毓庄的来信，让他从上海乘船由海路去天津，同行的还有一位在昆明工作过的进步青年学生侯大乾。去天津，第一道难关是买船票。当时国民党特务对去北方的人盘查甚严，买船票前要经卫生检疫，要打防疫针，实际上是观察旅客中有无行迹可疑的人。有一名在上海的进步青年学生主动替楚图南接受"检疫"，打防疫针，取得了证件，并买到了去天津的船票。11月7日，楚图南安顿好一家老小，和侯大乾同行，携带一些简单行李，秘密乘轮船离开上海，到了天津。这一段行程尽管有些曲折，倒也顺利。但从天津到解放区的这段旅程，就没有那么顺当了。多年后，楚图南回忆起来仍清晰可现。

　　一路上，他得到中共地下党多位同志护送，其中还有一位姓张的地下交通员扮成"人力车夫"，做了他的"侄子"：

　　　　几天后船到了天津，时逢夜晚，港口码头上探照灯照得雪亮。荷枪实弹的国民党警宪林立，如临大敌，对下船乘客及携带物品逐一搜身检查。我悄声告诉侯大乾，由他照料我的衣物行李，我好设法混进接旅客的人群溜出去。就在此紧要时刻，辛毓庄同志已在码头上的栅外等候。他看见我，即一把抓着我的手，将我推进停在附近的一辆小汽车。开车的是一位身穿国民党军官制服名叫周匡的同志，不通过检查立即将我们一直送到他的家里，辛毓庄同志和他商量后做了简单的安顿，并告诉我不要出去，不要和外人接触，在房间里休息，一切听候他的安排。不久侯大乾也到这里来了。这时，我才知道周匡同志是城工部派在傅作义部队做地下工作的。

　　　　几天以后，我们和辛毓庄同志再一次见面。他告诉我们已同各方面取得联系，安排好了去解放区的路线，同时派了一位姓张的同志扮作我的侄子，沿途护送我们，说是长久离家，现在要回沧州原籍。由于我的南方口音很重，交待我一路上少说话，一切由"侄子"代答，并告诉了我们沿途回答的口令和万一出现意外时的一切应急的措施。这样我和"回老家"的"人力车夫"

侄子两人，从陆路冒着寒风顺利地经过当时国共双方军事封锁线静海县到了对面唐官屯解放区，这时在沧州工作的萧敏同志已派人来唐官屯相接。我们到沧州见到了萧敏同志，并由萧敏同志联系安排经过衡水到达石家庄。此后由交际处的申伯纯同志接待，侯大乾同志则留下学习。我由中央派车来接到了平山县的李家庄，时为 1948 年 11 月上旬。就这样，我总算度过了破晓前最黑暗的时光。[1]

楚图南到李家庄后，毛泽东请他到西柏坡。与毛泽东会见，是楚图南毕生难忘的事情。他晚年的回忆，对初见毛泽东的印象仍历历在目。谈话中，毛泽东还提及对胡适的态度：

在李家庄期间，我还应邀到西柏坡，受到毛主席的接见，这是我第一次见到毛主席。毛主席还请来刘少奇、任弼时等同志，一道询问我关于云南和西南的政治情况，谈到争取这些省区地方势力站到反蒋爱国方面的可能性。毛主席办公和居住的地方简单、朴素，除了文电外，木制沙发上放着一册《故宫周刊》。毛主席当时还十分关心文化和文化人。他还说，北平解放，如果胡适之先生不去台湾，也要对他进行安排。总之，在全国胜利前夕，我见到的毛主席，是一位镇定从容、恢宏大度、思维缜密的统帅，令人景仰，令人敬服。[2]

在李家庄的日子里，楚图南向中共中央提出恢复组织关系的申请。经中央组织部研究，指定齐燕铭作为他的介绍人，重新入党。根据中央意见，楚图南暂不公开党员身份，仍作为民盟代表参加新政协的筹备工作。

---

1 楚图南：《与共产党同舟共济》，《文史精华》2010 年增刊，第 1—2 期合刊。
2 楚图南：《与共产党同舟共济》，《文史精华》2010 年增刊，第 1—2 期合刊。

1948年底楚图南在李家庄与中央统战部的同志们在一起（站立者右一李维汉，右三高文华，左一周子健，左二齐燕铭，左三于刚，左五楚图南）

葛志成骑骡子到李家庄

葛志成是作为上海人民团体联合会代表被邀请到达李家庄的。1920年葛志成出生于江苏无锡的一个清寒家庭，自幼学习用功，酷爱读书。18岁那年，葛志成中学毕业，因家里无力供养，就到小学教书。缘于自身经历，他热爱小学教育，热爱学生，将教书变为终生的事业。他先后在上海鹏飞小学、盘石小学、正中中学附小、乐华小学、宁波同乡会第六小学女校担任教师、校长。

1938年，葛志成在上海教书时，就开始参加中共地下党领导的各种教师活动。在中共党员、女教师华锦的影响和介绍下，葛志成于1940年加入中国共产党。这年他刚20岁。入党以后，葛志成对教师革命活动更加积极了，还在教师中发展党员，组织参加教师基本教育讲座、教师进修会、新文字学习会等，团结了一大批进步教师。

1941年太平洋战争爆发后，中共地下党教师工作委员会指示，低潮时期应将主要力量放在开辟学校工作、"建立教书育人都好的堡垒学校"上。据此指示，葛志成一方面在学校教好书，成为好教师、好校长，取得学生、教师和家长的好评，建立威信；一方面广泛联系教师，确定培养对象，在条件成熟时发展教师党员，一点一点积蓄力量。

1945 年 8 月 27 日，葛志成领导上海广大小学教师成立了小学教师联合进修会，被推选为理事长。这是抗战胜利后，上海较早成立的教育工作者团体。在中共领导下，这一爱国民主教师群众组织，始终在爱国家、争民主、求进步、广泛团结的四大目标下，与国民党反动统治进行斗争。葛志成作为小教联的主要负责人，发动领导了"经济公开""职业保障""补助金活动""挽救教育危机""反饥饿求生存""反内战求和平"等一系列活动，为争取提高教育经费、改善教师生活、推进教师福利、倡导教师集体进修，做出积极努力。

为了扩大小教联的社会影响，争取团结更多的教师，葛志成和一些理事们四处奔波，聘请社会上一大批知名学者、专家、教育名流担任小教联顾问。沈钧儒、郭沫若、陶行知、黄炎培、马叙伦、马寅初、周建人、叶圣陶、王绍鏊、陈鹤琴、许广平、林汉达、江问渔、杨卫玉、周予同、俞庆棠、雷洁琼、严景耀、沈百英、陈伯吹、杜佐周等知名人士，都到小教联发表过演讲，进行学术讲座，传授知识。在这些著名教育学者专家的影响下，小教联的影响力日益提高。

1946 年 1 月，经民进发起人林汉达介绍，葛志成加入中国民主促进会。为了推动和平民主运动的进一步发展，民进发起成立了上海人民团体联合会，葛志成担任筹备委员会委员。联合会正式成立时，他当选为理事。6 月 23 日，上海各界群众欢送马叙伦、雷洁琼等 9 人组成的和平请愿团，赴南京请愿。葛志成与民进其他领导人始终站在前面。

随着全面内战不断扩大，国民党反动政府进一步加剧了对人民、对教师政治上、经济上的迫害。物价飞涨，民不聊生，教师微薄的薪金，难以维持最低生活，教育事业出现了严重危机。在这种形势下，由葛志成等人和上海中等教育研究会负责人共同研究，决定共同发起一次"挽救教育危机"的斗争。1948年2月6日，小教联和中等教育研究会举行校长、家长、学生和社会人士招待会，发表《为抢救教育危机公告社会书》，提出克服当前危机的政治主张，要求政府提高教师待遇，减轻家长负担，帮助困难学校，不使一个学生失学。2月25日，500余名教师到市参议会请愿，在南京路上举行大游行。这次斗争取得了一定的胜利。市教育局被迫答应发放私立学校教育福利金，以帮助私校教师、学生和校方解决困难。

但是，在抢救教育危机斗争中，小教联和中等教育研究会也成为国民政府的打击对象。国民政府宣布其为非法团体，并传讯两会负责人。葛志成被上海警察局传讯，要他辞去职务并解散小教联。葛志成因当时中共党员身份并未暴露，就据理力争，坚持小教联是个事业性、福利性的群众团体。警察局无可奈何，遂不了了之。

到了1948年五六月份，上海米价飞涨，半年中竟涨了30倍，70%的小学教师解决不了温饱。小教联借着总结六一儿童节儿童创作成绩展览会的名义，动员500多名私校小学教师，于6月28日到市教育局请愿。葛志成等小教联理事当晚送去2000只大饼和理事会的慰问信。第二天请愿教师增加到1500多人。大家高唱歌声，整队游行，呼喊口号，使这场活动由经济斗争发展为政治斗争。

1948年下半年，国民党当局在上海加紧了白色恐怖活动。据内部人员得到的消息，葛志成、柯执之、王鲁之等人上了国民党要逮捕的教师的黑名单。此时，新政协的筹备工作已经开始。中共党组织为了保护他们的安全，同时也准备让他们以"上海教协"代表团名义参加新政协筹备会，于11月初决定让葛志成、王鲁之、缪廉、李波、华锦等撤退到解放区。在中共地下组织的安排下，葛志成等人乘火车到镇江，过长江后到达苏北解放区，然后步行到山东青州，再乘坐卡车到石家庄，于1948年底抵达李家庄。[1]

1　参见《中国现代教育家传》编委会编：《中国现代教育家传》第8卷，湖南教育出版社1988年版，第383—388页。

1948 年 5 月，上海小学教师为反饥饿举行罢教并在市教育局门前示威

1949 年 3 月 24 日，葛志成（左三）作为中国代表团正式成员出席世界拥护和平大会

对于这段奔向光明的旅程，葛志成终生难忘。他后来回忆说：

> 1948 年的深秋，上海笼罩在白色恐怖中。一天，地下党组织通知我，要我率领上海教育协会代表团，马上离开国统区的上海，到解放区去商谈有关新政协的筹备事宜。后来我得知，参加新政协筹备单位，特别增加了上海人民团体联合会、民主教授等团体单位的代表。11 月初，组织上派来一位女交通员带领我们越过国民党的封锁线。我们一行先乘火车，在镇江站下车，再乘小木船过江，来到苏北解放区。沿路多亏这位农民出身的女交通员，机智勇敢地带我们躲过一个个国民党的关卡。我们在苏北，有时要整天"跑情况"。遇有敌人部队来时，就躲到另一个村子里。那时，同志间关系很亲密。有位素不相识的同志，看我穿得单薄，把自己的一件新的丝棉长袍，脱下来换给我穿。他说："你到北方，衣服这样单薄是不行的。"经过短暂休整学习后，我们又步行 10 多天，到达华东局的所在地山东青州。当时正值淮海战役期间，赴青州途中，晚间过公路时，亲眼看见农民成群结队，浩浩荡荡，打着灯笼，推着小车，给解放军送粮。那踊跃支前的壮观场面，给我们很大鼓舞，使我深深懂得解放战争是人民战争的道理。
>
> 经过这一段长途跋涉，到了山东青州。我们住在招待所里。组织上很快同中央联系，把我们用卡车送到石家庄。当时石家庄已经解放。我们住进最好的旅馆——花园饭店。[1]

从葛志成的描述看，他们从苏北、山东到石家庄，沿途经过国民党封锁线、淮海战役国共交战区，随时会遇到危险。与之相比，舟车劳顿

---

1 葛志成：《忆人民政协诞生前后》，石光树编：《迎来曙光的盛会——新政治协商会议亲历记》，中国文史出版社 1987 年版，第 207 页。

就不在话下了。

从石家庄到西柏坡、李家庄几乎都是山区土路。当时中央统战部设在石家庄市的交际处有一辆美式吉普车，专门用来接送民主人士。不知何故，葛志成接到去李家庄的通知后，他们没有乘车，而是骑着骡子去的。这对于长期工作生活在大城市的葛志成来说，骑骡子尚属平生第一次，印象深刻：

> 一天，组织上通知我到平山县李家庄汇报工作。记得我是骑骡子去的。生长在大城市上海的我，骑牲口行路还是第一次，未免有点狼狈。天气虽是严寒，但我的心里却是热乎乎的。我满怀激情地汇报了上海教师民主运动和统战工作方面的情况。[1]

张曼筠惊险的旅程

张曼筠是李公朴先生的夫人，1901 年出生于江苏江阴城内一个书香门第家庭。青年时代，她拜刘海粟为师，在国画艺术上有相当造诣。在北京学习期间，受到新文化和新思想影响，她参加了五四爱国运动，经历了战斗的洗礼。1927 年 3 月，北伐的国民革命军到了江南。身为金陵女子大学学生的张曼筠积极宣传国民革命，参加慰问部队活动，认识了在国民革命军中的李公朴。两人相知相爱，并于 1928 年在上海结婚。四一二反革命政变后，李公朴愤然脱离国民党，然后赴美留学。

1930 年 11 月，李公朴结束留美学习生活回到上海，积极从事抗日救亡运动。在上海，他们经黄炎培介绍，结识了《申报》总经理史量才。史量才是近代中国出色的报业经营家。作为上海的报业大王，他曾经说过一句很著名的话："国有国格，报有报格，人有人格。"为了掌握办

1　葛志成：《忆人民政协诞生前后》，石光树编：《迎来曙光的盛会——新政治协商会议亲历记》，中国文史出版社 1987 年版，第 208 页。

报的主动权，曾任《时报》主笔的史量才，购买了近代中国历史最久的一份报纸《申报》，并起用专业管理人才，对《申报》逐步实行现代化、企业化管理。在史的支持下，张曼筠协助李公朴于 1932—1933 年间创办了服务于工人、职员、店员和失学失业青年的《申报》流通图书馆和《申报》业余补习学校、妇女补习学校，致力社会教育和大众教育。这些学生、读者中的爱国青年，日后成为上海民众运动的一支生力军。此后，李公朴先后创办了《读书生活》半月刊、读书生活出版社，继续利用宣传和教育阵地，向群众宣传"团结救国"的道理，普及社会科学知识。张曼筠成为李公朴的得力助手。

1935 年日本侵略者进入华北。在中国共产党抗日民族统一战线的倡导下，李公朴和上海文化界的爱国人士一起，组织起来，共赴国难，先后成立了上海文化界救国会、上海各界救国联合会和全国各界救国联合会。张曼筠和李公朴一道并肩战斗，积极参加反蒋抗日活动。

抗战救国为国之大计、民之本分。但在 1936 年 11 月 23 日，南京国民政府竟以"危害民国"罪，将宣传抗日的李公朴、沈钧儒等 7 位"全国各界救国联合会"的主要成员逮捕。这就是震惊中外的"七君子"事件。这一事件激起全国各界人士的公愤。张曼筠痛感祖国大好河山被蚕食，而抗日还有罪，愤然提笔，在册页上画了一幅长城图，寄托她"筑起我们新的长城"的决心。她亲自带着这本册页去苏州，慰问被关押在监狱的战友和亲人。沈钧儒观赏这幅《长城图》，当即赋诗一首："是墨知还是血耶，关城凌纸起嶒峨。龙沙万里金戈梦，痛哭年年望老家。"邹韬奋则奋笔疾书"还我河山"四个大字。与李公朴同关一室的沙千里见画有感，写下"在羁押中屡听公朴兄高歌《义勇军进行曲》，激昂慷慨，悠然神往"，并题赠了"把我们的血肉筑成我们新的长城"。章乃器、王造时也都在册页上题了诗句。这幅《长城图》，是张曼筠不屈迫害、爱国抗日的真实写照。

"七君子"被关押在狱中的 8 个月里，张曼筠多方呼吁，积极奔走营救，经常去监狱慰问，并探望单独关押在苏州女子看守所的史良。迫于形势和压力，1937 年 7 月 31 日，国民党当局释放了"七君子"。出狱后，李公朴继续进行抗日救亡活动。

1938 年 10 月，李公朴、张曼筠从重庆起程，到红色抗日根据地——延安。他们转辗到达延安后，受到中共中央毛泽东等领导人的接见。有一天，毛主席到他们的窑洞里看望，为张曼筠画的《长城图》亲题了旧作《清平乐·六盘山》。"不到长城非好汉"。在他们心中，抗日队伍就是坚强不屈的"好汉"。

为了接受教育，张曼筠进入延安鲁迅艺术学院学习。一年中，她创作"住窑洞，吃小米"的木刻画，反映延安生活。在这里，李公朴夫妇会见了中共中央其他领导人，见到了艾思奇、冼星海、高士其、柯仲平等老朋友，结识了许多新朋友，学唱了《黄河颂》《生产大合唱》等歌曲，还学会了扭秧歌。他们感受到别样的火热生活。李公朴感慨道：自己像个流浪子一样，这时才找到了自己的家。

当李公朴提出要组织一个边学边教的教学团，把抗战教育和发动群众结合起来时，这个设想得到毛泽东的支持。1939 年 6 月，张曼筠亲自送李公朴率领的抗战建国教学团一行 10 人，从延安出发，到华北敌后。教学团跑了 15 个县，500 多个乡村，遍访军、政、民各界。这段经历使李公朴深受教育。他在《华北敌后——晋察冀》中说：这是今天民主的模范抗日根据地，也是将来新中国的雏形。

1940 年冬，李公朴奉命从晋察冀边区回到重庆，开设了三八书店。1941 年 1 月皖南事变发生后，张曼筠绘画艺术的另一幅代表作品《怒涛》诞生。这是一幅汹涌澎湃的怒涛图，是人民群众压抑的愤怒的声音。"一怒掀天莫能敌"，李公朴亲笔为这幅画题写了一首怒涛诗。蒋介石对李公朴他们到延安和敌后之行耿耿于怀，命令严加追查。他们在重庆的处境日益险恶。按照周恩来的安排，李公朴夫妇离开重庆到云南工作。

到昆明后，张曼筠陪同李公朴先后考察了滇南、滇西各地，呼吁民主，坚持抗战。1942 年 12 月，李公朴、张曼筠创办了北门书屋，后发展为北门出版社，发行进步书刊，积极推动昆明的爱国民主运动。1944 年李公朴加入中国民主同盟并担任云南、昆明支部的主要负责人。抗战胜利后，当选全国民盟中央执行委员和民主教育委员会副主任委员。1945年，张曼筠参加了民盟，任民盟昆明支部妇女运动委员会委员。

李公朴的爱国民主活动遭到国民党当局的忌恨。1946年1月31日，政治协商会议闭幕。为庆祝政协会议的成功，促使五项决议贯彻实施，由政协陪都各界协进会等19个团体发起，于2月10日上午在重庆较场口广场举行大会。李公朴担任这场活动的总指挥。国民党特务处心积虑破坏会场，酿成血案。李公朴是受伤最重的人。5月，李公朴伤愈后，由张曼筠陪同从重庆回到昆明。7月11日晚上，李公朴偕张曼筠外出。在返回北门街寓所，经昆明青云街学院坡小巷时，李公朴被特务尾随，被无声手枪击中，紧急抢救无效，于次日清晨牺牲。社会各界对李公朴的遇难感到震惊和悲痛。毛泽东、朱德联名从延安给张曼筠发来唁电：

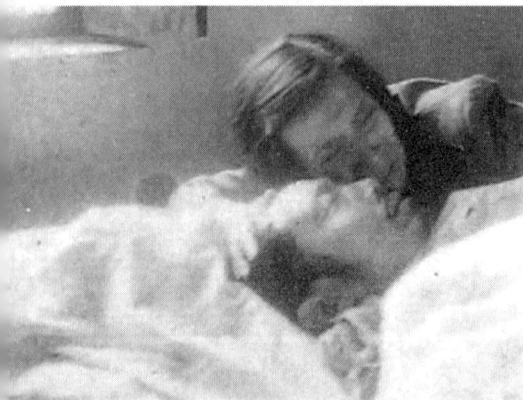

张曼筠悲痛地依偎在李公朴身旁

惊悉李公朴先生为反动派狙击逝世，无任悲愤！先生尽瘁救国事业与进步文化事业，威武不屈，富贵不淫，今为和平民主而遭反动派毒手，是为全国人民之损失，抑亦为先生不朽之光荣。全国人民必将以先生之死为警钟，奋起救国，即以自救。肃电致唁。

国民党反动派的枪声并没有吓倒张曼筠，反而更坚定了她为人民民主而奋斗的决心。她在给沈钧儒的信中这样写道：我希望他的死能换来中国的和平、民主与安定，并希望朋友们能用一种事业来纪念他。7月16日，李公朴的遗体在云南大学操场火葬，骨灰冢葬于昆明西山山麓昆明湖畔（新中国成立后先移至原西南联大闻一多和"一二·一"四烈士墓旁，后移葬于上海龙华烈士陵园）。不久，张曼筠和两个孩子离开昆明到上海。

1947 年的上海，白色恐怖日益严重。在中共党组织安排下，张曼筠秘密到达香港。张曼筠和她的孩子们都期盼早日到解放区参加工作和学习。1948 年 10 月，香港分局安排王健护送张曼筠等人前往华北解放区。王健曾跟随李公朴工作，深得信任。就由他领着一群妇女、孩子离港北上。他们是：张曼筠及其女儿张国男、儿子李国友；邹韬奋夫人沈粹缜及女儿邹嘉骊，萨空了的女儿苦茶和苦茶，张冲之女张潜。

后来，王健与李公朴、张曼筠的女儿张国男结婚。笔者曾于 2019 年、2020 年相继去张国男家里拜访这位近九旬的老人，探寻民主人士北上的细节。张国男在接受采访时思维敏捷，表达清晰。她以强烈的责任心和使命感，给我们讲述这段经历，兴奋处滔滔不绝。她的表达那么生动，70 多年的过往仿佛就在眼前。她还专门让笔者阅读王健先生当年记的日记。离开香港时，她才 17 岁，风华正茂。遗憾的是，2021 年冬，她突然病逝。在张国男回忆里，整个旅程跌宕起伏，尤其海上航行到天津再到解放区一段行程，惊险连连。

在香港分局安排的这一批北上人员还有民主人士周颖。保密是北上的第一原则。正如随母亲许广平北上的周海婴后来在《鲁迅与我七十年》中回忆的："最令人感到意外和有趣的是，适巧在前天或昨天才见过面，甚至一起参加了某位朋友的饯行宴，却谁也不说自己即将离港的计划，这种新奇与诡秘使大家油然又增加一层亲近感，连曾经有过的隔阂也无形中消失，感觉相互已经是'同志'了，可以无话不谈，再无需顾忌戒备什么。"所以，张国男他们与周颖也是同路的陌生人，"相逢对面不相识"。周颖的目的地同样是李家庄。

王健在临出发前，再三告诫大家，凡是不能通过天津关卡的物品，特别是文字的东西都不许带。10 月 27 日中午，他们登上"湖南号"货船北上。一张租来的帆布床，就是行程中的舱铺。在茫茫大海中，对张曼筠和这些孩子来说，最难克服的是"晕船"，特别在风大浪大之时。

王健11月6日日记记载："船过黑水洋，风浪特别大，船身像是摇篮一样，大人们不像孩子，躺在摇篮里就更不好过，一个个又像患了重病似的。"

王健按照中共党组织的要求，给每个人都起了化名，编造了新的身份，并要求大家务必记住自己的化名和身份，千万不能讲出自己的真实姓名。在船上，他们听到水手说："沈阳丢了，平津也丢了。"在那个年月，对一座城市的"得"与"丢"表现了不同的立场。听到这个消息，张曼筠他们考虑的是，这只船能否进天津，会不会中途返航？

好在这艘船经过仁川，卸完货物后，重新起航，直奔天津。天津"丢了"的消息被证明是不确切的。11月7日，船过了烟台就快到天津港了。在大沽口，船停泊下来，上来一批海关人员。他们东看看西看看，开始进行检查。在王健的策划安排下，他们摆上牌桌，打起麻将，有意给那些不三不四的人看。11月8日阴天，下着小雪，紧张惊险的日子开始了。张国男回忆：

> 货轮驶入国统区，进入了老虎口。王健一早醒来，想起还没检查张潜的箱子，便立刻打开看，发现里面有一些本子上都写了真实姓名，他一本本地仔细涂掉。8点多船开了，大家再一次检查行李，然后捆绑起来。王健对我们又重复了一遍：我和母亲、弟弟都装作商人的家属回天津，住址是王健一个商人朋友钟先生家里；邹师母和嘉骊是去北平投亲的；苦茶、苦茶两姐妹是上北平念书；王健是送张潜去北平念书。我们各家人从现在起尽量少接触，见了面只点点头，装着不熟悉的样子，因为大沽口上来不少生人，大概都是有任务的。
>
> 天突然冷起来，天津用雪花来迎接我们，大家都把最厚的衣服穿上了。船到塘沽码头掉了个头，停泊在河中心。王健拼命地在找他好久没见面的来接我们的钟先生。
>
> 这时，警备司令部的警宪人员到了，岸上一片骚动。一个

宪兵小头目跑上船来大肆咆哮，命令甲板上的乘客下舱，一时情势异常严重，空气极度紧张。这时上来一位穿着皮衣的宪兵，看来是这里管制码头的头目。他命令码头工人马上撤掉走梯跳板，然后叫华人买办把乘客的名单拿出来检查。

王健这时不顾一切地挤到工作人员堆里，他看见小头目手里一张条子上写有六个字："马×伦李公朴"，旁边盖了个图章，刻的小字看不清楚。马字下面那个字写得很模糊，根本不像个"叙"字，第六个字笔画写得很粗，一看就知道是"朴"字之误。看了以后，王健一切都明白了。

王健回到船舱里，装着若无其事的样子跟我们说了几句话，又跑上甲板，看到船上船下有警宪荷枪把守，只有外国人与船上买办自由走动。一个小时以后，宪兵们下到舱里来了，领头的手里拿着一些登记表格，开头就叫"李小兰"，这是我的化名。接着叫"李沈瑛""李西盂"，这分别是邹师母和周颖（另一批去解放区的人）的化名。宪兵先盘问我的身份与来历，我毫不慌张，答复得很流利。我母亲接着说："我是她的母亲，回北方是为了探亲，为了家务事。"宪兵问天津的地址，母亲按照王健叮嘱的把住在英租界的商人钟先生的地址告诉了他们，领头的写了下来，之后便让我们三人上甲板上去。

宪兵又接着盘问邹师母，可能是因为她化名姓李，所以盘问得比较详细。王健大哥的化名是天津时代的学名，他又有天津的"国民身份证"，问两句很快就放行了。

宪兵让我母亲带着我和弟弟到甲板上，女宪兵开始搜我们的身和检查行李，看得非常仔细，连一张纸片都不放过。突然，他们看见我母亲箱子里有一个大的相框，里面没有照片，就把相框的夹层打开了，抽出了一张我父亲的底片，问我是谁。我一时紧张得不知怎么回答，就说我不知道，你问我母亲吧！母亲回答说是公公。又问叫什么名字，我母亲说叫"李仁保"。

张曼筠（靠柱者）、沈粹缜（半蹲者）等在甲板上

现在想起来都后怕，因为我弟弟化名是"李仁杰"，哪有孙子的名字和祖父的名字差一个字的，像兄弟排行。幸亏底片上看不出年龄，只看见大胡子，像个老人。是我父亲标志性的长胡须帮我们过了这个鬼门关，也说明这些特务对我父亲和家里的情况一点也不了解。

经过有惊有险的检查，张曼筠一行在王健安排下，见到了接他们的钟先生。后来，邹韬奋夫人告诉王健，女宪兵曾经问她认不认识李公朴夫人。这就更加证实，这次他们要搜查的对象就是张曼筠了！据说苦茶、苦荼下船时，在船上就纠缠她们的那个穿皮衣的宪兵曾跟苦荼说，他是稽查处代处长，"湖南号"船上有两个重要的"奸匪"没有抓到，估计在仁川登陆了。他说的这两个"奸匪"，有可能就是张曼筠和周颖。多亏他们事先做了充分的准备，否则后果不堪设想。

在天津等候中共组织的接应期间，王健分别给邹夫人及其他人做好安排，分赴各处。11月11日，有一位陌生青年人找到王健，说是北平邹太太介绍来的，他立即明白了。那人先说了邹夫人到北平以后的情况，然后详告他去解放区的路线、应准备的事项和化装必要的服装。王健向他详细了解了解放区各方面的情况，以及为应对各种突发情况所需做的准备。他们谈了许久，最后商定王健转日去北平，把大家的照片带去先办理"国民身份证"。这位年轻人与大家一起商谈了通过封锁线的事，让大家尽量少带东西，人能过去是最重要的。

为了能顺利过关，王健领着大家集中全力做去解放区的各种准备：他请他妹妹准备了一些旧被子、旧衣服，以便化装顺利通过封锁线。11月20日，一切都准备好了。中共交通员把大家的身份证和介绍信、汇票给了王健。这些证件做得像真的一样，就是认真检查也找不出漏洞。他们把手表、钢笔等不像乡下人用的东西都交给王健托人留存，以后再带进解放区。张国男对这段过封锁线到解放区的日子印象太深刻了。她说：

> 11月21日是个令人难忘的日子，在华北宣布戒严令的第一天，我们一行五人为了奔向光明，将不惜冒着危险，冲过封锁线，进入解放区。
>
> 一大早天还没亮，大家就起来忙着整理、化装。王健大哥穿着破长衫，戴着瓜皮帽，真像一个破了产的商人，大家都说他的装化得最好。我和张潜化的装也还可以，像个做生意人家的闺女。小弟穿了一套新棉裤棉袄，像个地主少爷。母亲则戴了一顶旧式妇女的帽子，手拿一个烟袋锅子，有点不伦不类，最要命的是她走起路来完全不像一个乡下女人。大哥给每个人都分了一些钱，防备万一走散了，个人可以应付一时。

　　我们终于上了火车。下午 1 点多，火车到了终点站陈官屯。津浦路在这里断头，再往前走就是解放区了，我们开始兴奋起来。下车时，全车人就像逃警报似的，争先恐后地往检查站口跑。

　　检查站口也是一道难过的关。L 君跑在最前面，他是送我们进解放区的地下交通员。王健事先已叮嘱大家，此后一切听 L 君安排。到了检查站口，只见宪兵警察喝五斥六地维持秩序，让男女分别排成两排。王健大哥让我和张潜保护好我母亲，他拉着小弟排男队去了。宪兵搜查的目的主要是看这些人是否夹带解放区缺乏的一些物品，如纸张、碱面等。

　　我们几个人到最后总算顺利通过了，但宪兵的丑恶嘴脸还是给我留下了深刻的印象……后来王健对我们回忆起抗战初期在日军的刺刀下经过南京下关车站时的情景，感叹地说：不同的时代，同一个场面！

　　我们之后坐上一辆马车，是赶到闸口的。闸口是阴阳界的分界线，分界线里面是国统区，线外是个三不管地带，国民党不管，共产党在这里也没设防。人们说，过了这里的鬼门关就可以转生了。

　　两个多小时后，我们顺利到达闸口。闸口是一片荒野，没有房子，没有设备，两旁是铁丝网，中间有条路，所有旅客都要通过这个口子接受检查。人并不拥挤，空气也缓和了一点。这里的检查仍比较严格，主要是扣下不能通过的东西和货物，就地卖给与他们狼狈为奸的商人。逃避检查的人，抓回来就是一顿毒打。我们一点也不怕，很快就检查完了。大家通过后，L 君嘱咐我们危险并没有过去，因为我们进入了三不管的真空地带，国民党经常无法无天往来抢劫，大家还是少说话，尽快向前赶路，走出这个危险地带。

　　我们继续向前赶路。跟我们同乘一辆马车的有两个商人和学生模样的人，他们大骂国民党政府如何黑暗，如何民不聊生，大家聊了一路。

到了罗店后，天已经完全黑下来，所幸一路并没有遇见土匪（我们算幸运的，后来听说过闸口跟我们一起出发但走其他路线的人遇上了土匪）。但王健大哥劝大家听L君的，再往前多走几里再休息，因为这里晚上常有国民党抢粮的讨伐队骚扰。我们继续前行，在清河庄休息了一夜，虽然大家身心俱疲，但精神都异常兴奋，因为我们所在的地方已经是向往已久的解放区了，这里不会再有精神上的威胁和政治上的压迫，我们心头充满了无限的欣慰。

张曼筠他们到沧县后，就到了共产党管辖的地方，受到当地组织的热情接待。随后，在王健的护送下，他们继续前行，到了泊镇。在这里，他们遇见老朋友楚图南，都有劫后重生之感。第二天，王健带大家换了辆马车，沿着津浦铁路向南出发，经德州，乘火车到达石家庄。在华北人民政府交际处的安排下，他们到达最终的目的地李家庄。"我们的新生活即将从这里开始"，张国男说。[1]

1　张国男：《1948年从香港北上解放区经过》，《纵横》2019年第9期。

新华通讯社
●

中央马列学院
中央法制委员会
●

中央宣传部   中央如
●   ●

中央社会部
●

中央组织部
●

中共中央
中央军委
解放军总部
中央政策研究室
总参谋部
军委作战部

第五章

隐形战士『回家』

中央统战部

中央办公厅
中央财政经济部
总政治部
后勤部

央卫生部

到解放区来，
才接触了真正的
新的人物，
新的品质

———田汉：《两个社会的婚姻》

胡愈之、沈兹九游子归来

在中国民主革命运动中，相当一批人具有双重政治身份：中共党员兼民主人士，或各界代表人士。如果把赴东北的民主人士与赴华北的民主人士作一比较，不难发现，赴华北的民主人士具有双重身份的要多些。

这些具有双重身份的，主要有两种情况：有的人，加入中国共产党后，出于巩固扩大统一战线和对敌斗争的需要，遵照组织指示隐匿真实身份，以民主人士的面目活动，如胡愈之、翦伯赞、田汉、葛志成等；有的人，在以民主人士身份参加活动中，对共产党的主张逐渐增加认同，最终加入中国共产党，如周建人、宦乡等。这些战斗在统一战线前沿的中共党员，在组织需要的时候，听从召唤，义无反顾地奔赴解放区，回到"真正意义的家"。胡愈之、沈兹九夫妇就是较早"回家"的人。

胡愈之是我国著名社会活动家、政治评论家、出版家，1896年出生于浙江上虞。他的夫人沈兹九，出生于1898年，浙江德清人，是我国妇女解放运动的先驱者之一。

胡愈之出身于书香门第，自幼受到良好教育，中英文兼修。1914年，考入上海商务印书馆，从此开启了他一生作为出版人的职业生涯。

胡愈之先后担任《东方杂志》《公理日报》编辑，与茅盾、郑振铎等发起成立文学研究会，积极推进新文学运动，传播新思想、新文化。他因发表《五卅事件纪实》等文章，遭到反动当局打压，便以《东方杂志》驻欧洲特约记者身份流亡法国，入巴黎大学攻读国际法，并系统地研究马克思主义学说。留法期间，他曾利用假期，游历考察英国、比利时、瑞士等国，为研究国际问题积累素材。1931 年，在返国途中访问苏联，回国后著《莫斯科印象记》，介绍苏联在十月革命后的成就。

九一八事变发生后，一向对国际问题有研究的胡愈之，敏锐地洞察其实质，发表了《尚欲维持中日邦交乎？》一文，提出了对日"断交宣战"的抗日主张。他以笔为枪，组织参加各种抗日救亡运动，参与策划《生活》杂志、生活书店等工作。由于他主编的《东方杂志》经常刊登"越轨"文章，1933 年 3 月，被迫离开。胡愈之在参加"中国民权保障同盟"工作时，结识和团结了更多文化界、新闻界、法学界的朋友和各界进步人士。胡愈之的出色表现，引起了共产党的关注。

1933 年 9 月，经时任"左翼社会科学联合会"书记张庆孚介绍，由中共中央组织部直接批准吸收胡愈之入党。与一般中共党员不同的是，胡愈之作为当时在国统区为数不多的特别党员之一，受中央特科直接领导。对这段经历，胡愈之回忆：

1933 年初胡愈之与中国民权保障同盟委员合影
（左起依次为鲁迅、胡愈之、黎沛华、宋庆龄）

　　1933 年初，经张志让，我认识了张庆孚同志，他长得很胖，大家都叫他张胖子，有时他以牧师身份作掩护，他是搞经济的，担任左翼社会科学联合会的书记，所以也常在文化界活动。我知道他是党员后，就和他作过几次长谈，表达了我入党的愿望。张庆孚要我为党搜集和提供情报。当时我的联系很广泛，有条件了解到国民党内部的一些政治动态。如我通过邹韬奋和生活书店的关系，结识职教社的一些民族资产阶级，了解民族资产阶级的动态。我是学国际法的，与法学界的人都比较熟悉，法学界的人士与国民党政界的人士都是有些来往，可以间接获得国民党政府的一些消息。我和张志让的关系很好，他一直为党做了许多工作，他与孙科熟悉，把我也介绍给孙科相识。我们从孙科那里可以得到一些消息……还有一个是国民党元老李烈钧的长子，他也是我很好的战友，可以经常向我提供国民党的消息。此外新闻界消息是比较灵通的，我与新闻界的交往更多，我的二弟仲持就在《申报》工作，可以听到许多新消息。就是这样，我从多种渠道了解到国民党内部的政治动态，及时向张庆孚报告。我能直接为党做点工作，心里是非常高兴的。[1]

随着时局变化，胡愈之的"上线"常常换人，从张庆孚，到王学文，再到宣侠父。宣侠父当时任中共中央特科负责人，1935年离开上海去香港时，将胡愈之的关系交给了当时公开身份为上海徐家汇一家小印刷厂老板的严希纯。

中国民权保障同盟总干事杨杏佛被国民党特务暗杀后，生活书店负责人邹韬奋也被列入暗杀名单，只好出国避难。他将生活书店托付给胡愈之。胡愈之不负所托，在不到三年的时间里，生活书店经营得风生水起，连续成功创办《文学》《新生》等9种期刊。这在中国近代出版史上不失为一个奇迹。

《新生》周刊由爱国民主人士、工商界名人杜重远亲任主编。该刊内容符合大众意愿，封面形式又与《生活》周刊大致相同，因此受到广大读者欢迎。1935年5月4日，《新生》2卷15期发表了一篇易水写的《闲话皇帝》的文章，引发了轰动一时的"新生事件"。这篇文章提到日本天皇的一些事，说他是个生物学家，对生物学很有研究，在日本皇宫内有实验室，他大半时间花在蝶类的分析研究上。文章评论说，如果他的毕生精力能多用于研究工作则成就将更大。这本来是很正常的说法，并无恶意。可是上海的日文报纸兴师动众向国民党当局问罪，日本驻上海总领事借机挑起事端，煽动日本浪人游行示威；又以侮辱日本天皇为借

---

1 胡愈之：《我的回忆》，江苏人民出版社1990年版，第25—26页。

口向上海市政府提出"严重抗议",要求"国民党及国民政府向日谢罪","处《新生》作者、编者徒刑"等。国民党政府一一允诺,交上海法院审判。法院判处杜重远一年两个月徒刑;禁止《新生》周刊出版;并暗中追查作者易水。这个易水就是艾寒松的笔名。艾寒松因处境危险,上海无法存身,1935年9月被迫出国,先至法国巴黎,后又去苏联莫斯科参加中国共产党在国外出版的中文《救国时报》编辑部工作。直到1938年2月抗日战争紧张激烈时,他才从国外回到武汉。

"新生事件"后,杜重远和胡愈之利用张学良到上海狱中秘密探访杜重远的时机,策动张学良联合西北军、工农红军联合抗日,张学良表示赞同。此时,胡愈之的单独"上线"严希纯已经被捕。为了将张学良决定联合抗日的情况报告中共中央,胡愈之几番周折,到香港找到宣侠父,又赴莫斯科,向驻共产国际的中共代表团汇报。胡愈之在他的回忆中有过一段记录:"我估计在莫斯科没有一个熟人,但到了火车站,唯一接待我的是潘汉年同志。"胡愈之将此事汇报给中共代表团团长王明。报告本来是密写在一件随身穿的衬衫上,但不知何故到了莫斯科显影不出来,只好又重新写了一遍。随后,胡愈之和潘汉年一起返回香港,并在潘的领导下工作。

全国各界救国联合会成立后,胡愈之参与了救国会重大决策、重要活动的讨论和行动,不少重要文件都出自他手。宣侠父曾赞誉胡愈之为"救国会的灵魂"。胡愈之开展救国会活动的主要方式,是参加和主持由救国会上层成员出席的聚餐会,其中最著名的为"星一聚餐会"(每星期一晚上以聚餐的形式相聚一次而得名),有效地推动了上海上层人士联合抗日。

救国会"七君子"事件发生后,胡愈之担负起营救的组织工作,与宋庆龄、何香凝赴苏州,以"爱国有罪,自请入狱"抗议国民党暴行。经过长达8个月的不懈努力,在全国各界的支持下,1937年7月底,"七君子"终被无罪释放。胡愈之是这场运动的实际组织者和指挥者。当时救国会干事会总干事胡子婴评价他"实在应居首功"。

抗日战争全面爆发后，胡愈之担任上海文化界救亡协会常委和宣传部部长。他利用这个国共合作的统战组织，积极促成《救亡日报》创刊，并成立了国际宣传委员会，为中共开辟了向国外宣传的新闻机构。上海陷落后，他留在租界，继续出版《团结》《集纳》《译报》等刊物，组织出版《鲁迅全集》，向国内外宣传抗日。他组织翻译并秘密出版斯诺的《西行漫记》一事，堪为传奇。

《西行漫记》原名《红星照耀中国》（*Red Star Over China*），作者是被毛泽东称为"老朋友"的美国记者埃德加·斯诺。斯诺于1936年6月初到陕北延安采访。1937年10月，他的采访录《红星照耀中国》在伦敦出版。延安这个山坳坳里的红都才被欧美各国所认识。11月，寓居北平的斯诺来到上海，会见了同行胡愈之，赠以英文版《红星照耀中国》。胡愈之阅读后，大为兴奋，萌生了把这本书翻译成中文出版的想法，使社会对中国共产党领导下的陕北有一个真实而全面的了解。在胡愈之策划和带动下，12位懂英文的文化教育界人士决定将全书拆开，各取部分章节，分头翻译。不满一个月就翻译完毕。胡愈之做了认真校阅，在文句上稍作修饰，增加作品的可读性。当时的上海已被日军侵占，只剩下被称为"孤岛"的租界。胡愈之连寻几家出版社都无功而归。他决计冒险作"地下"出版。他在自己住所挂上了"复社"招牌，这当然是家"徒有其名"的出版社。随之，将书稿交与熟识的商务印书馆工人印刷装订。印刷费用紧张，工人们答应先把书印出来，待卖了再付印刷费；译者都明确表示不要稿酬；买纸张的钱，也是胡愈之采取秘密推销预订的办法支付的。斯诺除了对原作作了修改补充外，还增加了在"红色中国"采访时拍摄的大量照片，包括毛泽东那幅著名的穿红军军装、戴红五星八角帽的半身照片。他将版权无偿赠送给了胡愈之。在给中文译本起名字时，为避免敏感字眼，胡愈之再三斟酌，用《西行漫记》这个看似游记的名字。短短两个多月，《西行漫记》迅速问世，成为热门畅销书，一时"洛阳纸贵"。

1938年，胡愈之出任国民革命军事委员会政治部三厅五处处长。这为他开展抗日宣传动员工作提供了契机。他被桂林等后方文化界称为"参谋长"。1939 年 9 月，他写了一篇题为《变侵略战为反侵略战》的专论，明确断言：英法对德宣战之后，欧洲的历史乃至人类的历史要向着一个完全新的方向转变。这对当时陷于迷惘和惊恐中的广大民众，注入一股精神力量。战争形势的发展，证明了他的洞察力和预见力。

皖南事变前夕，局势十分紧张。中共中央密令：为保存力量，凡是不能秘密隐蔽起来的同志，都必须立刻转移埋伏。像胡愈之这样经常抛头露面的人，是无法"秘密"起来的。组织安排他飞抵香港。临行前，他故意以轻松的口吻对同事说："过几天我就回来了。"讲此话时，他怎么也没想到，等待他去开辟的将是一个全新的战场；而这一去，离别祖国就是将近 8 年。

1940 年，由中共南方工作委员会负责人廖承志安排，胡愈之从香港到新加坡，应聘到陈嘉庚创办的《南洋商报》任编辑主任（总编辑）。

在新加坡，他和刘尊棋等同仁，以《南洋商报》为阵地，拥护陈嘉庚南洋华侨领袖地位，借势团结华侨开展抗日救亡运动，建立国际抗日民族统一战线。由于孙中山在华侨中的影响，国民党在此颇有势力。胡愈之他们以无党派人士的面目出现，不摆"左"面孔，不唱八股调，强调不分党派、不分帮派、不分老幼、不分贫富、不分智愚，以团结抗战为重，赢得广泛的支持。

在南洋，胡愈之与从事妇女运动的沈兹九并肩作战，并结为伴侣。

沈兹九毕业于浙江女子师范学校，后赴日本留学。回国后，她当过教师，在申报馆主持《妇女园地》，创刊《妇女生活》。20 多年的编辑生涯，使她成为颇具声望的女报人，培养了子冈、罗琼等一批优秀的名记者和编辑。她参加上海妇女界救国会，并陪同宋庆龄前往苏州，为营救沈钧儒等"七君子"发起救国入狱运动。1939 年，加入中国共产党。1941 年，她被派去新加坡，协助胡愈之开拓工作。他们结为夫妇后，在异国他乡经历了艰苦的流亡生活。

对于这一段生活经历，胡愈之 1984 年在全国政协《文史资料选辑》

第101辑上发表《南洋杂忆》一文，作了详细叙述，其中不乏曲折复杂、惊险生动的情节：

　　1942年1月31日，英军从柔佛新山撤退到柔佛海峡南岸的新加坡岛，新加坡成为"四面倭歌"的孤岛了！

　　在这兵临城下，战火纷飞的时刻，我们文化界的同仁，决心投入抗敌保卫星岛的群众热潮，立即成立星洲华侨文化界战时工作团，参加的有文艺界各方面的代表，以及郁达夫、王叔旸、沈兹九、王纪元、张企程、杨骚等。郁达夫为团长，我为副团长，张楚琨任组织部长，王叔旸任宣传部长，庄奎竞任训练部长。紧接着，新加坡华侨抗敌动员总会也成立了，主席陈嘉庚，我被选为执行委员兼宣传主任，郁达夫为执行委员。我们战时工作团搞得热火朝天，一面在炮火中培训青年干部，准备担任民众武装的政训工作，另外还组织演讲队、戏剧队、歌咏队，到群众密集的地方去进行抗敌宣传。《南洋商报》仍坚持每天按时出版……

　　而英殖民当局一系列放弃新加坡的迹象，却不能不引起我们的警觉。看来英政府没有保卫殖民地的能力，准备不顾殖民地人民的命运，让他们赤手空拳遭受日本法西斯的屠杀和奴役。陈嘉庚先生于1月30日往见星洲总督汤姆斯探询情况，从汤姆斯支支吾吾的言辞，不难断定他们已下定投降决心。而重庆政府来电要求安全撤退总领事馆人员及官方代表，却无只字提及抗日侨领及其工作人员的安全问题。陈先生愤慨之极，当机立断召集抗敌动员总会总部工作人员谈话，表示："新加坡总督准备当俘虏，我们可不能！"并通知大家，为免遭日寇的残酷报复，务必设法迅速撤离这个随时准备举白旗的围城。陈先生于2月3日凌晨，与刘玉永等乘木材商人陈贵贱的运材小火轮，悄悄地转移到苏门答腊的英德其里港去了。等到陈先生安全离去之后，我也召集文化界战时工作团的负责人员开了20分钟的紧急会议，大家一致决定迅速撤往苏门答腊丛林，于次日凌晨动身。

1942年2月4日，我们一行二十几个人，乘一只由张楚琨和刘武丹费了大力气才接洽到的破旧小电船，沿着新加坡河狭小的河道，驶向布满水雷的海面，离开了围城新加坡。幸喜小电船吃水不深，我们才侥幸得以安全驶过布雷水域。沿途看到熟悉的景物，我不觉感叹道："别了，新加坡！何时才能与你再见呢？"[1]

胡愈之等人在新加坡对面的印尼苏门答腊登陆后，由苏岛流亡到爪哇，避匿于泗水附近的一个地方，直到战争结束。几经辗转，他们在印尼度过了3年零8个月的逃难、流亡生活。

这3年多，他们和国内完全隔断了联系，以至于产生了一系列"乌龙"事件。国内一度传说胡愈之已在南洋"牺牲"，纷纷对他进行"悼念"。由叶圣陶创办的《中学生》杂志1945年7月第89期出了"纪念胡愈之先生特辑"，刊登了著名作家茅盾、叶圣陶、胡子婴、宋云彬、傅彬然、伯寒等人的悼念文章。

抗战胜利后，郁达夫的失踪（实被日本宪兵杀害）使胡愈之十分震惊和悲痛。他饱含深情地写下一篇不朽的报道长文《郁达夫的流亡和失踪》。胡愈之给郁达夫的儿子捎去其父被害的消息，并转给郭沫若一封信。等郭沫若发表了这封信，大家才知道"胡愈之牺牲"纯属谣言。

结束了14年的抗战，国内又爆发内战。渴望回到祖国的一批文化人，只好暂时放弃打算。胡愈之回到新加坡后，与中共党组织恢复了联系，并得到中央指示，要他坚持在南洋，继续在华侨中开展和平民主的宣传

1　胡愈之：《南洋杂忆》，《文史资料选辑》第101辑，中国文史出版社1984年版，第15—16页。

胡愈之、沈兹九夫妇在李家庄滹沱河河床合影

动员工作。他主持由陈嘉庚创办的《南侨日报》，并与沈兹九创办新南洋出版社《风下》周刊和《新妇女》杂志，建立和领导南洋的民盟支部，开展统战工作。

1947年4月，为进一步团结海外华侨、开拓宣传阵地，经胡愈之邀请，中共中央派原在重庆主持《新华日报》编辑工作的夏衍，到新加坡任《南侨日报》主笔。中共党组织在新加坡成立了文化小组，加强对文化宣传工作的领导。在胡愈之、夏衍等人努力下，《南侨日报》报道国内战局和国际形势，反映侨民心声、维护侨民利益，团结和引导南洋华侨认清形势，支持国内革命战争，产生了重要影响。

在南洋近8年的时间里，胡愈之所开展的最有影响的一项统战工作，便是发展并领导中国民主同盟南洋组织。1946年1月，民盟南方总支部成立。胡愈之因与救国会的历史渊源，受托在新加坡成立办事处，在缅甸、越南、泰国和印尼等地建立组织。民盟南洋组织的建立，影响十分巨大。这是南洋第一个公开出现的华侨政团。1947年9月，民盟第一届马来亚代表大会在新加坡召开，成立了民盟马来亚支部，成员包括中共党员、马共党员、无党派民主人士和国民党左派人士。胡愈之众望所归，被推选为支部主任委员。

1947年11月，民盟总部被迫解散。1948年1月，在沈钧儒等人的努力下，民盟在香港成立临时总部，并召开一届三中全会，公开宣布同中国共产党携手合作。民盟这一激烈的动荡，也影响到了南洋的组织，后者产生一些混乱和纠纷，工作陷于困顿状态。在这种情况下，中共代表饶彰风建议胡愈之暂回香港一趟，向民盟中央反映情况，以便统一认识。4月，胡愈之由新加坡到达香港，结束了长达7年零4个月转战南洋的异国生涯。

胡愈之到达香港后，住在民盟负责人沈钧儒家里。沈钧儒是民主人士左派的一面旗帜，在上海便与胡愈之相交甚笃。在沈钧儒的主持下，在香港的民盟中央召开了几天会议，专门听取胡愈之的汇报。大家认为胡愈之在南洋的工作方针是正确的，也是富有成效的，并积极支持胡愈之回新加坡，继续领导工作。在香港，胡愈之见到了中共香港分局书记方方，向他详细汇报了南洋地区的情况和自己的工作。方方对胡愈之也作了充分肯定。然而，就在胡愈之准备返回新加坡的时候，马来亚的局势发生重大变化。英殖民当局为了镇压当地日渐高涨的民族解放、民主独立运动和对付各派进步人士，颁布了"英属海峡殖民地紧急法令"，宣布马共为非法组织，大肆逮捕马共党员，封闭各种民众团体。《风下》周刊被迫停刊，南洋民盟组织遭取缔，一些成员被驱逐出境。沈兹九等人也于6月底回到香港。胡愈之想再回新加坡显然已不可能了。在沈钧儒建议下，胡愈之担任中国人民救国会秘书长，并参加民盟总部工作。

中共"五一口号"发布后，各民主党派和爱国民主人士积极响应。由于电文所能承载的信息有限，中共中央迫切需要详细了解南洋和香港情况，决定让胡愈之和沈兹九夫妇尽早到华北解放区。

8月，一对华侨商人夫妇，带了一辆汽车，搭乘英国轮船去朝鲜半岛做买卖。他们是胡愈之、沈兹九装扮的。船到东海、黄海交界处，由于船上有人急需兑换钞票，船在上海停了一天。胡愈之夫妇上岸秘密约会亲人胡德华、胡子婴等，从她们那里了解到当时上海已民不聊生，民怨沸腾。

轮船继续北上，到达终点朝鲜半岛的仁川港。胡愈之夫妇同中共安排的联络人接上了关系，拍卖了带来的汽车。第二天下午，他们根据安排，装作去海滨游泳和游览，登上了一条小游艇，驶向港外。黄昏时悄悄乘坐一艘小轮船，当晚起程离开半岛，第二天早晨到了大连。

当时的大连，中共已经接管了市政。八年了，他们终于回到大陆，终于回到家了！在大连几天，他们见到当时主持政务工作的李一氓。胡愈之与李一氓同为中共思想理论战线上的老战友，多年不见，相谈甚欢。他们在谈论时局时，胡愈之有一个观点被李一氓称为"高明的预见"。

毛泽东曾在3月20日写的《关于情况的通报》中指出："今后我军占地日广，国民党军兵源粮源日益缩小，估计再打一个整年，即至明年春季的时候，敌我两军在数量上可能达到大体上平衡的程度。我们的方针是稳扎稳打，不求速效，只求平均每个月消灭国民党正规军八个旅左右，每年消灭敌军约一百个旅左右。事实上，从去年秋季以后，超过了这个数目；今后可能有更大的超过。五年左右（一九四六年七月算起）消灭国民党全军的可能性是存在的。"[1] 若按毛泽东这个估计，中共胜利的时间，要到 1951 年 7 月了。胡愈之认为，胜利的时间不要两年。他分析说："除军事形势外，估计战局发展还有一个人心向背问题。国民党此时不仅军事上崩溃了，经济也已崩溃，因此人心也在崩溃。国民党区域的各个阶层都希望解放军胜利，希望蒋介石垮台，蒋介石已经到了不能照旧统治下去的地步，革命正在发生质变，只需对国民党军队再增加一点压力，它必然会被迅速消灭无疑。因此估计还要两年的时间，可能长了一点"。因为"国统区的人民大众已经等不及了"。[2]

胡愈之长期以来关注并研究国际问题，又有作为新闻记者的敏锐。李一氓觉得他对战争进程的判断很有道理，有必要让中央早一点知道。他本打算在有人去河北时送胡愈之夫妇，但听了这番话，经征得中共旅大区党委同意后，立即派专人护送。临行前，李一氓再三提醒胡愈之到平山后，一定要把这个看法报告给毛泽东主席和党中央。

胡愈之从大连到西柏坡这个时段，正值济南战役进行时，辽沈战役即将开始。他在日记中，对这段行程有大略记载：9 月 7 日上午在大连上船南行，第二天凌晨在胶东半岛东端俚岛登陆，宿小渔村，曾遇敌机扫射和敌舰炮轰。10 日，华东运输公司派卡车送胡愈之夫妇西行，同行者有陈毅夫人张茜等，途经石岛、平度、潍坊等地。汽车颠簸而行，经常半途抛锚，15 日才到达青州郊区华东局所在地。20 日，他们从青州出发，乘汽车绕惠民至德州换上火车，24 日到达石家庄。25 日，与从香港经

1　《毛泽东选集》第 4 卷，人民出版社 1991 年版，第 1302—1303 页。

2　李一氓：《高明的预见》，费孝通等著：《胡愈之印象记》，中国友谊出版公司 1996 年版，第 13—15 页。

天津转来的王任叔、从西北来的韩兆鹗等人会合。26 日，石家庄市委书记柯庆施设宴招待。27 日，受叶剑英邀请至郊区华北军政大学晤谈，晚宴时见到萧克和几位英国友人。28 日上午，在华北军大作有关南洋和国际形势的报告，下午 4 时由军大派车送他们去中共中央所在地西柏坡，6 时过滹沱河巧遇贺龙，凌晨 3 时才到达周恩来住地。周恩来尚未入睡，邓颖超闻讯后亦起床相迎。叙谈别后境遇，几多感慨。等他们到中央社会部驻地休息时，已近黎明。

有关胡愈之到达西柏坡后是如何向中共中央汇报的，胡愈之本人从来没有提起过。但到了 11 月 14 日，新华社发表毛泽东写的评论《中国军事形势的重大变化》中，他把解放战争进程时间表更改为"现在看来，只需从现时起，再有一年左右的时间，就可能将国民党反动政府从根本上打倒了"。按这个估计，1949 年 11 月左右人民战争就将取得胜利。形势发展的结果，也完全证明了毛泽东的预见。

从毛泽东在 3 月时估计解放战争的胜利需要"五年"，到 8 个月后只需"一年左右"，一下子缩短了三年，这是对战争进程判断非常大的变化。无疑这种变化与形势发展直接相关。3 月时三大战役尚未开始；11 月时辽沈战役已胜利结束、淮海战役正有力推进、平津战役即将打响，战情世情都不可同日而语。

调整时间表，其意义不仅在于鼓舞军心民心，更重要的是为中共中央及早作出战略性调整，制定诸如城市接管建政、农村土地改革、清匪反霸、社会救济、发展经济、干部准备等一系列政策，在时间上争取了主动。李一氓认为对于革命进程的准确判断，"这是胡愈老平生最大的对党的贡献。我不是说没有他，毛泽东同志就不会逐渐发现这个变化，我只是说他起了他应有的一定作用"。[1]

1　李一氓：《高明的预见》，费孝通等著：《胡愈之印象记》，中国友谊出版公司 1996 年版，第 13—15 页。

杨刚"被挟持"

杨刚是我国著名报人，北方左翼作家联盟的发起人之一。她 1905 年出生于江西萍乡的一个旧式封建家庭，从小读《四书》《五经》，接受的是封建的传统教育。后来，杨刚在美国教会办的南昌葆灵女子中学就读，接受洋化教育。在读中学以前，杨刚就敢于反抗固执、强横的严父，坚决要求并解除了由父母包办的封建婚约。

1926 年，国民革命军挥师北伐。杨刚对国家大事和社会问题非常关注，政治上很活跃，积极开展学生运动，发表文章，宣传革命。由于蒋介石和汪精卫的叛变，轰轰烈烈的大革命失败了，中国革命的形势暂时转入低潮。杨刚也离开了南昌。1928 年，她以优异的成绩直接进入燕京大学英文系深造。

1930 年，杨刚在追求真理和光明的道路上，终于找到了归宿，加入中国共产党。不久，她发起创立和领导了北方的左翼作家联盟，积极投身并领导北方学界抗日运动，冒着生命危险从事革命活动。这一切，引起了反动当局的注意。1931 年 5 月，杨刚不幸被捕。在狱中，敌人企图用酷刑来摧残这位革命者的意志。她经历了严酷的折磨，皮肉被打烂了，但始终坚贞不屈。

杨刚这种革命精神，让她的老师包贵思既敬佩又觉得不可理解。包贵思是燕京大学的美籍女教师。学者杜荣在《燕京大学人物志》中说到她："她那清脆悦耳的声音，听着就仿佛沉醉在一种美妙的乐声之中。她的授课方式也非常灵活，在我们学莎士比亚'As You Like It'的时候，正值春日融融，阳光明媚，她就带着我们到女生宿舍二元北侧的一座大藤萝架下，让我们分别担任剧中的角色，进行朗读练习……1944 年夏天我毕业后就和林寿（燕大国文系）结了婚……结婚仪礼上要有一位家长挽

杨刚

着新娘步入礼堂……当我向她提出这一请求时，她非常高兴地答应了下来。我结婚那天，她一清早就起来，到院子里为我一枝一枝地采摘花朵，捆扎成一大束，让我结婚时捧着。"可见这位外籍女教师多么受学生的喜爱。包贵思教授在燕京大学执教30多年，杨刚是她的得意门生之一。杨刚恳切地对包贵思老师说："如果你想了解我，你应该看到，由于为革命工作，我找到了生命的意义。"杨刚的肺腑之言，使这位笃信上帝的女教授感动了。她在自己唯一的一部长篇小说《河畔淳颐园》中，塑造了一位坚强不屈的女共产党员形象，原型就是杨刚。小说倾注了包贵思教授对中国革命的关注和热情，也凝聚了对杨刚真挚的感情。

在燕大读书时，杨刚已在文坛上崭露头角。她翻译的奥斯汀《傲慢与偏见》，由国学大师吴宓作序，1935年商务印书馆出版。1939年9月，杨刚接替萧乾任《大公报》副刊《文艺》主编。以此为开端，她与《大公报》结下不解之缘，先后担任《大公报》香港、桂林、重庆版的《文艺》副刊主编。这位才华横溢的女性，将满腔爱国之心，流于笔端。在中华民族生死存亡之秋，笔就是她的武器。她利用副刊这块阵地，宣传抗日，唤起民众。有人评论说，她的作品"有一种深入人心直至撕裂人心的力量"。

她那首长达700行的政治讽刺诗《我站在地球中央》，以饱满的热情，炽热的诗句，歌颂可爱的祖国，鞭挞张牙舞爪的日本侵略者及汉奸卖国贼，爱憎鲜明，振聋发聩。

她那篇散文《此马非凡马》，巧借李贺的咏马诗："此马非凡马，房星是本星，向前敲瘦骨，犹自带铜声"，来比喻祖国这匹铜筋铁骨的瘦马，要把那可恶的骑士即日本侵略者拖死，预示着胜利必将属于中国人民。

她那篇小说《桓秀外传》，以深沉的感情，洗练的笔触，写出了被压迫被奴役的旧中国农村妇女的悲惨命运，揭露了封建专制和封建礼教。

她克服常人无法想象的困难，冒着战火硝烟采写的通讯《东南行》，入木三分地揭露了浙赣前线和福建战区国民党军政机关的腐败，反映了根据地军民的艰苦抗战和对胜利的信心。

根据工作需要，1944 年夏，她由重庆赴美留学，兼做了 4 年《大公报》驻美特派记者。

《大公报》的这一任命，应该说是知人善任。早在去美国之前，杨刚对美国的历史、文学及社会政治就有透彻的研究。她精通英语，能用英语写小说，还懂德语。1930 年加入中国共产党后，杨刚一直从事对外联络工作。凡是当时到过中国的进步美国作家、记者，以及同情中国共产党和中国革命事业的一些美国外交官员，几乎没有不与杨刚熟识的。埃德加·斯诺、史沫特莱，更是她的知交。1942 年，杨刚从桂林回到重庆之后，在周恩来和董必武的领导下，还做过一段对英、美国家的国际统战工作，具备一定的外交工作经验。所有这些因素，都使杨刚具有不同于普通报人的优势。

在美国，杨刚除了采访、发稿，还参与并组织中国民盟在美洲的支部，向美国知识界做宣传工作，揭露美帝国主义支持蒋介石进行反共内战的真相。她通过自己一篇又一篇的作品，把中国人民的生活和斗争情况，介绍给美国人民。

1948 年，是杨刚记者生涯中极不平凡的一年。这年 8 月，杨刚离开美国，风尘仆仆地回到阔别 4 年的祖国。这时的中国大地正发生翻天覆地的变化，人民解放战争以排山倒海之势胜利推进，蒋家王朝的灭亡指日可待。多年奋斗的理想将变为现实，杨刚的心情异常激动。

杨刚回国不久，奉中共党组织指示，到上海做新闻界知名人士的统战工作。当时的《大公报》，在上海、天津、重庆和香港 4 个地方出版，而总部及主要负责人都在上海。在这 4 个报社，都有中共地下党员和倾向革命的进步人士。《大公报》的掌舵者是总经理胡政之和总编辑王芸生。为方便工作，杨刚到上海后，住在王芸生家里。

随着国民党政治、军事上的腐朽衰败，其对新闻的控制更加严苛。上海《文汇报》和南京《新民报》先后被查封，上海《新民晚报》也如履薄冰，处境艰难。《大公报》因与国民党渐行渐远，也不断受到围攻。

此时的王芸生处在彷徨苦闷之中。他与杨刚曾在重庆《大公报》共过事，隐约了解杨刚的秘密身份。听到杨刚回来，仿若看到了希望。随即委托别人看大样，借故提前回家，与杨刚就时局商谈。这次谈话，对王芸生的转变起了很大推动作用。

杨刚专门探望患肝硬化重症的胡政之。当时香港政治空气极为活跃，很多报纸纷纷明确表示反蒋拥共。香港《大公报》却态度暧昧，观望不前，港馆同仁对此忧心忡忡。杨刚把这些情况一一向胡政之作了介绍，希望胡政之审度局势，促使《大公报》的改变。

几天后，杨刚悄然前往香港。接着，王芸生亦潜离上海，转道台湾来到香港。一到香港，王芸生就发表了《和平无望》的社论。文章列举了国民党统治的腐败和对人民犯下的罪行，指出蒋家王朝覆灭之日即将来临，与国民党无"和平"可言。这篇社论标志着《大公报》命运的重大转折——从依附于国民党的统治而回到了人民的怀抱。

在淮海、平津战役即将胜利时，杨刚在香港接到中共中央密电，通知她立即回到华北解放区，接受新的战斗任务。她站在太平山顶上，激动地遥望祖国大陆。当她和香港《大公报》王芸生、李纯青、萧乾等告别的时候，同仁们希望她作为《大公报》的代表，向中共中央汇报香港《大公报》首举义旗，发表新生宣言的情况。杨刚怀着重托，乘飞机从香港抵达上海。

此时的上海尚未解放，处于一片混乱恐怖之中。杨刚在上海的街头，被突如其来的"两个便衣"挟持了。原来这是虚惊一场。挟持之人并非国民党特务，而是中共地下党员。事情还要从她下飞机说起。中共上海地下党组织接到香港电报，就派两位同志来机场出口处接她。出口处情况太复杂了，人群拥挤，真假难辨，一时难以对号接头。她一出机场就机智地甩掉了"尾巴"，雇一辆黄包车到朋友家。后来，她到南京路找党组织，被那两位同志发现，遂出现这一幕"挟持"桥段。杨刚与中共党组织负责人张执一取得了联系。几天后，在组织安排和掩护下，杨刚离开上海，奔向华北解放区。

杨刚虽然是一名老党员，但由于她多年隐蔽于新闻战线，且声名显赫，并多以民主人士面貌出现，所以，她这次"回家"，仍是以民主人士身份住在李家庄。

平津战役胜利结束后，杨刚、宦乡等人奉中共中央指示，到天津改组《大公报》。这就是中央密电召她回来的新任务。1949 年 2 月 27 日，津版《大公报》易名为《进步日报》，杨刚任党组负责人兼副总编辑。

宦乡、翦伯赞奉命前来

1948 年夏秋，筹备新政协迫在眉睫。分散在各地兼具中共党员身份的民主人士，领命到解放区报到，或汇报工作，或奔赴新岗位。在秘密环境下，他们大多单独成行。宦乡和翦伯赞则和许多民主人士一起从香港北上。他们是少有的既进入东北解放区，又到达华北解放区的同行者。

宦乡是我国著名的国际问题专家，1909 年出生于贵州遵义。当抗日的烽火燃遍中国大地时，宦乡毅然抛弃优裕的海关工作，投身抗战事业。经国民党左派许闻天介绍，他到第三战区政治部工作。1939 年 4 月起，他任《前线日报》总编辑，发表了不少社论。他利用自己的地位，掩护或营救了一批中共党员和进步民主人士，包括冯雪峰等。

宦乡

在宦乡撰写的社论中，有一篇《平洋大战的前夕》，预见美日战争即将爆发。这篇文章发表在珍珠港事件发生前十天，可见宦乡对国际局势的洞察力。他还写了《反侵略国家联合起来》《如何争取反侵略战争的总胜利》等，主张发挥国际反法西斯联合阵线的作用。1944 年夏，当日军在湖南战场上一度颇为得手时，宦乡指出，半年内可能是中国抗战最艰苦的时期，需要全国军民用最大的警觉与坚韧来忍受，来支撑；在渡过这一难关之后，再加上国际形势的变化，就可以转入对日总反攻的局面，离最后胜利已经不远了。这些社论给人们以信心和力量。

抗战胜利后，要和平还是要内战，成为当时斗争的重点。在这个问题上，宦乡的看法与国民党当局截然不同。他在《前线日报》待不下去了，1945年底应邀到《文汇报》担任副主笔。在他的推动下，《文汇报》成为当时国民党统治区广大人民争取和平、反对内战，争取民主、反对独裁的重要阵地。1947年，这家有进步色彩的报纸被国民党当局勒令停刊。国民党当局曾以"宦乡出洋"作为复刊条件之一，但为宦乡所拒绝。

其间，宦乡在《周报》《文萃》《国讯》《中国建设》《世界知识》等进步刊物上，以他的真名或"范蕙""范承祥"等笔名发表了一系列文章，日益坚定地站在和平、民主和进步力量一边。1946年2月发生在重庆的较场口惨案给宦乡上了深刻的一课。宦乡在《文萃》上发表《论国民党的革新运动》、在《周报》上发表《打不得，打不得》等文章，都坚持一个观点：国民党日益腐败，在广大人民当中的声望一天天下降。如果国民党还要打内战，等于自掘坟墓。这些观点与他半年前有很大差别。那时，他曾在《内战能避免吗？》一文中认为，"要说不对，双方都不对，双方负有责任"，希望双方都悬崖勒马。半年时间，他已得出结论：中共作了很大的让步，绝不是"胡作非为，不顾大局"，他只要求国民党悬崖勒马。这表明他的思想已发生重大转变，更加倾向共产党。

1948年春，正当中国人民解放战争不断取得胜利的时候，有人大谈内战是"最不道德的集体犯罪行为"，要求取得战争主动权的中国共产党终止内战。宦乡4月间写了一篇很精彩的文章《内战论》，交《国讯》周刊发表。在这篇文章中，他反对笼统地说一切内战都会带来种种不良后果，要看这场内战的性质，是维护既成的腐朽社会组织，还是催生新的进步的社会秩序？这篇《内战论》反映了宦乡已经学会用马克思主义

的观点来分析问题。随后《国讯》被封，其原因之一就是发表了这篇脍
炙人口的《内战论》。

国民党当局对宦乡的言论十分不满，下令通缉他。宦乡不得不时常
更换住处，并且不能与家人联系。这给家里人带来很大的精神和经济压
力。困顿之际，中共党组织向他家人伸出了援助之手。他的女儿宦国英、
宦国瑞回忆：

> 我们开始接受一小笔神秘的资助：有家报馆每月都会通知
> 母亲去领取父亲的"稿费"。这是独属于大姐的任务。我们家
> 住在虹口区，而报馆则远在南京路。因为没钱乘车，大姐每次
> 都是步行往返。对一个十三四岁的女孩子而言，那是一段辛苦
> 的经历。但更令我们好奇的是，父亲已经不再发表文章了，怎
> 么还会有报馆付稿费？很久之后我们才意识到，这应该是来自
> 党组织的关怀。[1]

在上海坚持斗争的那段时间里，宦乡的政治立场完全站到了共产党
的一边。1948 年初，他通过冯雪峰正式提出加入中国共产党的请求。不
巧的是，冯雪峰当时正处于脱党状态，只好委托中共党员、作家楼适夷
转达宦乡的要求。3 月中旬，中共党组织批准了宦乡入党请求。

1948 年底，中共党组织通知宦乡立即撤离白色恐怖的上海。他化装
成商人，转道去了香港。在香港分局的安排下，宦乡作为第二批民主人士，
于 11 月 23 日同郭沫若、马叙伦及翦伯赞等人一起，在香港分局统战委
员会负责人连贯陪同下，乘苏联货船华中轮北上。

与宦乡同船的翦伯赞是我国著名历史学家、杰出教育家、社会活动
家，1898 年出生于湖南常德。他青年时代起，为"实业救国"而学工商，

---

1 宦国英、宦国瑞等口述，阮虹执笔：《宦乡往事：回忆父亲的人生四季》，当代中国出
版社 2020 年版，第 74 页。

投身五四运动。1926 年 7 月，参加了
国民党。大革命失败后，他认识到蒋介
石集团已走向反动，从此丢弃国民党党
籍，另寻真理。九一八事变后，他以笔
代枪宣传抗日，愤怒地发表了《世界资
本主义高度发展中日本帝国主义者的暴
行》《走到反帝国主义的最前列》等文
章。1933 年春，与蒋介石有矛盾的国
民党元老覃振策划反蒋运动。翦伯赞曾
追随于他。由此，他在天津意租界被捕，
后被驱逐。1934 年 5 月，翦伯赞随覃
振赴欧美考察司法，游历了亚、非、欧、

翦伯赞

美近 20 个国家。这场壮游为他正在进行的学术研究增加了丰富而生动
的素材。

　　1937 年 5 月，翦伯赞在南京秘密加入中国共产党，开启了新的征程。
在接触到马克思主义之后，他才认识到真正的科学历史观是唯物史观。
从此时开始，他以唯物史观为指导，研究历史文化，积极参加到革命斗
争的行列。1938 年，在中华民族抗日战争方炽之时，他出版了《历史哲
学教程》一书，标志着他成为"新史学主将"。这本书出版不久，就销
售一空。1939 年 3 月再版时，翦伯赞新撰《群众、领袖与历史》一文，
为"再版代序"。文中强烈谴责汪精卫等汉奸卖国贼，揭露批判正在策
划的"远东慕尼黑阴谋"，称毛泽东、朱德和彭德怀是"伟大的历史人物"。
这部受到广大文化界和青年学生欢迎的著作，却于这年 8 月，被国民党
政府列为禁书。

　　1940 年 2 月，翦伯赞前往重庆，在周恩来的直接领导下工作。他的
合法职业是中苏文化协会总会理事兼《中苏文化》杂志副主编。其间，
他给冯玉祥将军讲中国通史。皖南事变后，重庆是一片白色恐怖。周恩
来为了保存干部，部署在重庆的中共党员和文化界进步人士，一部分转

移到解放区或其他地方，大部分据守重庆，"闭门"读书。翦伯赞留在重庆，埋头研究中国古代史，撰写其代表作《中国史纲》两卷本，产生很大影响。作为重庆大学教授联谊会的发起人之一，他在文化教育界到处讲演。每次讲演，议古论今，旁征博引，极受欢迎。

重庆谈判期间，翦伯赞协助毛泽东和周恩来做冯玉祥、覃振以及一些上层民主人士的工作。之后，他来到上海，与张志让、周谷城、李正文组织并领导了"上海大学教授联谊会"等公开群众组织。内战爆发后，周恩来在上海中共代表团办事处，亲自向翦伯赞分析形势、布置工作。中共代表团返回延安后，上海的斗争更加困难。翦伯赞团结进步的文化教育界人士，发表文章，登台演说，推动国统区第二条战线的开展。随着政治形势日益严峻，1947 年 10 月 27 日，翦伯赞遵照安排，由上海转移到香港。

到达香港后，翦伯赞继续从事民主运动。他在达德学院任教授，又与老战友茅盾、侯外庐、千家驹等分别主编香港《文汇报》副刊，配合正面战场发动强大的思想攻势。

1948 年 11 月，中共中央筹备新政协的工作日益紧迫，翦伯赞奉命北上。他与马叙伦、郭沫若等一行 20 余人于 12 月初在安东（今丹东）海域靠岸。登陆后接到通知：自香港来的民主人士组织到沈阳等地参观；翦伯赞与由朝鲜半岛转来的胡绳、连贯、宦乡等人，由安东渡海，经山东到石家庄，将参加新政协的筹备工作。

极有可能因为信息不畅，解放区的同志还不知道，连贯、宦乡实际上同翦伯赞同船到达。只有香港生活书店总编辑胡绳从朝鲜半岛转来，与他一起的还有救国会"七君子"之一的沙千里。

一个月前，在香港的胡绳和沙千里，接到尽快去解放区的通知，本来要与郭沫若等民主人士一起出发的。具体安排者就是香港分局的连贯。但由于出发前轮船出了事故，不知何时能起程。情急之下，连贯想到了一个"怪招"：让他们走地下交通员开辟的另一条路线，从朝鲜半岛的仁川转到大连。此前，胡愈之夫妇就是走这条路线到达大连的。胡绳和

民主人士登陆后合影（左一为翦伯赞，左三为宦乡）

沙千里也化装成商人，从香港到达仁川。他们这一路颇多周折，发生一些意料之外的事情。到仁川才了解到，由于战事，许多私人货船停运，只好在这里停留许多天。费了很大劲，胡绳和沙千里总算找到了一艘走私布匹的机帆船。如此一来，反倒落在了郭沫若他们的后面。胡绳回忆起他们的相逢，称之为"最可笑"的事：

> 现在回想当时的情况，最可笑的是我和沙千里搭乘的船离开仁川漂流了几天之后，却还在躲避我们自己的船！那一天，船老板告诉我们，当天晚上可以到大连，不过他发现前方左侧有一艘大船，估计这可能是国民党的船只，它正在大连附近监视。他主张今夜不要向大连靠岸，先把情况搞清楚了再说……我们当然同意船老板的主张。当夜我们的船就找了一个荒岛躲藏起来，并观察那只大船的动向。到第二天，看到大船已经移动，对我们没有什么危险，才离开荒岛，驶往大连。[1]

1　胡绳：《忆韩练成将军——并记一次不寻常的旅行》，《百年潮》1997 年第 2 期。

胡绳他们躲避的大船，正是载有郭沫若等民主人士的华中轮，而一个多月前到码头送行的连贯，也在这条船上。

根据同乘华中轮的周海婴（许广平之子）回忆，他们登陆后，"大部队"直接被接到已经解放的沈阳，连贯、翦伯赞、宦乡等人则乘小船到了大连，与胡绳汇合。至于他们登陆的时间和地点，目前说法不一。周海婴在回忆里写道，12月3日，华中轮抛锚在安东附近的"大王岛"。[1]《新史学家翦伯赞》这本书提到，12月1日他们在石城岛的打拉腰子登陆。[2]这个说法在时间上，与郭沫若《北上纪行》中的诗句比较吻合。诗云："八日波臣乐，难忘是石城。涟漪青胜靛，岛屿列如屏。"也就是说，出行的第八日到了石城。从11月23日出发那天算起，"第八日"正好是12月1日。

为了挖掘地方历史的红色血脉，辽宁省丹东市政协不久前专门组织了一个课题。经过对当地人文地志的考究、知情者的访问等，他们认为登陆地不会是石城岛的打拉腰子岛。石城岛确实位于现在的丹东与大连之间，原为安东市管辖，行政区划调整归了大连。打拉腰子港连接庄河市陆地，不是石城岛上的港口。他们考证后指出，华中轮可能是12月1日、2日晚，在王家岛海上避风（也就是胡绳看到大船之时）；12月3日傍晚，从王家岛启航驶往安东，午夜抵达大东沟抛锚；12月4日早，时任中共安东市委书记吕其恩带保安人员到锚地来接，用港口小型客船将民主人士接往陆地，在旧浪头港上端二道沟（现丹东浪头港）上岸。北上的民主人士，包括周海婴都不是本地人，尽管有回忆录，但夜间抛锚、清晨即走，很难对名不见经传的小岛名字记得清清楚楚。

胡绳在佐证一个历史事件时曾有这样一个意见："我想，我在这里举出的材料可以说明，不能要求回忆录一类文章内容太细。太细了，往往不符合实际，或者说，不可能完全符合实际。"[3]这个意见，也可借鉴

1　周海婴：《鲁迅与我七十年》，南海出版公司2001年版，第224页。

2　张传玺：《新史学家翦伯赞》，北京大学出版社2006年版，第141页。

3　胡绳：《五十年前到大连》，《百年潮》2000年第8期。

来分析郭沫若他们这一批民主人士登陆地的"纠纷"。

翦伯赞与郭沫若等人分别时，郭沫若赋五律《送别伯赞兄》："又是别中别，转觉更依依。中原树桃李，木铎振旌旗。瞬见干戈定，还看槌铚挥。天涯原咫尺，北砚共良时。"不舍之情溢于言表。郭沫若写完，从小本上将诗页轻轻取下。两人含泪双手交接，在场者无不动容。

翦伯赞、宦乡，还有胡绳、连贯奉中共中央之命，要到李家庄，参与筹备新政协。他们归心似箭，从大连乘快艇到山东。快艇最大的特点是快，一夜就能到达山东。但要是遇到风浪，为风浪所劫，就失去了把握方向的能力，晕船之苦倒在次要。他们就不幸与风浪相逢，未能南下直航蓬莱或烟台，而是向东漂过威海、成山头，又向南，在俚岛的一个荒滩上靠岸。当时，辽沈战役虽已结束，可淮海战役战火方炽，平津战役也拉开序幕。枪弹、炮弹不时呼啸而过。翦伯赞一行虽只漂流了一夜，其惊险程度却终生难忘。

他们登岸后，换乘的是没有篷的军用卡车。由于都是土路，坑坑洼洼，颠簸之苦远远超过快艇之上。同行的还有一位韩练成将军，他也是与翦伯赞等乘坐华中轮从香港北上的。当时他的代号"老张"。几天下来，关于"老张"的身份，可能只有连贯清楚，其他人则"不识庐山真面目"。胡绳50年后专门写了一篇《忆韩练成将军》，仔细地回忆起这段不寻常的旅程：

> 我们就坐上没有篷的卡车，深入到山东解放区的田野里了。一路经过文登、莱阳等地，老张的兴致很明显地越来越高。每当车子在一个村子里停下来，大家下车和围绕上来的村民谈天的时候，最积极地找村长、村支书说东说西或者找妇联主任来谈家常的，就是老张。看来他对这儿的情况还比较熟悉。我不由地想：也许他是山东解放区派到外面去办什么事的一个干部。
>
> 我们到了青州，这是党中央山东分局的所在地。我们在这里住了几天。老张和我们一起受到招待。看来他又不是从山东

解放区派出去的干部。主人告诉我们说，这里不远处有一个关押国民党将领的战俘营，我们可以去参观一下。但是在约定去参观的那天，下了大雪，路不好走，就没有去成。老张没有表示不想去。后来我想，如果那天没有下雪，他去了，将会有很有趣的场面和情况……

我们在济南逗留了几天。1949年的元旦就是在济南过的。在这座一百多天前城边还有恶战的城市里，此时社会秩序十分安定。离开济南前一天，老张约我出门上街去走走。我对济南完全陌生，也没有请人做向导，实际上完全凭老张领路，想怎么走就怎么走，从大街进入小巷，甚至进入很深的巷子。看到我疑惑的样子，老张说："不要紧，我认识路。"在一个深巷里，有家座上空空的小酒铺，老张说："在这里休息一下。"

坐下来后，老张不断地往巷子对面的高墙张望。这显然是个大院子的后墙。终于老张悄悄地对我说："我前年就住在这里面。"前年？前年这座城市还在国民党统治下呢！

老张打开了话匣子，谜解开了口。原来老张并不是什么老张，他的真名叫韩练成，原来是国民党政府第四十六军的军长。[1]

韩练成曾被国民革命军和人民解放军分别授予中将军衔，被李克农称为"隐形将军"。他出身于冯玉祥的西北军。日本投降后，他当了济南的卫戍司令。1947年莱芜战役中，第四十六军被陈毅消灭。韩练成只身跑回南京，任蒋介石侍从室的高级参谋。南京政府的作战部在对这次战役过程进行"复盘"中，逐渐产生怀疑，并集中到韩练成身上。韩练成得到风声，毅然跑到香港。原来莱芜战役中，的确是韩练成暗中和共产党联系、传递信息的。不过，当时的韩练成并不是中共党员。

1949年元旦后，翦伯赞等人离开济南，又乘上卡车向北到达德州。

1　胡绳·《忆韩练成将军——并记一次不寻常的旅行》，《百年潮》1997年第2期。

在这里，改乘由于战争破坏刚修复不久的火车，先到石家庄，又改乘卡车，于 1 月 4 日到达平山县。五人分别向不同的部门报到。胡绳去了中共中央宣传部，韩练成去了中央社会部，翦伯赞、宦乡和连贯去了李家庄的中央统战部。翦伯赞和宦乡虽已入党，但属于秘密党员，仍以民主人士的身份活动。他们到达滹沱河畔后有一件趣事，可以作为这一行程的尾声。

胡绳有一天夜里给周恩来汇报工作后，周恩来忽然向他提起了韩练成，问他：是不是韩练成向你说过他是共产党员？胡绳说他倒没有这样明白地说，不过他讲话的口气使我这样以为。周恩来笑说：韩练成向我作了检讨，他说他在胡绳面前说了谎，把自己说成已经是个共产党员。韩练成之所以要作这样的检讨，恐怕是想说出他希望加入中国共产党的意愿吧。两年后的 1950 年，韩练成真的加入了中国共产党。

田汉、安娥志同道合

我国国歌《义勇军进行曲》已深入人心，激励一代代中华儿女"前进！前进！前进！进！"这首脍炙人口的歌词，就是由著名艺术家田汉创作的。

田汉 1898 年出生于湖南长沙。自幼年起，他就与戏剧结下了不解之缘。留学日本时，他对西方的各种文艺思潮流派兼收并蓄，几乎走上颓废主义的歧途。所幸的是，他"在迷途未远的时候就折回来了"。

从 1924 年 1 月田汉创办《南国半月刊》，到 1930 年 6 月南国社被禁，田汉领导南国戏剧运动走过了举步维艰的道路。南国运动造就了众多骨干，也为以后的左翼文艺运动储备了力量。在曲折发展中，田汉的戏剧思想越来越进步。

1930 年 3 月，田汉作为中国左翼作家联盟的发起人之一，在"左联"成立大会上，被选为执行委员，开始他戏剧道路的飞跃时期。一个月后，他写就 10 余万言的长文《我们的自己批判》，严肃总结了历时 10 年的南国运动，制定了今后行动的方略。这篇长文，是田汉思想与创作质变的界碑。此后，田汉写下了 20 余部长短剧作，其中较重要的有《梅雨》《乱钟》《扫射》《暴风雨中的七个女性》《一九三二年的月光曲》等。

面对国民党反动政府的高压，田汉越来越坚挺，以全部精力投身于左翼戏剧运动，于 1931 年 1 月中国左翼戏剧家联盟成立时被推为主席。在他的主持下，剧联大力开展工人、学生演剧活动。1932 年夏，田汉加入了中国共产党。从此，他便以一名无产阶级先锋战士的姿态活跃于文坛。

田汉靠近、加入中国共产党的过程中，结识了安娥，并成为志同道合的同志和伴侣。1905 年出生的安娥，河北获鹿人，是中国著名剧作家、诗人。她 18 岁考入北京国立美专西画系。1925 年 12 月加入中国共产党时，才 20 岁。因母亲反对她参加学生运动，安娥逃离了故乡和家庭。

1926 年，安娥被中共党组织派往大连从事宣传和女工运动，年底赴莫斯科中山大学学习，3 年之后归国。在上海，安娥接受中共中央特科陈赓领导，给国民党组织部调查科驻上海"中央特派员"杨登瀛（同时

1946 年田汉、安娥与友人在台湾合影（左一田汉，右一安娥）

也为中共工作）做秘书。当时的安娥在人们眼中是神秘的。她有时穿着蓝布大褂，住在亭子间里，生活似乎很艰苦；有时又衣着华贵，打扮得格外漂亮，熟识的朋友都几乎认不出来。

田汉与安娥的爱情充满传奇色彩，是一对"烽火鸳鸯"。1929 年冬，安娥在南国社朋友介绍下来拜访田汉。初次会面，两人都留下了深刻印象。在南国社时期，安娥协助田汉开展戏剧运动。1930 年秋，南国社被查封，田汉被迫转入地下，隐居在江湾一带，不能公开露面。组织上派安娥做他的联系人。在频繁的接触和交流中，彼此增添了仰慕之心和爱恋之情。然而，田汉和安娥到底没法形成婚姻关系。赞助过田汉南国社艺术事业，并同他保持了 5 年通信恋爱关系的林维中，从南洋回来。田汉为守婚约，和林维中成亲。怀孕中的安娥非常矛盾。可担负时代使命的安娥不容许自己继续沉迷于儿女私情，痛苦地离开了田汉。

田汉满腔热情地投入左翼戏剧运动，主持发起为东北义勇军募捐公演。1933 年 6 月，共产国际派来"国际反战调查团"。在极其严峻的白色恐怖之下，田汉巧妙地通过社会关系，为调查团举行盛大欢迎会、安排他们与上千位农民交谈。这次活动，在国内外产生了重大影响。

在抗战激情燃烧下，1934 年，田汉为电影《风云儿女》创作主题歌《义勇军进行曲》（聂耳作曲）。这首歌立即传遍祖国大地，强有力地鼓舞着全国人民团结战斗。田汉等人当时怎么也没预料到，这首歌后来在中国人民政治协商会议第一届全体会议上确定为代国歌，并在 1982 年正式定为中华人民共和国国歌！

1935 年春，中共江苏省委、上海文委遭到破坏，时任文委委员的田汉与阳翰笙、杜国庠等人被捕，后囚禁于南京。狱中生活，摧残了田汉的身体。经徐悲鸿、宗白华、张道藩等保释，田汉出狱医治，被软禁于家中。田汉没有倒下，继续联合戏剧界人士，在南京组织"中国舞台协会"公演。他创作了《圆春之曲》《黎明之前》《洪水》《号角》《晚会》等剧作，并改编托尔斯泰《复活》为舞台剧，通过戏剧活动开展斗争。

抗日战争全面爆发后，在举国上下同仇敌忾誓死保卫国土的热潮中，田汉被解除软禁，从南京返回上海。从此，在抗敌宣传的阵地上，又到处活跃着他的身影。他参加上海文化界救亡协会执委会，参与组建救亡演剧队，在郭沫若领导的国民党军事委员会政治部第三厅任第六处（艺术处）处长，主持戏剧、电影、音乐、美术抗敌宣传工作。

安娥回到上海后，发现她由于滞留家乡日久，与组织失去了联系。安娥进入上海百代唱片公司，创作了大量旋律悦耳、意境优美的歌曲。1933 年，安娥和聂耳合作创作了朗朗上口的《卖报歌》。1934 年，她作词的《渔光曲》，随着同名电影的热映驰名海内外。她最著名的救亡歌曲当属创作于 1936 年、任光谱曲的《打回老家去》，简洁明朗、铿锵有力，唱出了当时中国人民不屈的最强音。由安娥作词、冼星海作曲的《六十军军歌》，鼓舞着国民革命军第六十军的将士，视死如归地奔赴抗日战场。她的诗剧《高粱红了》，反映了燕赵儿女奋起抗敌的慷慨悲歌。

1937 年 11 月，安娥撤离上海。就在由上海经南京辗转皖南、江西的路上，安娥与田汉相遇。再度相聚于民族救亡的战线上，共同的追求影响着安娥的爱情命运。从此，两人在事业上彼此支持、配合默契。田汉到武汉后，一边参与组织领导"抗战扩大宣传周"活动，一边组编 10 个抗敌演剧队和一个孩子剧团，分派到各个战区。安娥倾注着她的热情，或奉献作品，或参与剧团集会，为革命文化事业四处奔走。

在整个抗日战争时期，田汉组织的抗敌文艺运动如火如荼。当演剧队分赴各战区时，田汉特地为他们题写了饱含豪情的五言诗句："演员四亿人，战线一万里，全球作观众，看我大史剧。"他创作改编的《旅伴》《新雁门关》《新儿女英雄传》《江汉渔歌》《岳飞》等戏曲剧本，在团结抗战、鼓舞士气方面起到积极作用。

抗战胜利后，田汉遵照中共党组织指示飞抵上海，投身戏剧改革运动，担任国泰影片公司特约编剧，先后主持召开平剧改革座谈会、话剧复兴运动座谈会。1947 年 2 月，田汉创作《丽人行》，通过 3 个女性的生活揭露国统区的黑暗现实。

　　1948 年 9 月 7 日，上海《新民晚报》登了这样一则消息："田汉、安娥将应西北电影公司之邀，赴西北边疆考察边疆民族生活，俾为该公司编写剧本。"这是一个"烟幕弹"，为田汉即将离沪做的掩护。10 月，在音乐家盛家伦陪同下，他们从上海出发，经天津秘密进入北平；在北平地下党的安排下，抵达中共中央所在地西柏坡。

　　在西柏坡，田汉和安娥终于体验到解放区晴朗的天空，接触到新人、新事。在新年联欢会上，田汉激情朗诵自己创作的长诗《两个社会的婚姻》。

　　　　到解放区来，
　　　　才接触了真正的
　　　　新的人物，
　　　　新的品质

　　这是他们内心的真实感受。田汉以解放区和蒋管区青年婚姻作比较，控诉旧中国的"吃人制度"。他最后欢呼：

　　　　反动集团的冬天已经到来，
　　　　全中国人民大众的春天已经不远了。

新华通讯社

中央马列学院
中央法制委员会

中央宣传部

中央如

中央社会部

中央组织部

中共中央
中央军委
解放军总部
中央政策研究
总参谋部
军委作战部

卡车在不平的公路上驶去，和我们同一方向，远远近近，进行着的是一个个、一丛丛、一行行，绵延不断的队伍。迎面而来的是一车车老乡们赶着的粮队，车上插了一面旗，没有枪兵押着；深夜点了灯笼还在前进，远远望去是一行红星——这印象打动了我，什么印象呢？简单地说：内在自发的一致性。这成千成万的人，无数的动作，交织配合成了一个铁流，一股无比的力量。什么东西把他们交织配合的呢？是从每一个人心头发出来的一致的目标，革命。

——费孝通：《我这一年》

武攻天津卫，文取北平城

到李家庄的民主人士中，符定一是年龄最大的一位，已过古稀。

1877 年符定一出生于湖南衡山，是我国著名的文字学家，以《连绵字典》著称。在京师大学堂读书期间，他开始接触西方文化，历任岳麓书院院长、湖南省教育总会会长、湖南高级中学校长、湖南第一师范学校校长等职，是湖南近代著名的大教育家。在他的教育生涯中，最大的贡献之一是"发现毛泽东同志为中国有用人才"。周恩来这个评价恰如其分。符定一与毛泽东的师生情谊保持一生，广为世人津津乐道。

1912 年，符定一在长沙创办了"省公立高等中学"并亲任校长。招收新生时，年方 19 岁的毛泽东也在应试之列。这是他一连投考实业、法政、商业等几个专门学校都未如意后的重新选择。这次考试国文的题目是"民国成立，百端待理，教育与实业，应以何为重"。毛泽东对此类问题胸有成竹，加之他文理豪放、逻辑严谨，国文成绩名列第一。符定一看到这个乡下后生的文章，先称难能可贵，后又疑其有伪，决定再亲自面试。在校长室，符定一另出题让毛泽东作答。毛泽东沉着应对，文章写得神采飞扬，多有惊人之语。符定一当即决定录取，并详细询问了毛泽东住在哪里，家里还有什么人，跟哪位先生读过书等。

有一次，毛泽东与语文老师因作文中的观点不同发生了争执。毛泽东强硬地坚持自己的观点。这位老师一气之下找符定一说，这样的学生我没见过，我教不了他，一定要开除。符定一说，学生有问题可以教育，咱们对学生不能动不动就开除。这位老师觉得面子上下不来，把书本往桌子上一摔说，谁教得了谁去教吧。从这以后，符定一亲自给毛泽东所在的班上了几个月的课。在这段时间里，符定一和毛泽东增进了相互了解。符定一爱惜毛泽东这个人才，毛泽东尊敬符先生的学识，一来二去，他们情谊弥笃、过从甚密。符定一见毛泽东有报国之心，就用古文字启发他说，"国（國）"字就是一个人拿着戈保卫一方土地，没有枪是不行的。又见他爱读课外书籍，就把自己圈点过的一部《御批历代通鉴辑览》送给他，让他汲取古代兴衰成败的历史教训。这段师生之谊，对毛泽东家国情怀和博大胸襟的形成有很大影响。

符定一对毛泽东的器重，不仅限于师生情分，还有他对毛泽东革命事业的坚定支持。1925年，当湖南军阀、省长赵恒惕得知毛泽东回湖南养病时，即令追捕。这事正好被回乡探亲路过长沙的符定一知晓。他对时任省政府秘书长的亲戚表明与毛泽东情同父子的师生之谊，拜托他关照；随后，又找到时任公安局局长的某内亲，嘱托说：老夫以命相保，你不得加害。他又以宿儒的威望和国会议员的身份，利用与赵恒惕是小老乡的关系，打通了不少关节。与此同时，他写了一封信，派得力之人想方设法通知毛泽东赶快离开湖南。过了几天，当他得知毛泽东已安全去广州后，才放了心。

1946年，符定一只身来到北平，通过地下党与叶剑英取得了联系。毛泽东得知后，电请符定一去延安。6月，符定一在女儿符德芳陪同下飞抵延安。师生重逢，毛泽东亲自安排符定一和自己同吃同住，还亲自主持中共中央为符定一先生举行的欢迎会。会上，符定一揭露了国民党的腐败与反人民实质，分析了蒋介石必然要灭亡的趋势，请求共产党出正义之师，拯救人民于水深火热之中。毛泽东在这次会议上也发表了重要讲话，并希望符先生多做反蒋统一战线工作。9月，符定一告别毛泽东，回到北平。

在北平，符定一联络文化界、教育界人士，开展反蒋斗争。他多次应学生邀请到中山公园进行公开讲演，并腾出家里房间给中共地下党的秘密活动提供方便。他的行动受到反动当局的注意。

1947年初冬的一个半夜里，几个拿着手枪的便衣闯进了符定一的住所，号称是北平警备司令部的。这些人先把符定一看管起来，随后翻箱倒柜搜查。结果，只找到邹韬奋写的《苏联的民主》这本书。便衣头子说，这本书我们借用一下，老先生跟我们走一趟，就把符定一和他儿子符同天押解到警察署。符定一的女儿符静宜找到北京军调处，向叶剑英说明情况。叶剑英说，别害怕，他们是怎么不了符先生的，我们想办法。

符定一在警局用拐杖指着那些警察质问说："你们为什么抓我，为什么搜我的家？……是蒋介石，还是何思源？"符定一愤怒地说："告诉你们，把我冻坏了，你们要负责任。你们随便抓人，我今天就准备死在你们这里。"在叶剑英"想办法"通融后，过了两小时，符定一父子被放了出来。第二天，符定一写了两封信，一封给蒋介石，一封给北平市长何思源。在给何思源的信中说："你为大官，我为老儒"，"你们派人来搜家和逮捕是什么原因和道理，听说因为我去过延安，跟毛泽东有关系。毛泽东是我的学生，这不错。徐向前是谁的学生，是蒋介石的学生，他也培养出共产党的一个大官来。要镇压就先镇压'蒋委员长'，我要有罪，他蒋介石就该杀。"符定一在给蒋介石的信中，口气更加严厉。符定一到西柏坡后，把给蒋介石信的底稿给毛泽东看了。毛泽东大笑说："骂得好，骂得好，就该这样质问他。"

在北平的符定一给毛泽东时有书信，但毛泽东担心符的安全，并没回信。直到1948年春天，解放战争的形势朝着人民方面发生重大变化，毛泽东4月27日写信给刘仁时，专门提及此事。他请刘仁商请张东荪、符定一两先生，征求召开政治协商会议的意见，以及邀请哪些人参加。"五一口号"发布的同时，中共中央还拟定了29人的名单，邀请各地民主人士和各界代表到解放区。符定一作为"绅士"位列其中。

八九月份，华北解放区已渐成规模。符定一通过中共地下组织转达，他要见毛泽东，对解放北平问题有点见解。毛泽东得知后，立即约符定一到西柏坡。这时，蒋介石在做最后挣扎，大量逮捕平津地区的各界进步人士。为保证符定一安全，毛泽东亲自安排，命华北局城工部派人护送。

　　这年冬天的一个深夜，化装成老农的符定一及其扮作村姑的女儿符德芳，在中共地下党的陪同下，由沧县秘密进入解放区。一到泊头，被专车接到石家庄，住在中央统战部设在石家庄的交际处。

　　毛泽东密切关注着符定一的动向。11月18日，他为中共中央军委起草致林彪、罗荣桓、刘亚楼电指出："傅作义经过彭泽湘及符定一和我们接洽起义。据称，傅起义大致已定，目前考虑者为起义时间、对付华北蒋军及与我党联系等问题。现符定一已到石门（石家庄的旧称——笔者注），明后日即可见面，我们拟利用此机会稳定傅作义不走，以便迅速解决中央军。"[1] 这段电文给我们至少两条重要信息：一是符定一为和平解决北平之事而来；二是"明后日"即11月19日、20日符将到达西柏坡、李家庄。关于符定一到达西柏坡的时间，目前多说是9月或10月。[2] 这条电文更具权威性，符定一应该是11月到达西柏坡的。另有一个线索可以引为佐证。谢德铣撰写的《周建人评传》提及周、艾两家去李家庄时，在石门与符定一及其家人相遇，并一路同行。笔者推测了周建人行程时间：他10月15日离开上海，5天后到达天津，在天津两三周才到解放区。如此一来，他到达石家庄的时间至少也是11月上中旬。与符定一11月份在石家庄相遇的可能性很大。

　　符定一与毛泽东的情分自不一般。待他到达西柏坡时，天色已晚。周恩来携灯在村口等候，毛泽东到院门迎接。见面寒暄后，便开始了热烈谈话，中心话题仍然离不开即将打响的平津战役。符定一向周恩来建议：先攻天津，和平解放北平，这不仅于国于民有利，而且也有可能。周恩来认为这个建议很好，表示要和毛主席商量一下。他们的谈话一直

1　中共中央文献研究室编：《毛泽东年谱（1893—1949）》下卷，中央文献出版社2013年版，第394—395页。

2　符定一到李家庄的时间目前有几种说法。符立达在《符定一：毛主席的恩师》（《人民日报》1994年5月8日）中说，华北局城工部派人于1948年10月护送符由沧县秘密进入解放区。袁野在《胜利前夜的李家庄》（《同舟共进》2021年第7期）中说，符定一到达西柏坡时间是1948年10月。秦立海在《中共邀请和护送民主人士北上纪实》（《党史博览》2005年第2期）中说，1948年9月底前符定　已到达李家庄。

持续到凌晨 3 点才结束。

符定一到达西柏坡的第二天上午，便从西柏坡移住李家庄。由于符定一年岁大了，有关他的生活安排，周恩来都亲自过问，妥善周到，礼遇有加。

1949 年 1 月中旬，东北野战军对拒绝投降的天津守敌陈长捷部发起总攻，以步兵、炮兵、装甲兵等各兵种联合作战。经过一天一夜的激烈奋战，全歼守敌 13 万，活捉陈长捷。天津的解放，使傅作义丧失了抵抗的最后砝码，终于接受和平解放北平的各项要求，与中共达成协议。

当毛泽东接到平津战役前线指挥部的捷报后，高兴地说："这真是了不起的胜利，是一件特大的喜事！"他兴奋地对警卫员说："走，咱先不睡，到李家庄去，把这个好消息告诉符先生。"已经连续几天几夜没合眼的毛泽东，顾不上疲倦，要向老师报告这一激动人心的喜讯。

汽车沿着滹沱河北岸，来到李家庄，径直开到符定一的住处。

毛泽东的这次拜访，成为李家庄的一段佳话。当时符定一之子符立达陪伴在李家庄，符立达回忆：

毛泽东与老师符定一亲切交谈

　　毛主席见了父亲，亲切地握着手，说："好久没有见到你老人家了。今天一方面来看你，一方面向你报告一个好消息，傅作义已经赞成我们的条件，北平和平解放了。"父亲说："这可是大家的希望，这都是毛主席胸怀广阔和共产党的英明使然，否则，北平怎能和平解放？"毛主席笑着说："这是民主起了决定作用，广集群言，也包括你老人家的意见。"父亲说："还是毛主席和共产党伟大，做出了奇迹。"当父亲知道毛主席两天两夜没有休息，在最高兴的时刻，不顾疲劳，把最好的消息第一个告诉他时，使劲地握着毛主席的手，激动得流出了眼泪，说："毛主席为中国人民解放事业作出了多么伟大的贡献呀！"毛主席说："符先生夸奖了。"临分手时，毛主席又对父亲说："这里的条件差，连一个软座椅也没有，我回去让他们给你送一把来。你年纪大了，坐这些硬木家具会腰痛的。"第二天毛主席果然派人送来了一个沙发。[1]

毛泽东送给符定一的沙发

　　北平和平解放，对中华民族和中国人民具有重要意义，可以说是整个解放战争史上划时代的一件大事。符定一到西柏坡后提出的先武打天津、再和平解放北平的方案，为国家、为人民作出了贡献。

　　3月底，中共中央和人民解放军总部迁至北平。行前一天，毛主席

1　符立达．周勤德．《符定一·毛主席的恩师》．《人民日报》1994年5月8日。

亲自到符定一处辞行。符立达为我们描述了这个画面：

> 毛主席说："北平虽然和平解放了，但还不太安全。我们先进北平，等安定了你再进城。今天特向你辞行。"父亲把毛主席送到门外。毛主席竟风趣地突然打了一个立正，恭敬地行了一个举手礼，大声说："符先生保重，北平见！"毛主席走后，父亲深情地说："得民心者得天下，毛主席如此敬老崇文，必得人心。中国共产党和毛主席的伟大就表现在这些平凡的事件中。"[1]

乘坐大卡车的北平四教授

中共中央在 1948 年发布"五一口号"后，先后数次提出邀请民主人士到解放区的名单。张东荪、雷洁琼均列其中。9 月 20 日，中共中央在给沪局、香港分局电文中，已提出将视战事发展，"明春或来华北或即在哈市召开新政协"。[2]正是考虑华北解放区有可能成为召开新政协的备选地，组织一定数量的平津民主人士直接进到李家庄就成为当务之急。所以，在同一日中共中央给"华北局并城工委员会"的电报中开列了 24 位民主人士的名单，仅教授就 17 位，包括张东荪、雷洁琼、费孝通。可见平津教授由于在推动民主革命中的贡献，一直是中共中央高度重视的一个群体。这也体现在中共草拟的《关于召开新的政治协商会议诸问题》文件中，"平津教授"专门列为一个单位。以至于在东北讨论协商这个文件时，章伯钧提出：参加的单位中有平津教授，是否改为全国教授？

平津地区到华北解放区的民主人士，很少成群结队的。但北平四教授张东荪、费孝通、雷洁琼、严景耀尚属例外。他们四人一起，在 1949

---

1 符立达、周勉德：《符定一：毛主席的恩师》，《人民日报》1994 年 5 月 8 日。

2 中共河北省委统战部编：《李家庄时期统一战线史料选编》上卷，华文出版社 2018 年版，第 268 页。

张东荪、费孝通、雷洁琼、严景耀（左起）

年1月北平和平解放前夕由解放军护送、乘坐大卡车，目睹着解放了的土地，轻松愉悦地到了西柏坡。

　　1948年11月中旬，这四位教授所在的北平西郊著名学府清华大学、燕京大学首先获得了解放。雷洁琼回忆当时的情景：

　　　　11月中旬的一天，英勇的人民解放军像天兵一样降临北平西北部，出现在公路两旁的据点里。清华大学、燕京大学、颐和园、香山都解放了，广大群众欢欣鼓舞地庆祝胜利。清华和燕京两校师生纷纷走出校园去迎接和慰问解放军战士。当时，中共中央派张光年、张宗麟等同志来学校宣传党的政策，并作解放北平城里的准备。燕京和清华师生还邀请解放军四野先遣部队负责人刘道生同志作形势报告，两校师生员工心情振奋，礼堂里挤得水泄不通。国民党反动派仍然想作垂死挣扎，派飞机来轰炸，在燕京大学操场上投下几个炸弹，这更引起两校师生的愤怒和痛恨。

　　　　解放军进海淀后，立即宣传党的政策，在燕京大学校门对面的墙上，就刷了"保护外侨利益"的大标语。在燕京的外籍教师也同我们一起走出校园，看到戴着皮帽的解放军战士纪律严明、态度和蔼，非常高兴。记得那年燕京大学圣诞节比往年更加热闹，中外师生互相串门祝贺，学校充满胜利的欢乐气氛。

　　张东荪是中共中央和毛泽东十分看重的居住在北平的一位知名民主人士，其中的原因不得不从张东荪的经历和影响说起。

　　张东荪1886年生于浙江杭县（今杭州市），是我国现代哲学家、政治活动家。他毕业于日本东京帝国大学。回国后，一直徘徊于政治与文化之间。作为学者，他曾任中国公学大学部学长兼教授，燕京大学、清华大学教授，被称为"输入西洋哲学，方面最广、影响最大的人"；作为报人，他参与创办被誉为五四时期三大报纸副刊之一的《时事新报》副刊《学灯》，主办了《解放与改造》等多种时政刊物；作为政论家，他总是特立独行，发出自己的声音，一方面指责国民党专制统治，另一方面引进社会主义思潮，但同时又对两者都表示失望，寄希望于"另起炉灶，造成一个新的势力"；作为社会活动家，他和张君劢组建了国家社会党，起草了该党的政治宣言《我们所要说的话》，要求国民党政府结束训政，还政于民。抗战全面爆发后，在燕京大学教书的张东荪一度被日本宪兵逮捕，狱中曾以自杀表示宁死不屈之态度。1941年，他参加中国民主政团同盟（1944年9月改称中国民主同盟），曾任中国民盟中央常委、秘书长。1946年1月，代表民盟出席重庆政治协商会议。在国民党撕毁政协决议、决定召开"国民大会"的情况下，作为民盟和民社党（由国社党更名而来）领袖之一的张东荪，在这个原则问题上没有退让，拒绝参加伪国大。国共和谈破裂，张东荪等人欲意以不偏不倚的第三方立场，调和国共冲突，使中国走上和平民主的道路。蒋介石、宋子文曾专门宴请张东荪，劝其参加政府。张说，"最好还是保留一个参加和谈的身份"。这让蒋非常生气。据张东荪回忆，"蒋脸色铁青，气得踢桌子下的狼狗"。[1]然而和谈的最后一线希望终于破灭了。全面内战爆发后，他认为中国应该走一条既不同于欧美、又异于苏联的"第三条道路"。张东荪提倡的脱离实际的"第三条道路"在中国的现实下注定是走不通的。1947年10月，国民党下令解散民盟，

1　左玉河编著：《张东荪年谱》，群言出版社2014年版，第390页。

所谓的"中间路线"宣告破产。正是由于张东荪在政治、学术、新闻等方面的特殊影响力,尤其是他反对蒋介石的坚决态度,毛泽东在考虑协商新政协问题时想到了他。

但当刘仁向张东荪转达中共中央的邀请,并建议他尽快离开北平,到哈尔滨参加新政协筹备工作时,张东荪感到此时自己在燕京大学的课程还没有结束,突然离去,比较困难,希望等到学校放暑假时前往。

不久,中共北平地下党通知张东荪与共产党秘密交通员李才接头。为了不引起国民党特务的注意,张东荪让夫人吴绍鸿女士前去。张夫人与李才在东华门附近接头时,李才向张夫人交代了中共地下党的指示。李才刚走出不远,便被国民党特务发现,枪声大作。李才受了轻伤,但还是机智地逃脱了。张夫人吓得半天才缓过劲来。回到家中,她将此事告诉了张东荪。此后一段时间里,张东荪与中共地下党的关系一度中断。暑假时,他也没有能够离开北平赴解放区。

1948年底,中国人民解放军决定发动平津战役。傅作义有意与中共接洽谈判问题。由于双方条件相差甚远,谈判很快陷入僵局。

张东荪一直关注着时局发展。他坚决主张国共谈判,以和平方式解放北平。为了打破谈判僵局,中共方面希望能找一位有影响的民主党派人士参加谈判作为缓冲,并可居中调停。受毛泽东信任并具有影响力的张东荪成为最佳人选。中共北平地下党总学委负责人崔月犁负责与张东荪秘密联系,请他出山,出城谈判。

此时的傅作义,由于嫡系王牌军35军刚刚被解放军歼灭,意识到无法抵御中共的军事打击,也想尽快打开和谈局面。他的老朋友侯少白向他推荐张东荪。傅也感到派张东荪这样一位在社会上有影响的民盟领袖出面,有利于调解双方关系。时为民盟盟员和共产党员身份的关世雄对这段经过有一个回忆:

　　此时傅作义心情沉重,郁郁不乐,急于寻找出路,他感到非谈不可的时候到了。于是接受高级政治顾问刘厚同(辛亥革命老人，解放后任天津市政协委员）的建议派政工处长周北峰少将与中共接触，他还对刘表示希望找一位民主党派的领导人一起去谈。中共地下党得知这一消息后，中国民盟华北总支部主委、燕京大学教授是一位合适人选，张东荪与我党原来就有来往，经中共地下党动员后表示愿意出城谈判。傅作义也认为民盟是一个大党，有声望、有威信，谈判时民盟作为中间人可起协调双方关系的作用。[1]

可见，中共和傅作义都对张东荪寄予一定期望。1949年1月1日凌晨2时，中共中央军委致电平津前线司令员林彪，提出了与傅作义谈判的六点方针，并指示说："惟我们希望傅氏派一个有地位的、能负责的代表，偕同崔先生及张东荪先生一道秘密出城谈判。"同时为了保证张东荪的安全，又特别强调："如张东荪出城不能保守秘密，则张可以不出来。"[2]

1月6日，在中共地下党的安排下，张东荪与傅作义的代表周北峰一起秘密出城，到达解放军平津前线司令部——蓟县八里庄。由于双方都有诚意，谈判进行得比较顺利。张东荪后来在提及对谈判的印象时说：聂荣臻非常亲热，但并没有多少实质性的话；林彪则一直铁青着脸，神色冷峻，一条一条地抠协议条文，直到谈判都结束了，他的脸色才缓和下来。

1月10日上午，双方就军队如何改编、城市如何接管、人员如何安排等具体细节问题，整理了一个《谈判纪要》。林彪、聂荣臻和周北峰都在纪要上签了字，张东荪却谢绝在纪要上签字，他说："我是民盟成员，代表不了傅作义将军，只能在你们双方之间当个调解人和见证人。"[3]当林、聂转达中央军委让他到中共中央所在地会晤毛泽东时，张东荪表示

1 关世雄：《古城黎明之前——民盟北平市临工会活动追忆》，中国民主同盟文史委员会编：《我与民盟》，群言出版社1991年版，第93页。

2 北京档案馆编：《北平和平解放前后》，档案出版社1988年版，第54—55页。

3 董世桂、张彦之：《北平和谈纪实》，文化艺术出版社1991年版，第186页。

要先回燕京大学一趟，做些必要的准备，然后再起程去见毛泽东。

对北平和平谈判，张东荪在关键时刻出城，不仅推动双方打开和谈僵局，而且也取得了实质性进展。尽管形势使然且双方均有诚意，但张东荪仍功不可没。毛泽东事后在颐和园一次会议上当着许多人的面，竖起大拇指说，北平和平解放，"这是张先生的功劳！"但对于张东荪在其间的贡献，也有不同的看法。有学者曾评价："张东荪确曾冒险参与了对傅作义的劝和工作，但其主要作用只是担当过一次北平前线国共两军谈判的见证人而已。无论是对此次和谈的发起，还是对北平和平协议的达成，张东荪本人都没有起到过直接的和重要的作用。"[1] 张东荪则自恃，这是他一生中所做的最得意的一件事情。他 1950 年自题曰："余亦自谓生平著书十余册，实不抵此一行也。"言语之间充满自豪之感！

谈判纪要签订的当晚，张东荪在解放军的保护下乘车返回燕京大学。他在燕京大学作了一个讲演，在解释他主张北平和平谈判时，形象地用"老鼠与花瓶"比喻傅作义的部队与文化古城北平：老鼠是可恶的，人人都想消灭它，但它躲在一个精美的花瓶中；既要消灭老鼠，又要不打碎花瓶，就不能不采取和平方式、用和谈的办法解决。张东荪的讲演获得广大师生一片喝彩声。

与张东荪同行到西柏坡的其他三位教授均为社会学家。费孝通 1910 年生于江苏吴江。他一心致力于社会学和人类学研究，自从加入民盟后，便成为一名民主教授。李闻事件之后，为了躲避国民党政府的迫害，费孝通被迫离开昆明，然后接受英国一个文化团体的邀请，在英待了 3 个月，于 1947 年 2 月回到北平，继续在清华大学教书。他本来想把这些年来在学术上的问题梳理清楚，整理成文，但树欲静而风不止。国民党政府颁布的《戡平共匪叛乱总动员令》，使清华园里的恐怖气氛与日俱增。

---

1 杨奎松：《忍不住的"关怀"：1949 年前后的书生与政治》，广西师范大学出版社 2013 年版，第 18 页。

据当时清华大学学生代表大会副主席裴毓荪回忆，1947 年 8 月的一天，她突然接到共产党地下组织的通知，说她处境险恶，必须立即撤离清华校园。当她准备离校时，发现军警已经守住了各个路口，便衣特务在校内到处乱窜。急迫中她朝胜因院走去，希望教授住宅区里的戒备能松懈一些。没想到那里也一样有军警在巡逻，一时间她不知道怎么办才好。定了定神，抬头察看四周，发现自己正站在费孝通家门前。她敲响了费家大门。费孝通毫不犹豫地把她安顿在家里。当晚，费孝通又跑到燕京大学，希望能找到一辆自由出入清华的汽车把她送走，但是没能如愿。第二天，费家门前就出现了可疑的"便衣"。看来此处已不可久留，费孝通把她转移到了更安全的冯友兰家。第三天，她被吴泽霖教授从冯家接走，并于当天半夜，在地下党派来营救她的彭珮云等同学帮助下，翻越清华园的围墙，逃离了虎口。面对反动派的嚣张气焰，费孝通再一次坚定地站在爱国学生一边。

当解放军兵临城下之际，费孝通收到了费正清的邀请电报，告诉他哈佛大学决定请他为客座教授，速去美。他没有接受，也没复信。此时，美国大使馆派官员到清华园找费孝通和潘光旦，询问他们作何打算。当听说他们都没有离开北平的意思时，这个美国人就用手在脖子上划了一下，表示在共产党政权下，他们会没命的。费孝通回答说：不会这样的。他认为"最好是同人民一起度过黑暗时期"，"在国内有许多事可做，培养学生，研究中国"。他对一位劝他离开的美国朋友说："不论结果怎样，我是决心不离开中国的，我将成为新政权的'忠实的反对派'。"[1]

解放军进驻清华园前夕，国民党派了一架飞机，专门运走了包括清华大学校长梅贻琦在内的一批著名知识分子。费孝通没有走，他决定留下来。美国阿古什教授说："他不喜欢国民党，他不会跟着他们去台湾的。

1　引自曹雪娟主编：《费孝通》，古吴轩出版社 2010 年版，第 158 页。原文摘自"文化大革命"时费孝通的"综合材料"手稿。

但他完全可以像 1946 年考虑的那样，去英国或美国。他懂英文，有博士头衔，在英美人类学家中有点名气，在这两个国家他有许多学术界的朋友，在美国大学中谋一个适当的职务是不成为问题的。但是，他终于留下了。"[1]

费孝通那时虽然并不真正了解共产主义，然而社会现实让他认识到，共产党人是"一批干事的年轻人"，"他们爱国又能吃苦……把他们看做振兴中国的力量"，并且相信自己"和共产党人可以一起工作"。这应该是费孝通不去台湾也不去美国，而愿意留在北平等待解放的真正原因吧。

此间，正在和师生欢庆解放的雷洁琼、严景耀，收到已经到达哈尔滨的中国民主促进会负责人马叙伦的来信。信中请严景耀代表民进到华北解放区参加中共中央召开的民主党派会议，并指定雷洁琼一同出席。

雷洁琼 1905 年生于广东台山，也是中国民主促进会的创始人之一。她自幼受到良好教育，逐渐成长为一名思想先进、自由奔放的新时代女性。在 1919 年五四运动的热潮中，尚且稚嫩的雷洁琼上台演讲、带头游行示威。巴黎和会上中国的外交失败，让年轻的雷洁琼终于意识到，那所谓的"公理终将战胜强权"只不过是一个美丽的童话罢了。1924 年，19 岁的雷洁琼毅然踏上开往美国的邮轮，在南加州大学攻读社会学专业，并获得社会学硕士学位。学成回国后，雷洁琼积极投身于救国救民的事业。1935 年一二·九运动爆发时，她是燕京大学唯一一位参加游行的女教师。

抗日战争全面爆发后，她积极参加抗日救亡工作。经过多年战争的蹂躏，战后的中国人民多么渴望和平呀！但蒋介石不顾民意，挑起内战。为了呼吁和平、反对战争，马叙伦、雷洁琼等人一起赴南京请愿。谁知一下火车，他们一行人就遭到了国民党特务的围殴。雷洁琼身负重伤。

1　［美］大卫·阿古什著，董天民译.《费孝通传》，时事出版社 1985 年版，第 164 页。

这次血的教训，使雷洁琼真正看清国民党的本质，更加倾向共产党。

雷洁琼的先生严景耀也是留美博士，燕京大学社会学系教授，著名犯罪学家。抗战胜利后，他与马叙伦等一起创建中国民主促进会，活跃在中国民主革命战线上。

张东荪、费孝通、雷洁琼、严景耀，出身不同、经历不一，但他们有一个共同的称呼"民主教授"。1949年1月14日，他们接到中共中央的邀请，同行赴华北解放区。在这四人中，与张东荪、雷洁琼他们几位相比，当时的费孝通对于去解放区还是没有思想准备的。他后来说，是张东荪带上他去的。2000年4月，费孝通接受上海大学朱学勤的采访，追忆了这段往事。

> 费：他（张东荪——笔者注）对我不错的，但我不太买他账。我在燕京大学时旁听过他的一门哲学课，我听不出什么道理，到考试的时候，他给我70分。我没有70分的记录的。我是记得他的账的，他如果给了我90分，我就服了他了。这很有意思。他同我一直不错的，我到西柏坡去，就是真正成立联合政府，共同纲领就是这时写的。他带我一同到西柏坡。
>
> 费宗惠（费孝通女儿）：怎么会找到你呢？那时民主教授很多的。你看雷洁琼是因为她有一段对抗国民党的历史，你那时要不就是因为在云南上黑名单的事？潘光旦没去吧？
>
> 费：没有，储安平想去没有去成。他还怪我怎么不叫上他。他也不知道内幕。但我们知道背后肯定有一套东西在运作。储安平当时住在我家里的，他在上海出了事情就躲到我家里面。他还说我，为什么不带上他？
>
> 费宗惠：我也一直疑惑，为什么会找上爸爸？不找你的话，又是一个情况。
>
> 朱：不找他的话，一辈子就是做一个教授。
>
> 费：是。这是我的第一次变化，第二次就是李维汉把我挑

出来。后来第一届政协我参加了，再后来搞人民代表大会制，我参与写宪法，这都是跟李维汉的事情。我与政治的关系，首先是张东荪把我引到西柏坡。他是带队的，还有雷洁琼和她的丈夫严井耀（应为严景耀——笔者注），加上我，一共四个人。

朱：那很奇怪，当时比费先生更有知名度更有影响的人还大有人在啊。

费：多了。

费宗惠：是不是分批去的？

费：对，是各个地方分批去的。香港也进来一批，我的大哥哥从香港接的他们，先坐轮船到东北，再到西柏坡。我们北京的人就四个。那时北京周围都解放了。[1]

对这四位教授来说，这是一次终生难忘的经历。他们久居国民党统治的北平，几乎每天与"高压""恐怖"相伴。这次动议去解放区已久，何况这次还肩负着重要使命，心情十分激动。一天下午，四人在解放军的护送下，乘坐缴获的国民党军的大卡车，从北平西山八大处出发了。

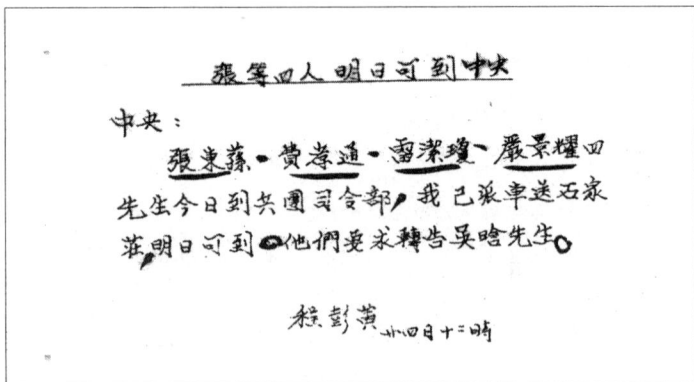

有关张东荪、费孝通、雷洁琼、严景耀四人从北平赴李家庄情况的电报

---

1 《费孝通先生访谈录》，《南方周末》2005 年 4 月 28 日。

从北平到石家庄的路上，他们看到老百姓送粮支前的队伍络绎不绝，到了晚上还是灯笼火把、热火朝天的景象。这种壮观场面，给雷洁琼留下深刻印象：

> 我们一行4人由8名解放军战士陪同，乘大卡车前往，沿途看到农民运粮支援前线，像一条长龙，甚为壮观。车上的解放军战士，向我们讲了许多解放区人民的生活情况和军民一起打美蒋的故事，一路说说笑笑，忘却了旅途的疲劳。

费孝通对这种情景更是感到震撼。他在《我这一年》中记录了这难忘的一幕：

> 卡车在不平的公路上驶去，和我们同一方向，远远近近，进行着的是一个个、一丛丛、一行行，绵延不断的队伍。迎面而来的是一车车老乡们赶着的粮队，车上插了一面旗，没有枪兵押着；深夜点了灯笼还在前进，远远望去是一行红星——这印象打动了我，什么印象呢？简单地说：内在自发的一致性。这成千成万的人，无数的动作，交织配合成了一个铁流，一股无比的力量。什么东西把他们交织配合的呢？是从每一个人心头发出来的一致的目标，革命。
>
> 我曾参观过英国海口军舰的行列，也曾目击过大战时非洲盟国空军基地的规模。那时却并没有这次在黄土平原上看粮队时的激动。从前者只能知道力量之巨大，从后者才能明白力量之深厚。这里有着基本的差别，形式和内容的差别。巨大的形式可以僵化不灵，深厚的内容却会发展生长。像我这种没有积极参加过革命行列的知识分子对于潜伏着深厚的活力是陌生的，不熟悉的，甚至是不易理解的，因之，对于历史的发展没有把握，对于人民的翻身也缺乏信心。就在这一点之差，失之千里，使

自己过去对世界局面的估计陷入错误。也就是这一点之差，使自己感觉得了不起，大言不惭，自以为秀才闭门而知天下事了。

低了头，再看在这华北平原上所发生过的事迹，以前所不能相信的"奇迹"，现在却可以觉得必然的了。冀中的地道战听来有如神话，但是在不肯屈服的人民却是家常便饭。我以前对中国工业化是没有信心的，因之写过《小康经济》，我这样想，因为觉得中国国民收入的低微，资本累积不起来，人口又多，生产多少吃多少，技术落后，科学不发达，一切都像是手脚上拖着的锁链。这一套想法归根是在对人民的力量没有信心。没有这个信心，必然会缩手缩脚，自甘落后了。因之，这一次旅行给了我一个当头棒喝。知识分子的缺乏信心，其实只是反映出中国资产阶级的懦弱无能罢了。经过百年来革命斗争锻炼的人们并不是这样的。依靠了这一片黄土，终于把具有飞机大炮的敌人赶走，这只是深厚潜伏着的力量的一个考验，就是这个力量同样会把中国建设成为一个在现代世界中先进的国家。当我看到和接触到这个力量时，我怎能不低头呢？石家庄的旅行我学得了这一点，所以回来之后会以"人民的力量"为题在清华和师大讲过两次，因为这在我是一件大事。[1]

这个场景令费孝通获得了货真价实的教育，他称之为"当头棒喝"。他看到了人民力量的巨大，并在"人民的力量"前"低头"。

第二天，他们到了石家庄。石家庄市市长柯庆施热情地接待了他们，带领他们参观市容。他们在来之前就捎信说想见到吴晗。他们是朋友，也是战友，感情自然非同一般。吴晗夫妇闻讯专门到石家庄来迎接。在新天地相见，大家自是欢喜不已。

1　费孝通：《我这一年》，《费孝通全集》第 6 卷，内蒙古人民出版社 2009 年版，第 409—410 页。

在石家庄,他们还遇见了不少燕京、清华两校的同学和从平津来的朋友。雷洁琼看到解放区人民喜笑颜开、无忧无虑,充满必胜信心的样子对严景耀说:"这里的气氛真好。我感觉好像到了另一个世界。"严景耀也深有感触地说:"这的确是另一个世界,是人民自己的世界。"

严景耀同共产党人打交道可是说来话长了。早在他留学美国的时候,就和中国共产党的党员徐永瑛(徐大年)、冀朝鼎是好朋友,并在徐、冀影响下学习俄文和马列主义,还在芝加哥参加了反帝大同盟。回国之前,他到苏联工作一段时间,看到了苏联人民的生活。他是个社会学学者。这些年来,他奋不顾身地投入抗日救亡运动,殚精竭虑地反内战、争和平,反独裁、争民主,就是想使中国成为一个和平民主的社会,使人民能生活得舒畅自由,使自己和同行们有个稳定的研究学问的环境。看了解放区的情形,他更充满了信心。

这一晚上,雷洁琼和严景耀虽然经过长途跋涉很疲劳,却是久久不能入睡。他们忆往事、想未来,越谈越精神。多少年来,他们为民主事业付出了巨大的努力,真是流了血、流了汗。现在和平、民主眼看要实现了,他们好像又觉得胜利来得很突然,心里难以平静。凌晨之后,两人才慢慢睡去。

胡风观光访友的旅行

在李家庄的民主人士中,最晚到的当属现代文艺理论家、诗人胡风。他1902生于湖北蕲春。1920年起,就读于武昌和南京的中学,开始接触"五四"新文学作品。1925年考入北京大学预科,一年后改入清华大学英文系。不久辍学,回乡参加革命活动。1929年他到日本留学。因在留日学生中组织抗日文化团体,1933年被驱逐出境。回到上海后,任中国左翼作家联盟宣传部部长、行政书记。鲁迅非常欣赏胡风的人品与学术思想,两人常有往来且关系密切。

1935年,胡风在他的文章《人民大众向文学要求什么?》中提出了"民族革命战争的大众文学"的口号，引发"两个口号"的论争。抗战全面爆发后，他主编《七月》杂志，编辑出版《七月诗丛》和《七月文丛》，悉心扶植文学新人，对现代文学史上"七月派"的形成和发展起了重要作用。1938年，他任职中华全国文艺界抗敌协会，辗转汉口、重庆、香港、桂林等地，从事抗战文艺活动。

1941年1月皖南事变后，《七月》被迫停刊，他另编文学杂志《希望》。在创刊号上，他发表舒芜的《论主观》和他自己的《置身在为民主的斗争里面》两文，由此引发关于"主观"问题的论争，以及对于他的文艺思想的批判。

抗战胜利后，胡风与来重庆谈判的毛泽东第一次见面。遗憾的是，当介绍到胡风时，毛泽东正好被别人拉走了。他们没能握上手，多谈上几句。

1946年2月25日，胡风一家离开重庆，返回阔别八年的上海。劫后的上海，百废待兴，文艺界也如是。街头充塞着一些文化垃圾。胡风想，必须用新的、健康的文艺作品去替代它们！在离开重庆前，他就曾托人将《希望》前四期的纸型带到上海，请出版人俞鸿模的海燕书店先印出一些，并着手编辑新的一期《希望》，作为给上海读者的见面礼。在重印的第一期前面，他加了一页短函《寄从"黑夜"到"天亮了"的读者们》：

> 经过八年来的苦难和牺牲，战斗和考验，我们终于走到了这历史转换点的一天。在这一天，久别的人重逢了，未知的人见面了，这时候当各有痛苦和欢欣，难言的感慨与新生的希望吧。

与在重庆时一样，《希望》的周围很快又团结起一批忠实的读者和进步青年，影响日益扩大，成了国民党政府的眼中钉。结果，在上海仅出了四期被迫停刊。

在重庆时的老朋友和青年朋友纷纷来到上海。胡风不再感到寂寞了，

胡风

经常与冯雪峰、冯乃超、乔冠华、陈家康等人见面，交流看法；有时还能接受周恩来的指导。

胡风在上海忙于写文章、编书、出书的时候，"跨界"做了一次红色特工。胡风的朋友阿垅在成都由于出版进步文艺刊物《呼吸》，被国民党特务通缉，只得逃离成都回到杭州。为了生计，阿垅利用曾在国民党陆军大学学习工作的旧相识，再度进入国民党军事系统任教官。这为他搜集军事情报创造了条件。有一次，他从以前同事处得知国民党对沂蒙山区的作战计划，即被称为"左轴回旋"的计划，连夜赶到上海告诉了胡风。胡风立即将情报转给了中共地下党员廖梦醒。后来，胡风在信中高兴地对阿垅说："前天知道，上次告诉他们的话似乎使他们得了大利。希望继续得到，云。那么，经常留意罢。"这次"大利"，就是著名的鲁南战役。新中国成立后，廖梦醒见到胡风时，还关心地问起"那个不知姓名的朋友"呢。

此时，胡风没有料到，远隔重洋的香港发动了一场对其文艺思想的批判。起先，香港分局文委书记邵荃麟在一篇文章中不点名批判了胡风的几个主要论点。冯乃超、乔冠华、胡绳、林默涵等人纷纷执笔著文，有的批评标准显然超出了文艺的范畴。对这一事件，40年后林默涵在《胡风事件的前前后后》中作了这样的记载：

> 这是人民解放战争正在激烈进行而面临全国解放的前夕。香港文委的同志们认为需要对过去的文艺工作做一个检讨，同时提出对今后工作的展望。经过交换意见，遂由荃麟执笔，写了《对于当前文艺运动的意见——检讨，批判，与今后的方向》一文，发表在《大众文艺丛刊》第一辑上。文中首先作了自我批评，认为过去工作中存在着逐渐忽略新文艺运动一贯的大众立场和忽略自身思想改造的倾向；同时也批评了作为当时进步

文艺几种倾向之一的胡风等人的文艺思想。[1]

来自香港的批判并没有能够说服胡风。他觉得，香港诸位是在共产党的领导之下的，这样做肯定有他们的用意，本不想写反驳文章。但考虑到自己的责任，应该把自己对问题的实质和一些重要争论的看法正面提出来，以免影响正在进行中的革命斗争，胡风赶写了《论现实主义的路》，对上述批评进行反批评。

这时，从香港方面传来的消息说，负责华南局的潘汉年认为，目前首要的任务是团结，港刊的批评过急了，希望胡风能去香港谈谈，解决一下分歧。但是，胡风不准备去香港，他继续写自己的文章。他认为，这不仅是为了答辩，更重要的是对现实主义作一个系统的探讨，并把自己的文艺思想准确地作一阐述。写好了，发表了，也就能谈清楚了。他计划写10章，一面研究一面写，进度很慢。

就在这黎明前的黑暗时刻，进步文化人陆续受到迫害，胡风的名字也上了国民党的黑名单。他熟悉的进步青年中有人被捕了。在接到中共组织的讯息后，他和阿垅特意去别处躲了两三天。香港方面一再捎信要他离开虎口到香港。好心的朋友也在催促他。但他仍在犹豫着，主要是惦记自己还没完成的文章。时停时写地花了近3个月，到1948年中秋节前才写完了前两节，也就是第一部分《从实际出发》和第二部分《环绕着一个理论问题》。底下的部分暂时无法继续了，因为，中共党组织派人正式通知他，要立即离开上海到香港，然后再到东北解放区。能够到解放区去，这是他早已向往的。他欣然同意，并将手里的工作作一收拢。

在中共党组织的安排下，12月9日凌晨，胡风告别一家老小，单身一人离开上海，坐船直奔香港。在香港见到了乔冠华夫妇、冯乃超夫妇、邵荃麟夫妇、周而复等友人，有过一次聚会。1949年1月6日，由共产党员、剧作家杜宣带队，胡风与刚从英国回国的马本师、泰国归侨许侠、

1　林默涵、黄华英：《胡风事件的前前后后》，《新文学史料》1989年第3期。

章汉夫的夫人龚普生等一行十余人,从香港乘坐一艘挪威商船"大利华轮"秘密北上东北解放区。途中,淮海战役已经结束,平津战役也胜利在望,胡风一行的旅程非常顺利。不像前几批北上民主人士那么危险,他的这次出行倒像一次旅游,一路观光访友、读书闲聊,当然还有他心意已久的对解放区的实地观察。

1月的东北正值严寒时节,从南中国海坐船来到这里的胡风一行,穿戴着接待单位发给的棉大衣、皮帽子、皮手套和羊毛围巾,"全副武装"地踏上了新世界的第一片土地——辽宁省庄河县的王家岛。

在王家岛分所,胡风他们与一位叫刘铮的局长见了面,从下午谈到晚上。通过交谈,胡风了解到岛上的真实情况,特别是解放区人民的生活和心情。东北的冬天寒冷无比,但胡风感到被一股暖流包围着,他觉得自己"好像从严冬走进了和煦的春光里面。土地对于我有一种全新的香味,风物对于我有一种全新的彩色,人物对于我有一种全新的气质,我感到我的心里充满了长年以来所期待的,对于祖国的祝福"。当晚,胡风等人被安排在分所旁的三间民房过夜。

胡风一行只在王家岛住了一晚。但王家岛的一切给了胡风以全新的感受:年轻、热情、总在笑的庄河县公安局王家岛分所小王所长,文静、坚持原则的庄河县公安局刘局长,好客的老乡们……他们生活和战斗在解放了的国土上,艰苦却是充满自信地克服着一切困难。胡风的心中不由得升起了一股敬意。这回可以接近解放了的工农兵,向他们学习了。

1月14日上午,他们告别刘铮、王喜英及岛上的老乡,离开王家岛。同日下午,胡风等人在庄河县打拉腰港上岸,乘坐汽车到达庄河县城,住进了一家土店——复兴旅店。庄河县刚解放不久,到处是伪满洲国和战争留下的痕迹。胡风在街上转了一圈,感慨不已。1月15日,胡风等人又乘坐县政府提供的无篷卡车,直奔普兰店;并经瓦房店于1月17日到达沈阳。在沈阳,他见到了丁玲、草明、萧军、吴奚如、冯白鲁、陈绪宗、许广平、郭沫若、刘白羽等一大批多年未见的文学艺术界的朋友。

东北是中国共产党第一个较大的解放区，是一个全新的世界。这对半生都在从事文艺革命的胡风来说，充满了好奇和憧憬。胡风没有匆匆离去，而是停下来、走进这片火热的土地，体验着迥异于以往的生活。他到安东参加了劳模大会，参观了一些工厂，还下到本溪的煤矿。厂矿里的优秀工人和干部都给他留下了深刻的印象。后来，他将到东北后的所见所闻和种种感受写入《第一片土》《在工业战线上》《在暴风雨后的阳光里》和《几个侧影》这些散文中，收入报告文学集《和新人物在一起》。

3月7日，胡风接到通知，乘下午四点一刻的火车去北平，同行者还有《大公报》的编辑李纯青、宗教界人士吴耀宗、台盟负责人谢雪红等。9日下午四点，火车到达天津东站。胡风与《小说月报》编辑孟超下车，准备由天津转赴中共中央所在地西柏坡。在市政府交际处处长连亦农的安排下，胡风住在天津市政府镇南招待所。在这里，胡风照例是访友会谈。到达当晚，他就与鲁藜、芦甸交谈了4小时。其间，还见到了陈荒煤、章汉夫、秋江、章莺、孟波、戈金、周巍峙、黄松龄、杨刚、宦乡、徐盈、张琴南、高集、黄中敬、沙漠夫妇等文友。时任天津市市长黄敬、军管会主任黄克诚、市政府秘书长吴砚农宴请了胡风和冀南出席全国妇代会的代表。

3月12日，胡风随华北第二兵团的车出发前往石家庄，17日到达中央统战部所在地李家庄。在李家庄短暂停留的情况，他在日记里几近作了实录：

> 17日，一时前五分，坐大吉普车动身，经过获鹿、平山两县，六时左右到李家庄统战部，地属新设的建屏县。统战部凌则之接入，他在育才曾经见过我。在会客室休息一会，何成湘、郑森禹来，他们也在统战部工作。晚饭后，被引到东院右边正房，独住一间。

18 日，王任叔来，闲谈了约二小时。谈到关于香港对我的论争。鲁明来闲谈了一会。晚饭后，与王任叔、鲁明等散步，一直到河边。在王任叔房里坐了一会。副部长高文华来见。

19 日，到隔壁院子磨坊里，和主人夫妇闲谈了约一小时。成湘来说，决定二十三日去北平。下午，到王任叔处闲谈了约二小时。夜，何成湘夫妇抱小孩来，同到他们房里闲谈了约二小时。王洁（沙鸥）和徐云（北大文艺社同人）来，闲谈了约二小时。

20 日，沙鸥引三个从上海来的来坐了一会。王任叔来看了我从沈阳带来的书，借了几本去看。夜，统战部请客。

21 日，略略整理了一下到解放区以后的，关于文艺思想上的所见。六时过，会餐，周来，谈到十二时过。

22 日，给毛、周各一信。在村子里走了一转。王任叔来闲谈东南亚的情形。夜，为送明天去北平的人们聚餐，几乎喝醉了。收拾行李。

23 日，因车子未到，去北平延至明天动身。傍晚，到河滩散步，被大家包围着要讲故事。

24 日，晨八时，乘统战部大汽车出发。此为党中央迁平之一部分，原定昨天与中央同行，因汽车误期，改在今天。行前，台湾杨克煌为摄影两张。同行者高文华、何成湘、童小鹏、凌则之、林青、鲁明等五十多人。在东南坡（宣传部）停车时，见到胡绳、方与岩。车子发生故障，七时过始到石家庄，住在交际处。晚饭时，见到迁平过此的王炳南。[1]

在李家庄，胡风连来带走只住了 7 天。当时，中共七届二中全会已经闭幕，中共中央及其机关单位和大量的人员正在做迁平的准备工作。从日记可见，在如此忙乱的情况下，中央统战部的负责人还来看望和宴

---

[1] 《胡风日记》，《新文学史料》1998 年第 4 期。

请胡风，周恩来也利用晚上的时间到李家庄看望他，"谈到十二时过"。从中不难看出，无论是中共中央还是中央统战部，对胡风的到来都给予高度重视。

胡风本来从香港到东北解放区，再从沈阳乘专列去北平，但为什么中途在天津下车，转道去了即将要迁入北平的中央统战部所在地李家庄，详尽细节不得而知。但从《胡风日记》里隐约透出，胡风似乎有很多话要向毛泽东、周恩来倾诉。他于3月22日离开李家庄前"给毛、周各一信"，汇报了到解放区的感受，用"我走的是满天星满地花的道路"形容自己内心世界。这也许是胡风不远千里从沈阳南下，没有直接去北平，却来李家庄的真正原因吧。

刘清扬决裂张申府

在我国妇女运动的早期领袖中，刘清扬名震一时。她1894年出生于天津一个回族的平民家庭，12岁时进入天津严氏女校读书，初步受到爱国主义的启蒙教育。她曾加入同盟会的秘密组织天津共和会，与邓文淑（即邓颖超）、郭隆真等发起成立天津女界爱国同志会，被选为会长。1919年6月下旬，天津各界联合会派刘清扬等10位代表进京，会同山东、北京代表向政府请愿。在各界请愿代表的强烈要求和全国人民的压力下，中国代表团终于拒绝在凡尔赛和约上签字。

刘清扬

这年9月，刘清扬同周恩来及马骏、郭隆真、邓颖超等20位男女青年，成立了觉悟社，出版刊物《觉悟》，研讨世界新思潮，领导天津学生运动。1920年1月29日，天津直隶当局镇压爱国人士，拘捕了周恩来、郭隆真等4名学生代表，制造了"廿九惨案"。次日清晨，刘清扬化装成天主教修女，先沿津浦路南下南京，又来到上海，向南京学联、全国学联

控诉天津反动当局镇压学生爱国运动的罪行。全国学联在上海跑马厅举行了 3 万多人的集会，强烈要求天津当局释放被捕的学生代表，并决定通电全国一致声援。由于刘清扬的奔走呼号，被捕的学生代表终获释放。刘清扬在天津学生运动中崭露头角，政治上逐渐成熟，成为名闻京津的女杰。

当年 11 月 23 日，刘清扬与被聘赴巴黎里昂中法大学任教的张申府同船赴法。在赴法途中，张申府向刘清扬介绍了俄国十月革命和布尔什维克主义，讲述共产主义理论及共产党的性质，使刘清扬对共产党组织有了更多的认识。1921 年初，张申府首先发展刘清扬加入共产主义小组，成为中共入党时间仅次于缪伯英（1920 年 11 月加入北京共产主义小组）的女党员。1923 年，张申府、周恩来、刘清扬、张伯简四人在德国柏林成立了中共旅德小组。1923 年冬，刘清扬与张申府从德国途经苏联回国。回国后，刘清扬参加了邓颖超等人领导的天津妇女进步团体女星社，创办《妇女日报》，并担任报社总经理。

1923 年中共三大确定了与国民党建立革命统一战线的方针。中共北方区委决定刘清扬加入国民党，作为跨党党员从事革命工作。她于 1924 年春被派往广州，参加何香凝领导的国民党中央妇女部工作，同年随李大钊到苏联参加共产国际第五次代表大会。同年冬，刘清扬被中共中央调至上海，参与筹备上海女界国民会议促成会，后当选为常务委员。

1926 年，北京发生震惊全国的"三一八惨案"。段祺瑞政府开始大肆逮捕爱国人士，在通缉国共两党 48 人名单中，第一名是李大钊，第二名就是刘清扬。在万分紧急的情况下，他们只得转移到东交民巷苏联大使馆西院的兵营里，坚持斗争。

事态稍平，刘清扬奉调到武汉工作，先后在何香凝、宋庆龄领导下开展妇女运动。第一次国共合作破裂后，刘清扬退出国民党。由于正怀身孕，为躲避国民党的追捕，刘清扬也脱离了共产党。

九一八事变后，刘清扬积极投身抗日救亡运动。1936 年 3 月，她被国民党当局逮捕，在狱中进行了坚决斗争，经多方营救，于 5 月 22 日出狱，当即赶赴上海，参加全国各界救国联合会成立大会，并当选为常务委员。1937 年七七事变后，刘清扬没有南下，而是从北平转移到天津，与杨秀峰等人组织华北游击队。11 月 5 日，在刘清扬家以庆贺乔迁之喜举行家宴为名，召开了五路游击军区代表会议，正式成立了华北人民抗日军政委员会。刘清扬等两人受托到武汉，向国民政府军委会备案，以取得共产党对华北抗日武装的合法领导权。在武汉，她和李德全、曹孟君、杜君慧、安娥等人组织战时儿童保育会，并被推选为理事。她还和邓颖超、史良、沈兹九等 50 名代表，参加了宋美龄召集的庐山妇女谈话会，任新生活运动妇女指导委员会训练组组长。皖南事变后，刘清扬按照中共南方局指示，以去沦陷区接孩子为名，转到桂林、香港继续参加抗日活动。在侨胞的协助下，刘清扬在香港九龙创办中华女子学校。不久，太平洋战争爆发，她又撤离香港回到重庆，参加救国会活动。

1943 年春，在重庆的刘清扬正逢 50 寿辰。周恩来、徐冰等人为她庆贺。周恩来亲自下厨，做了炸酱面。聚会上，郭沫若乘兴赠诗一首：

> 慷慨幽燕姐，犹然十五余。
> 登台三寸舌，下笔万言书。
> 意识跨前进，须眉愧不如。
> 行途刚半百，努力莫踌躇。

1944 年，刘清扬经张澜介绍，在重庆加入中国民主同盟。转年 7 月，中国妇女联谊会在重庆成立，李德全任会长，刘清扬任理事兼秘书长。抗战胜利后，她在民盟临时全国代表大会上当选为中央执行委员兼中央妇女委员会主任。

1946 年 5 月，刘清扬从重庆回到北平，和浦洁修等人筹备成立了中国妇女联谊会北平分会。7 月下旬，军调部中共代表办事处收到晋冀鲁豫边区政府主席杨秀峰来电，邀请刘清扬到解放区。刘清扬和女儿刘方美（天津学运领导人之一，受特务追捕，正准备去解放区）从北平出发，到达北方大学所在地邢台，受到范文澜校长的热情接待。几天后，刘方美留在北方大学继续学医，刘清扬便赶赴边区政府。杨秀峰说，为了开展工作，解放区急需革命知识分子，请刘清扬回北平后，介绍和输送进步青年到解放区来。他们商定了联络暗号，以后凡是刘清扬输送来的人，接关系时就说是"冯伟"介绍来的。"冯伟"是刘清扬到解放区后的化名。谈完这项任务，刘清扬还为民盟出版的《民主》月刊向杨秀峰募捐，得到边区政府的大力支持。回到北平后，刘清扬来往于平津之间，除了参加民盟工作，还和一些学生领导人密切联系，到北大、师大、南开等院校进行讲演，热情支持学生的反饥饿、反内战等反蒋反美运动，并输送进步青年到解放区。

1948 年 10 月，解放战争已取得决定性胜利。为了迎接新中国的成立，中共中央邀请进步人士和民主党派代表到解放区参加新政协的筹备工作。这时，刘清扬的革命活动已受到特务严密监视，警察甚至在半夜闯进她家里进行搜查。在这种形势下，中共北平党组织动员刘清扬再次进解放区。

11 月，刘清扬在中共秘密交通员的护送下到达到李家庄。护送她的交通员叫王守惇，是接受任务当天转正的中共党员。王守惇晚年回忆：

> 1948 年 10 月初，正在家中养病的我忽然接到上级领导与我接头的通知。赶到接头地点，才得知是要护送著名人士刘清扬和她的女儿张立丽（后改名为刘方明）到解放区，而刘清扬则是去参加全国政协的筹备会。
>
> 刘清扬本来应该由另一条线的人员从北平护送到沧州，但由于接头人的证明丢了，刘清扬没办法相信来人，所以通过在北平的地下党找到天津的地下党组织。当时我才 18 岁，但有过封锁区的经验，就决定由我护送。[1]

---

1 《城市快报》2004 年 7 月 9 日。

接受护送刘清扬母女任务时，王守惇有两个身份。一是中共外围组织"民青"的成员，另一个是中共华北局社会部的地下党员。他送刘清扬母女的任务，还不能告诉"民青"组织。护送之前，王守惇来到国民党三民主义青年团天津市团部，找到内线李鹤年（已故天津著名书法家），拿到三张假的身份证和两张三民主义青年团团员证，然后到《新晚报社》宿舍找到刘清扬母女。接对暗号后，他把如何装扮出城做了说明，又把各人所扮角色进行示范。当时，他们装扮成婆婆和儿子、儿媳回沧州老家探亲。王守惇和大他两岁的张立丽假扮夫妻，穿着入时，手提几样点心。就这样，他们从天津西站上了火车。

当时火车只能通到静海唐官屯。在那下车后，与吴晗他们一样雇大车去沧州。实际上只要到了青县解放区，就没有危险了。

王守惇说：

> 到了唐官屯最后一个卡子口后，把守的国民党兵对过往的行人挨个搜身，如果有违禁品，马上就被带到一边审问。我们既没多带钱，也没有违禁品，还有三青团的"团员证"，敌人没阻拦就过了卡子口。过了卡子口也不是马上就安全，这里到青县解放区还有很长一段真空地带，经常有土匪在此出没。所以，过了卡子口以后，我就告诉赶车的快马加鞭。在接近解放区时，后面隐约传来枪声，我和赶车的不约而同地说：后面的车被劫了。

这个场景与吴晗他们过封锁线的情形何其相似！傍晚时分，王守惇护送刘清扬母女到了青县，找到接头人后被安顿下来，由解放军战士保护着到了沧州，顺利抵达护送目的地——泊头。20世纪60年代，刘清扬在给王守惇的信中还专门表示感激，认为如果不是王守惇有经验，她们母女也不会顺利抵达解放区。

到了李家庄，刘清扬可谓喜忧参半。喜的是中国革命即将取得胜利，忧的是他的婚姻生活将发生巨变。她的丈夫张申府，是中国现代史上的一位传奇人物，中国共产党的重要创始人之一，中国民主同盟的重要领导人，长期活跃在中国政治舞台上。1917 年至 1919 年，在北京大学工作的张申府就结识了陈独秀、李大钊，并积极投身于新文化运动，成为中国早期马克思主义的传播者。毛泽东到北大图书馆做管理员时，张申府是他的"顶头上司"。1920 年，张申府积极追随陈独秀、李大钊，参与商谈建党事宜，并与李大钊携手建立了北京共产党早期组织。1921 年，张申府受陈独秀、李大钊委托，利用赴法讲学的机会，在巴黎建立了旅法共产党早期组织，介绍周恩来入党。1922 年，张申府又组织成立了中共旅欧支部，介绍朱德入党。1924 年，张申府回国后出任黄埔军校政治部副主任，成为中共黄埔第一人。后来，他推荐周恩来到军校任政治部主任。在中共四大上，张申府因与人就统一战线问题发生争执，负气退党，离开了组织。

退党后，张申府以教学和著述为生，研究罗素哲学。九一八事变后，有血性的中华儿女奋起反抗日本的侵略。1935 年，张申府在北平积极参与组织一二·九运动，与孙荪荃和姚克广（即姚依林）一起担任游行的总指挥。1942 年，张申府以救国会成员身份加入中国民主政团同盟，并在 1944 年改组为中国民主同盟时，被推选为中央常委。在 1946 年召开的政治协商会议上，张申府作为民盟代表出席会议，与国共代表同堂议政，达到了他一生政治生涯的最高峰。

刘清扬与张申府都是追求民主的革命者，有性格坚强、思想独立的一面，这使他们的感情生活一波三折。最终把这种关系推向崩溃以至引发婚变，缘于一篇"不合时宜"的文章。1948 年 10 月，大半生从事政治活动的张申府，在国共两党早已决定通过战争解决政争，且胜负格局已定的情况下，发表了一篇题为《呼吁和平》的政论文章，呼吁国共两党停止内战，恢复和平。这篇文章发表在储安平主编的《观察》杂志第 5 卷第 9 期上。正是这篇带有强烈书生意气的文章，彻底断送了张申府的政治生命，还有他与刘清扬的家庭生活。张申府处处不讨好：国民党说他"扰乱民心"；民盟总部第四次扩大会议以"张申府之言行已走上

1923年周恩来（左三）与张申府（左一）、刘清扬（左二）、赵光宸（左四）在柏林

反人民反民主的道路"为由，开除了曾是民盟创始人的张申府的盟籍；
共产党方面发声，"痛斥叛徒张申府的卖身投靠"！

面对来自民盟和中共方面的强大压力，张申府不为所动，继续坚持自己的观点，并在报刊上为自己辩解。当时张申府工作、生活在尚未解放的北平，民盟和中共的严厉批判暂时还奈何他不得。但是，对身处李家庄的刘清扬来说，情况就大不一样了。自张申府的文章发表后，刘清扬明显感受到了来自各方面的紧张气氛。12 月 26 日，刘清扬在《人民日报》刊登了一则标题为《张申府背叛民主为虎作伥，刘清扬严予指责》的启事，表明自己的政治立场。这则转载"香港消息"的启事说："刘清扬致函民盟沈钧儒和章伯钧，对张申府的思想堕落及其背叛人民的立场，表达无比愤慨。信中表示她要与张申府断绝一切公私关系。"[1]

这则启事，使刘清扬与张申府"永久断绝 27 年夫妇关系"。此后，刘清扬参加新政协的各项准备，并参与筹备中国妇女第一次全国代表大会，继续推动妇女事业的发展。

1　参见［美］舒衡哲著，李绍明译：《张申府访谈录》，北京图书馆出版社 2001 年版，第 225 页；刘方清：《我的母亲刘清扬》，《炎黄春秋》2005 年第 1 期。

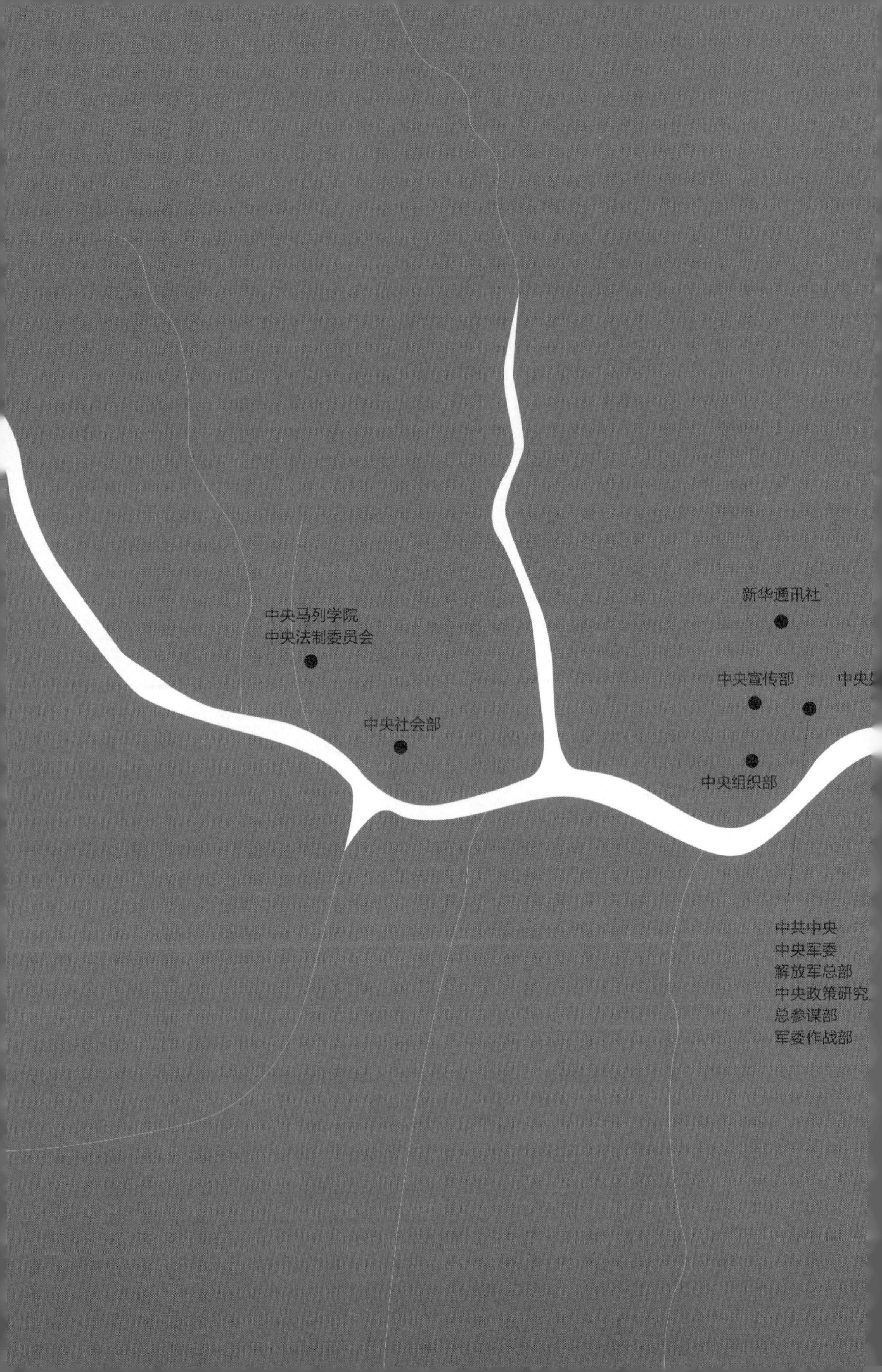

新华通讯社

中央马列学院
中央法制委员会

中央宣传部　　　中央○

中央社会部

中央组织部

中共中央
中央军委
解放军总部
中央政策研究
总参谋部
军委作战部

第七章

新世界见闻

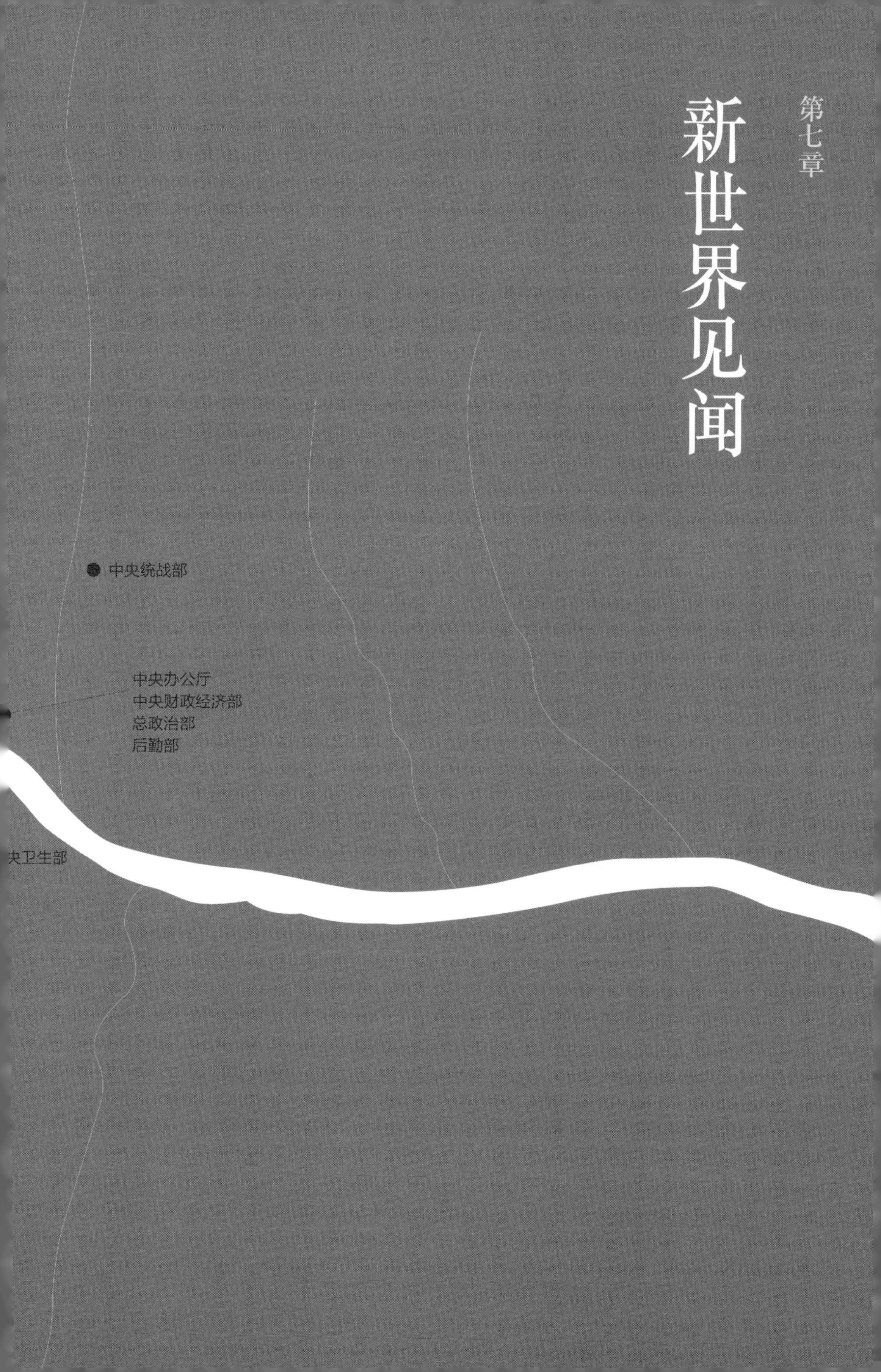

中央统战部

中央办公厅
中央财政经济部
总政治部
后勤部

央卫生部

在平山几个月的生活，头脑换了，一幅新的了……更重要的是感情起了变化。在蒋介石统治区生活的日子里，对蒋介石的以党治国，独裁专政，万岁百岁，极端厌恶，听了恶心。初到解放区，听到专政，拥护共产党，毛主席万岁，很不习惯，心里以为好是好，何必搞这套形式。这是因为我不了解政权的本质面目，一个是反人民的，一个是为人民服务的，单从形式而不从本质去接受，自然会发生这种错觉。其实是我当时还没有和解放了的人民感情完全在一起，还没有体会到解放了的人民的真实感情。

——《吴晗自传》

《解放区剪影》

李家庄的"特客"是分别从各地陆续到达的。他们此前大多长期生活在国统区的大城市，像胡愈之、沈兹九、杨刚等还在海外生活多年。到解放区之前，他们内心报以无限的想象和憧憬。来到解放区后，他们住农舍，吃食堂，换下制服，实地融入解放区的生活，目睹和感受着解放区的新气象，内心迸发出情不自禁的兴奋与激情。他们在解放区的见闻和感受，有些以书信或文章或诗作的形式见诸报刊，有些写入晚年的回忆录，都作为信史流传下来。若论起到解放区的时间，严信民应该是比较早的一位民主人士。他对解放区的感受比之其他人更为深刻。

严信民1902年生于陕西澄城。早年入陕西省立第一师范学习。五四运动中，积极参加反帝爱国活动，是西安地区学生运动的骨干人物。1919年夏，他赴北京求学，不久转赴上海，参与旅沪陕西学生会工作，编辑出版《秦铎》《新时代》等宣传新文化、新思想的刊物。在上海，他结识了李启汉、杨明斋和李汉俊，从而了解了俄国十月革命的情形。他协助李启汉创办劳工学校，参加工人活动，从中受到了锻炼。1922年由李启汉、雷晋笙介绍加入了中国共产党。

1924年春，严信民被组织派赴莫斯科东方劳动者共产主义大学学习。一年后奉命回国，投身到火热的反帝反军阀斗争中。国共第一次合作期间，严信民由李大钊派往河南国民二军担任联络工作，为加强中国共产党同国民二军的合作，巩固和扩大统一战线做了大量工作。

大革命失败后，严信民被中共党组织派往西安中山学院任教，同时兼任国民军联军驻陕总司令于右任的秘书。1927 年夏，冯玉祥在豫陕地区进行"清党"。严信民在避难中同党组织失去联系。1928 年去德国，入佛朗克福大学政治经济系学习。1933 年回国后，从事教育和编辑工作。

抗日战争全面爆发后，严信民在武汉积极从事抗日救亡的文化活动，做《大团结》杂志的编辑工作。1942 年夏，严信民在重庆加入中华民族解放行动委员会（中国农工民主党的前身），并编辑《中华论坛》《人民时代》等。同年加入中国民主政团同盟，从事民主运动。

全面内战爆发后，严信民辗转进入陕甘宁边区，与毛泽东、周恩来等中共中央领导人多次晤谈。1947 年 2 月，在中国农工党召开的第四次全国干部会议上，严信民被选为中央执行委员。1948 年春，他对西北解放区、华北解放区深入调查，与各方面人士广泛接触，受到深刻的教育和影响。

受周恩来之托，严信民赴香港做统战工作。在香港，他向各民主党派领导人介绍解放区情况，宣传共产党的主张和政策。农工党于 1948 年 6 月召开执监联席会议，严信民在会上传达中国共产党关于新政协的信息。他先后会晤了在港的各民主党派负责人，举行招待会，参加有关活动，介绍解放战争形势，宣传中共中央的方针政策和对民主党派的期望。当时，在香港的民主人士能够全面了解时局和解放区情况的渠道有限，所以，严信民实际上兼任了"信使"的作用。

在香港，他做的最有影响的事情，是在《华商报》上连续发表文章介绍解放区。他根据自身的经历，发表了《人民的市长》《自动人故事到动人的戏剧》《访晋冀鲁豫主席杨秀峰》等文章。文章除了重点介绍这几个人物，还介绍了解放区的概况、社会治安、人民生活和文化教育等方面的情况。编辑出身的严信民，其文章流畅生动，令香港读者耳目一新。其中《自动人故事到动人的戏剧》一文，首次把"白毛女"介绍到香港，引起读者的强烈反响。

严信民及《华商报》刊登的严信民介绍解放区的系列文章

对于严信民在香港的活动，当时在香港工作的农工党党员梅日新回忆：

1948 年 8 月初，我见到严信民同志的时候，他是个四十多岁的中年人，身体魁梧，结实硬朗，举止文静，不苟言笑，对人诚挚敦厚，和蔼可亲，看得出是一位几经风霜的坚强的革命战士。在接触的过程中，藉知他不避艰辛，不怕劳累，长途跋涉，辗转进入陕甘宁边区。他曾向我介绍延安各方面情况，介绍中共中央负责同志在延安凤凰山、杨家岭、枣园、王家坪的俭朴生活居住情况，令我至今不能忘怀。

他说，如果你到延安，你会看到一座巍巍宝塔，它是当年抗日圣地的象征。《延安颂》一曲歌唱她的风姿："夕阳照耀着山头的塔影，月色照着河边的流萤，春风吹遍了平坦的原野，群山结成了坚固的围屏。哦！延安，你这庄严雄伟的古城，到处传遍了抗日的歌声。"这雄伟流畅的歌声，曾激励过多少爱国青年为拯救祖国的危亡而战斗、献身。今天，我的脑际仍然浮现着严老低声吟诵这首动人歌曲的情景。

严老在香港居留期间，除了参加民主党派有关的活动和会议之外，曾专门为中共华南分局主办的《华商报》写下了传诵一时、脍炙人口的几篇关于解放区通讯。总题目是：《解放区剪影》。时隔四十二年，现在重读这些通讯还有现实的教育意义。当时《华商报》的编辑对严老的文章有这样的介绍："关于解放区各方面的情况，虽有新华社不时报道，但一个原来在蒋管区的文化工作者，跑到解放区去，花了相当长时间在各解放区做数千里的跋涉，与多方面密切的接触，以比较的眼光就其亲见亲闻写出他的观感来，对于解放区以外读者相信是特别亲切的。严先生就是这样的一位文化工作者。他将在本报陆续发表的《解放区剪影》，就是他今年春间（指1948年）到华北和西北两解放区旅行的产物，谨为读者介绍。"

《解放区剪影》的第一篇通讯是《人民的市长》，文章说："这位市长姓柯，安徽人，是最早的留俄生，据说他和列宁谈过话，是所有市长中最平民化的一个。有的人问他为什么不坐小汽车，他说：'过去敌伪时期的汉奸市长坐小汽车，后来国民党时期的市长坐小汽车，现在如果我也坐小汽车，在老百姓看来看去，都是一样。市长如果是为市民谋利益，就应该明了市民一切情况，时时接近市民，坐在汽车上，还能谈到这些吗。'"严老介绍这个故事，说明在解放区一个领导干部能密切联系群众，了解和解决群众的疾苦，能以身作则，与群众同甘共苦，吃苦在前，享乐在后，得到群众的衷心拥护和爱戴。

第二篇通讯写的是《自动人故事到动人的戏剧》，是介绍"白毛女"的。在严老的文章中介绍了扮演"白毛女"喜儿的郭兰英同志的身世："郭年幼，因家贫卖给人家去学戏，从此天真孩子，失去自由，在主人淫威下，开始愁眉苦脸的生活，每当严冬天气，在黎明之前，她就得俯伏在坚冰上，对着无情的坚冰，一声声的吊自己的嗓音。据说这种喊法，嗓子既可练好，又不惊扰别人的美梦。这样 年 年又 年的喊下去，一直喊了十多年之久，一直喊到她能够登台的时候，郭今天有副响亮的嗓子，大概就是来自幼年的苦修行吧。"又说："在石家庄，郭兰英演'白毛女'连续演过四十多场，场场都是人山人海，水泄不通。"

"白毛女"这个故事，在当时香港的不少人中还是陌生的，一经严老介绍，立刻引起读者强烈的反响，广为流传。

第三篇是《访晋冀鲁豫主席杨秀峰》。杨秀峰同志和他的夫人孙文淑（边区政府秘书长）都是严老的老朋友。他们十多年没有见面，在解放区重逢，格外高兴。严老介绍杨主席的情况说："'七七'前杨秀峰在平津大学教书，瘦弱、耳聋、深近视，谁也不曾想到，他会带着年轻的太太和一二十个学生去打游击，在荒凉的太行山头，在古战场冀南平原上，演出那许许多多温暖热情可歌可泣的故事。在这些故事感召之下，人民一天天走向胜利，地方也就伸展到几省的边区，最后，晋冀鲁豫边区政府成立，他当选为主席。"当时接待严老的是孙文淑同志，严老对孙同志说："多年不见，发胖了。"她说："是小米吃胖的。"严老说："在这里够辛苦吧！"她说："现在有饭吃，哪里辛苦？抗战初期，太行山上一连三年旱灾，最后一年我们每顿只能喝些清汤，里面多少有几粒小米、几片菜叶，有时连这几乎都求之不得。尽管我们四肢软弱无力，可是仍然要打游击，否则就会失掉自己的根据地，失掉人民的同情心。有时日本鬼子来追，秀峰的耳、眼睛、身体都不好，大家要他先逃，可是，他偏偏要等到最后，说大家不先走，他不放心。我当然不能离开他，常常和他一起冒着很大的危险。现在每个人都能吃饱穿暖，打仗用的是机枪大炮，比之以往，真不能同日而语。"

这篇通讯是记述杨、孙夫妇如何从一个知识分子当上党的高级领导干部的感人事迹，也说明当时解放区为什么能一天天壮大，革命事业不断发展。因为他们干的事业是一切为了人民，

> 他们心目中装的也是人民。这就是得人心者得天下的道理。[1]

严信民对共产党及其领导的解放区的宣传和介绍，引起了港英当局的恐惧，港英当局宣布严信民是不受欢迎的人，限期要他离开香港。他的《解放区剪影》无法继续刊登了。在中共香港分局的帮助下，他秘密地乘苏联货轮辗转再进入华北解放区，回到了李家庄。

"我有了进步了"

> 过了边界一条河以后，进入新的世界，新的生活。
>
> 在李家庄参加了学习座谈会，学习了新的知识，实际斗争的知识。

这两段文字是吴晗于 1956 年写的一份简短自传中的话，介绍他 1948 年初冬从北平辗转进入解放区后的感受。

吴晗和袁震进入解放区后，就像进入了"广阔自由的天地"。在去往石家庄的路上，他们碰到一群清华大学来解放区的学生。吴晗和他们商量，联名给清华大学的校长梅贻琦写一封信，"一，祝贺他 60 岁生日；二，说清楚春暖花开的时候，我们一定回来；三，要求他保护学校，千万不要走，人员、书籍、仪器设备等，无论如何要保持完整"。[2]吴晗的这封信没能挽留住梅校长。吴晗就此事有一个解释："我们的信有一点是不够正确的，那就是春未暖、花未开，北平已经解放了，回到人民手中来了。另外，清华只跑了一个梅贻琦，在党的领导下，组织了护校委员会，依靠全校人员的努力，人员、书籍、仪器、设备等全部完整地交给了人民，

1　梅日新、吴锦华：《凯芳居文集》，广州市政协印刷厂 1999 年印刷，第 316—319 页。

2　吴晗：《清华杂忆——在黑暗的岁月里》，苏双碧主编：《吴晗自传书信文集》，中国人事出版社 1993 年版，第 38 页。

成为新的人民的清华大学。"[1]

吴晗是历史学家。历史研究是他学术事业的重要组成部分。抗战时期，在资料极少的情况下，他写过《由僧钵到皇权》和《明太祖》两本书。但鉴于史料缺乏，他对这两本书非常不满意。另外，当时写这两本书，有以朱元璋影射蒋介石之意，所以对朱元璋有些地方处理得不够实事求是。1947年开始，吴晗利用工作间隙重写此书，篇幅扩大近一倍，书名改为《朱元璋传》。前往解放区时，吴晗随身带着刚刚完稿的《朱元璋传》。

毛泽东酷爱历史，很关心吴晗写的《朱元璋传》。他向吴晗要了原稿，在部署和指挥大决战如此繁重的战事中，还抽时间认真读完了这部书稿。1948年11月间，毛泽东在西柏坡找吴晗"特别约谈了一个晚上"，中心话题是吴晗写的《朱元璋传》。

吴晗后来在自传中说："毛主席找我谈了两次话，初步知道了工农联盟人民民主专政的意义。"[2]吴晗在另一篇文章中回忆："毛主席在万分繁忙的工作中，看了我的《朱元璋传》的原稿，特别约谈了一个晚上，除掉指出书中许多不正确的观点以外，特别指出彭和尚这一条，给了我极深刻的阶级教育，挖出我思想中的毒瘤，建立了我为人民服务的观点。"[3]

毛泽东所指的"彭和尚"，即彭莹玉，是元末农民大起义中西系红巾军的领导人之一，斗争十分坚强。1338年，彭和尚和徒弟周子旺一起发动起义，失败后，于1351年再次与徐寿辉等人聚众起义，建立了政权。他推徐寿辉为首领，自任军师。在《朱元璋传》原稿里，吴晗对彭和尚的结局是这样写的：彭莹玉可以说是典型的职业革命家，革命是一生志

1 吴晗：《清华杂忆——在黑暗的岁月里》，苏双碧主编：《吴晗自传书信文集》，中国人事出版社1993年版，第38页。

2 《吴晗自传》，苏双碧主编：《吴晗自传书信文集》，中国人事出版社1993年版，第15页。

3 吴晗：《我克服了"超阶级"观点》，苏双碧主编：《吴晗自传书信文集》，中国人事出版社1993年版，第27页。

气，勤勤恳恳播种、施肥、浇水、拔草……
但是起义成功以后，就烟一样消失了，
回到人民中间去了，任何场所以至记载
上，再找不到这个人的名字了。吴晗断
定彭和尚是功成不居，不是为了做大
官而革命，是个了不得的人物。毛泽
东对吴晗这样写彭和尚，大不以为然。
他对吴晗说："这样坚强有毅力的革
命者，不应该有逃避的行为，不是他
自己犯了错误，就是史料有问题。"

11月24日，毛泽东让胡乔木把《朱
元璋传》原稿退还给吴晗时，还附了一
封信，阐明他的意见并指出吴晗研究历
史尚存在的问题：

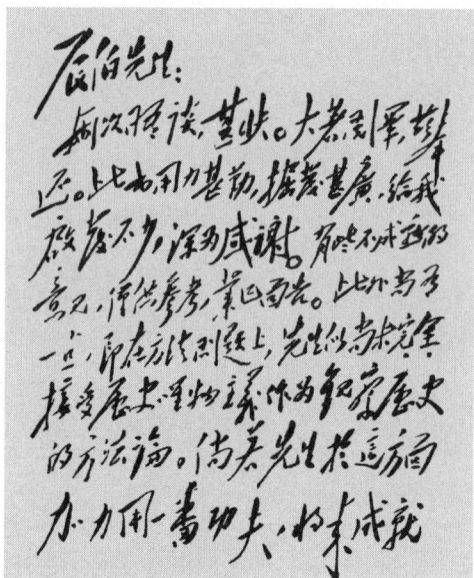

毛泽东致吴晗信

> 　　两次晤谈，甚快。大著阅毕，兹奉还。此书用力甚勤，掘发
> 甚广，给我启发不少，深为感谢。有些不成熟的意见，仅供参考，
> 业已面告。此外尚有一点，即在方法问题上，先生似尚未完全接
> 受历史唯物主义作为观察历史的方法论。倘若先生于这方面加力
> 用一番功夫，将来成就不可限量。[1]

按照上面这些史实的时间逻辑，吴晗在去西柏坡见毛泽东时，将《朱
元璋传》手稿呈毛泽东审阅。毛泽东很快读完了书稿，再次约见吴晗，
并"面告"一些意见。其中主要的意见是针对《朱元璋传》中的一个人
物彭和尚。后来在1950年1月25日吴晗写的《我克服了"超阶级"观点》

------

[1] 中共河北省委统战部编：《李家庄时期统一战线史料选编》上卷，华文出版社2018年版，
　第385页。

一文时，再次提到了这件事：

> 果然，在回到北京以后，再细翻《明实录》和其他文献，
> 居然查出，原来又过了多少年，彭和尚被元朝军队在杭州所擒
> 杀。这样看来，他并没有逃避，一直革命到底，斗争到底，是
> 为革命而牺牲的英雄人物。在我的书里面，不但看法是错误的，
> 连史料也是不完备的。[1]

吴晗在 1965 年出版的《朱元璋传》的序言中再次纠正自己的观点：
"以我自己当时的超阶级的思想来叙述坚强不屈的西系红军组织者彭莹
玉和尚，轻率地根据不充分的史料，以为他功成身退，赞叹不绝，认为
革命是可以半途而废。""这个错误的观点在到解放区以后，在理论上
得到了启发，我承认了错误。"

在西柏坡，吴晗还受到周恩来、朱德的亲切接见，深受鼓舞。吴晗
向周恩来汇报了北平学生运动的情况，得到周恩来的肯定。

在解放区，吴晗另一个收获是学习马列和毛泽东著作。他认真阅读
了列宁的《国家与革命》等文章，认识到无产阶级革命和无产阶级专政
的意义。通过熟读毛泽东著作，进一步懂得了马列主义为什么要和中国
革命的具体实践相结合，懂得了毛泽东思想为什么能在中国产生。对于
这段集中的理论学习，后来他回忆说："我从毛主席的著作中初步懂得
了辩证法的运用。"

作为民盟北平支部负责人，吴晗利用在解放区的这段时间，系统地
梳理了民盟北平支部的工作，写出《民主同盟北平盟务报告》，交给中
共中央统战部。他应邀在中央统战部礼堂作了《关于北平民主运动》的
报告，得到中共党内同志的鼓励和好评。

1　吴晗：《我克服了"超阶级"观点》，苏双碧主编：《吴晗自传书信文集》，中国人事
　　出版社 1993 年版，第 28 页。

中央统战部为到解放区的民主人士举行各种各样的学习报告会和座谈会。通过参加这些集会和一些实践活动，使吴晗的思想发生了根本转变。一向刚直不阿的吴晗，基于自己的认识，在李家庄给毛泽东写了封信，提出加入中国共产党的要求。1949 年 1 月 14 日，毛泽东给吴晗回信说："我们同意你的要求。唯实行时机尚值得研究，详情恩来同志面告。"过了几天，周恩来找吴晗专门谈了一次话，讲清楚其中的道理。

吴晗到解放区 50 天后，给清华大学的师生写了一封公开信，讲述他在解放区的见闻，当中一些段落是和蒋管区对比后的素描。这封公开信 1949 年 1 月 22 日由新华社广播电台全文播发，24 日全文发表于香港《华商报》。吴晗是读书人，自然从读书说起，也兼及日常生活和社会状况：

> 以前在蒋管区要背着人看本新书，讨论一个问题，找不到安全地点，信件常常收不到，出门旅行更成问题，现在在这里完全无须恐惧了，无论谁都可以高声讨论任何问题，书任你要看哪一种，无人过问，我现在要到解放区各地访问，充实自己，提高自己。这里的人们早忘记了自由这个问题，只有我这个从不自由的地方来的人才去想他。

> 以前多时吃不到肉，现在这里经常看见在大城小村的人们吃着热腾腾的肉块，我自己也常吃着，比起上海抢肉类情形，对比起来太强烈了。此外物价稳定，我来此 50 多天，物价都少变动。粮食、棉花等主要物资都掌握在人民政府手里，市场上货物贵了，政府就以低价出售，物价跌了，政府就以高价购入。有钱有货，人人安居乐业。如果有谁想在这里囤积居奇，那管叫他亏本。

> 此地老百姓生活过得好，土改后，大家都有耕地。我来此处至今未发现穿破衣与无衣穿的人民，也没有看到叫花子，这里是积极地改造二流子，从事生产。在蒋管区，在城市或村庄里，

到处是碉堡，这里是看不见的……

你们一定要关心这里的思想问题，告诉大家，这里是没有思想问题存在。思想是自由的。这里有天主教、耶稣教堂，没有人制止，但也无人强迫你参加。在每个教堂门前，写着"思想自由"的标语。

私产是受政府保护的。华北人民政府保护私有财产10条例中规定得很明白。举一例：有一个县长车子撞坏某农夫的一只牲口的一条腿，县长立即按市价赔了3500万边币。

说一说"反帝、反封建"这两件事吧，蒋介石政府只知出卖海陆空权，内河权以及其他一切国家的主权，但在这里呢？除了必需的药品等，没有一个外国兵、一件外国货。外侨在这里只要遵守民主法令，同受平等待遇；当然，这里也有很多美国的吉普卡车和美式军械，但那些不是买来的，而是国民党送来的。由于土改，地主阶级已经消灭；地主本人也分得耕地，几十年来的社会制度的毒瘤已消除，人民做了主人，恢复尊严，一心一意为新中国建设而努力。[1]

吴晗的这封信没有太多的含有明显倾向性的渲染，只是用平和、客观的语言陈述解放区的实况。他在信的最后说了这样一段话："我以说不出的愉快的心情告诉诸位这一点点，想我们不久也快要见面了，那时我一定告诉你们更多的东西。"

早在1943年，吴晗有过一次重要转变，从不问政治的学者成为关心政治、热心政治的社会活动家。在李家庄的这几个月，吴晗实现了思想上的又一次重要转变。对于这一变化，吴晗在自传中作了概述：

在平山几个月的生活，头脑换了，一幅新的了，多年以来

1　《华商报》1949年1月22日。

自高自大，自以为是的气焰，越来越收敛了。认识自己只是一滴水，流入了汪洋大海。自尊心一扭转，变成心虚胆怯了。一方面看到胜利在望，欢欣鼓舞，一方面又感到自己什么都不会，在新国家的建设工作中，能做什么呢？什么都不会做。只能教书。因此逢人就问怎么办？当时不懂得问题在于学习，在于从实践中学习，事实上如不这样做，即使教书也是不行的，更重要的是感情起了变化。……经过学习，我用自己眼见的亲身的感受，纠正了自己的错误。不多日子以后，我从心坎里喊出毛主席万岁了，衷心拥护人民民主专政了，感激、拥护中国共产党了，并且要求参加共产党。

装满脑子里的旧东西逐步在减少，新的东西在增加，我有了进步了。[1]

来自国统区的吴晗，在对解放区的观察中，自然不免与过往作比较，进而得出自己的鉴别和判断。他的记录、他的感受，几近平铺直叙。正是这种真实的出乎内心的文字，不仅代表了几乎所有李家庄的"特客"的心声，也产生了足够的社会震撼力，向海内外预示一个即将诞生的新世界。

田汉的特殊使命

诗人田汉、安娥到解放区后，见到了久已仰慕的毛泽东，重晤了周恩来。在西柏坡，田汉应邀到毛泽东家里共进晚餐，之后便畅谈有关戏剧方面的话题。

毛泽东对田汉说："群众喜欢跟他们一样的，也喜欢看得了他们形

1　《吴晗自传》，苏双碧主编：《吴晗自传书信文集》，中国人事出版社1993年版，第15　16页。

象的艺术。我们若不能跟群众一起生活，当然也就无法描写出群众的形象。以前艾青、萧军到延安很不高兴，因为他们是有名的诗人作家，出过诗集小说，销行过几千本，但是延安农民不晓得他，看戏的时候不请他们坐在前面，坐在前面的是军政首长，他们挤也挤不进去。于是，他们不满，在报上说，'惜无韩荆州'。我说：韩荆州是有的，不过不是我们而是农民，他们却不愿去理会他，因此无怪韩荆州要对他们冷淡。于是艾青他们才决心脱掉裤子下乡到农民中工作，才慢慢被'韩荆州'认识了。"[1]

　　对于话剧，毛泽东说："我并没有说不要看话剧，我其实非常喜欢看话剧，但好的，适合工农理解的话剧实在太少了。在部队剧团里，还是演话剧的多。我也是因为话剧条件没有平剧那样繁重。平剧我也喜欢看，总觉得太形式主义了，恐怕要没落下去。平剧现在至多有千把万观众。我对方华（阿甲的夫人）说你演的夫人不是现代实有的夫人，老爷也一样。你们剩下的就是形式主义。他们不大看得起那些乡土艺术，说那些太简单了，但我看那些乡土艺术的生命力恰是他们所没有的。乡土戏是农民的，平剧是地主的，因此乡土戏是主导的。"在谈话中，毛泽东提到周扬的缺点"是还有知识分子气，不能深入群众解决问题的细部"。[2]

　　田汉与周扬都是抗战时期中共上海临时中央文化工作委员会（文委）成员，属于老朋友了。毛泽东与田汉这里所谈的一些情况，部分地反映了1942年延安文艺座谈会的召开背景。当年，《解放日报》副刊先后发表了丁玲的《三八节有感》、王实味的《野百合花》、艾青的《了解作家、尊重作家》、罗烽的《还是杂文时代》、萧军的《论同志的"爱"与"耐"》等文章。他们以知识分子的眼光对延安存在的一些落后现象进行了尖锐的批评，有些文章被国民党特务机关印刷散发用来攻击解放区，造成不良的影响。毛泽东单独约见艾青谈话，

1　中共河北省委统战部编：《追忆李家庄》，华文出版社2018年版，第276—277页。
2　中共河北省委统战部编：《追忆李家庄》，华文出版社2018年版，第277页。

之后又给艾青写信。毛泽东还专门约鲁艺的周扬等党员教师，讨论知识分子的小资产阶级思想。为解决文艺界脱离实际的问题和各种不良倾向，毛泽东在中央召开的文艺座谈会上发表讲话，倡导"文艺要为工农兵服务"的工作方针。田汉是文艺界的一面旗帜，毛泽东与他的这些谈话，用意不言自明。

田汉对这次见面感怀颇深，并深为领袖的风采所折服。与吴晗以白描式的语言客观表达自己的感受不同，田汉用惯有的奔放性格在席间赋诗两首：

> 西柏坡头月正寒，运筹茅屋土窗间。
> 不教一敌逃天网，百万雄师夜入关。

> 露布挥成酒未干，捷书连夜到平山。
> 非无倒海翻江量，尚有吾民一饱难。[1]

为了响应毛泽东的号召，田汉和安娥在李家庄期间，一起到石家庄，同华北戏剧音乐工作委员会的同志们讨论戏曲改革问题。华北戏剧音乐工作委员会当时把旧剧的剧目分为"有利""有害"和"无害"三大类，决定取舍。周扬请田汉对剧目的划分发表意见。几天后，田汉在李家庄给周扬写了有关戏曲改革工作的信。田汉认为戏曲改革是必要的，但传统剧目是非常复杂的问题，对旧剧改革要采取"更慎重"的态度，对丰富厚重、源远流长的戏曲遗产不能简单对待，对旧剧剧目"'禁'或'准'暂时不必作太硬性的规定"。"我们要发展的要提倡的是民族的、科学的、民主的东西，要限制要批评的是反民族、反科学、反民主的东西，这不是很明确吗？"

1948 年 12 月，田汉、安娥来到位于正定县城的华北大学。在一次

1　田汉：《田汉自述》，大象出版社 2002 年版，第 185　186 页。

与学生们的讨论会上，田汉应成仿吾副校长之请讲话。田汉用一个比喻形象阐明他的文艺观点：我们通过蒋管区和解放区之间的"阴阳界"时，国民党士兵喊着要我们"蹲下！"而我们的文艺就是要人们"起来！"

在华大任教的文学理论家李何林，特为田汉的到来主持了一个座谈会。会上有人提问"四条汉子"的缘由。所谓"四条汉子"，是抗战时期鲁迅在《答徐懋庸并关于抗日统一战线问题》一文中的描写："去年的有一天，一位名人约我谈话了，到得那里，却见驶来了一辆汽车，从中跳出四条汉子：田汉、周起应，还有另两个，一律洋服，态度轩昂，说是特来通知我：胡风乃是内奸，官方派来的……这真使我口呆目瞪。我的回答是：证据薄弱之极，我不相信！当时自然不欢而散……""四条汉子"的称谓由此而来。这四人就是文委的阳翰笙、田汉、夏衍、周扬。当年，鲁迅作为"左联"的实际领导者，与中共关系良好。文委开展工作的情况，常常找机会向他汇报。对这个提问，田汉只好笑着说，那是执行党的任务啊，不知道怎么成了"四条汉子"？

离开华北大学时，校部派了一辆马车，田汉陪同安娥回了一趟娘家。对这趟家乡之行，田汉之子田大畏后来有比较具体的叙述：

> 1948年12月父亲来到位于正定县城的华北大学。华大校部给他们派了一辆马车，去探访我母亲安娥离别了30年的魂牵梦绕的故园——获鹿县的范谈村。她曾在诗歌中深情地写过："我爱我的家乡，我爱我的村庄，我的小树，我的草房，我的黄沙土，我的红高粱……那些忠厚的面庞，那些粗布的衣裳。"马车停在范谈村张家大院门口。家宅依旧，物是人非，旧梦难寻了。在亲戚家小坐，便再次也是最后一次离别了幼时的家园。[1]

在李家庄期间，田汉和安娥还接受了一项特殊政治任务。当时，北

1　中共河北省委统战部编：《追忆李家庄》，华文出版社2018年版，第277—278页。

平已经兵临城下，国民党当局下令大专院校南迁。毛泽东、周恩来要求田汉秘密进入北平，说服著名画家徐悲鸿留下来迎接北平解放。对执行这次特殊任务的经过，田汉之子田申曾经回忆：

> 在我军与傅作义谈判期间，尚未接收北平城防前，父亲受毛主席和周副主席的嘱咐，利用他和安娥在北平的社会关系，在12月下旬秘密进入北平。他们先住在浸水河安娥的哥哥家中，后通过盛家伦的关系找到北平艺专的冯法祀，再由冯法祀先通知徐悲鸿，并安排父亲和徐悲鸿的会面。第二天晚上，徐悲鸿便派车去接来了阔别多年的父亲。当时父亲穿一件臃肿的蓝布棉袍，戴一个大口罩，脖子上围了一条又厚又大的围巾，帽子压得低低的。由于多年不见，徐悲鸿几乎认不出他了。
>
> "寿昌！"徐悲鸿兴奋地迎上去，他们的手又紧紧地握在一起了。
>
> 当时在场的还有吴作人、冯法祀和徐夫人廖静文。廖很警惕地让司机带着孩子把住大门，不让别人进来。
>
> 这两位南国社初创时期的老友，在经历二十年的沧桑风雨之后，又在这围城中相见，他们的心情是何等激动啊！
>
> 这恰好是一个停电的夜晚，在徐悲鸿的客厅里点燃了一支小小的蜡烛。摇曳的烛光中仍然可以隐约看到父亲充满兴奋激情的面庞，可以听到他那带有湖南乡音低沉而又急促的语调。他向徐悲鸿描绘了解放区一片兴旺和沸腾的情景，表达了对全国解放必胜的信心。他带来的每一个消息，都令人欣喜不已。特别是他带来了毛主席和周副主席对徐悲鸿的嘱咐，他对悲鸿说："我来北平之前，见到了毛主席和周恩来同志，他们希望你在任何情况下都不要离开北平，尽可能在文化界为党多做些工作。"
>
> 这些亲切动人的话，使徐悲鸿万分感动和惊喜。他在黑暗

的围城里看到光明的曙光。尽管户外的寒风在呼号狂啸，但在这一间小屋里却充满了春天的温暖。

第二天，徐悲鸿立即去看望了齐白石先生，发现他正愁容满面地坐在画室里。原来他也受到了恫吓，有人对他造谣说，共产党有一个黑名单其中就有齐白石。他深怀忧惧正准备全家离开北平乘飞机去香港。徐悲鸿当即劝他不要听信谣言，对他说共产党是尊敬所有对文化有贡献的人的，他们进城以后照样可以画画卖画。徐悲鸿并向齐白石保证，不仅他留下来不走，而且北平艺专也不搬迁，大家都留在北平。他还说北平和平解放的可能性极大，白石老人的全家一定会平安无事的。齐白石一向对徐悲鸿有着最大的信任，他的疑虑打消了，毅然取消了香港之行，决定留在北平。

父亲同时还请马彦祥带口信给北平四维戏校师生，要他们千万不要随国民党反动派南撤，坚留北平等待解放。

就这样，父亲不顾个人安危，充分运用他在国统区文艺界广泛的社会关系，在短短的日子里，消除了许多朋友对共产党的疑虑，使他们留在北平，为解放后新中国的文化事业增添了力量。他完成了毛主席和周副主席对他的嘱托。[1]

当事人冯法祀也曾忆及此事：

1948年冬的一天，田汉突然来到北平，他戴着一顶风雪帽，帽檐齐眉，两手插在大衣兜里，由音乐家盛家伦陪同，约我带他去会见徐悲鸿。我及时向地下党的联系人仓孝禾同志汇报情况，得到同意，把田汉带领至东城东受禄街徐悲鸿的住宅。徐先生和田汉是老朋友，无需介绍，我们就在徐先生客厅的沙发

1 田申：《我的父亲田汉》，辽宁人民出版社 2004 年版，第 133—134 页。

上坐下，在场的还有廖静文，寒暄几句后，田汉用手抚摸着头上苍苍的白发，一面笑容可掬地对徐先生说，我从解放区来，毛主席和恩来同志让我转达口信给你，希望你不要离开北平，我们就要来了。徐先生听完这番话后，脸上浮起兴奋和激动的表情。当时的情景，我至今还没有磨灭。[1]

田申的追忆和冯法祀的回忆都没有涉及新政协的内容。但徐悲鸿名列中共中央在平津地区邀请的24位民主人士名单当中，田汉密会徐悲鸿的使命不仅是转达毛泽东、周恩来要徐悲鸿及艺专"在任何情况下都不要离开北平"的口信，出席新政协应该是理由之一，甚至是最直接的理由。在纷乱之际，徐悲鸿及艺专不仅没有离开，齐白石老人也留了下来。田汉他们圆满完成中共中央交给的任务。

在李家庄的民主人士度过了难忘的1948年除夕。一天上午，朱德、刘伯承、陈毅、罗荣桓和林伯渠到李家庄看望民主人士，并在中央统战部聚餐。大家推举田汉写诗献礼。当夜，就在西柏坡中共中央招待宴会上，田汉朗诵了热情洋溢的颂诗《革命的除夕》：

> 为着一个共同的目标，反帝，反封建，我们手携着手奋斗，
> 从五四直到今天……而你们，正是这些坚定的、聪明的舵手，
> 正是这一伟大革命巨流的/组织者、指挥者……这是我们民族/
> 彻底解放前的/最后一战！……我们用更坚定、更聪明的战争/
> 来迎接/人民解放的全国胜利，和一个转捩中国历史的/人民民
> 主共和国！[2]

富有激情的诗人安娥，1949年初，为了配合宣传"将革命进行到底"，

1　政协全国委员会文史资料委员会编：《田汉》，文史资料出版社1985年版，第186—187页。
2　《田汉全集》编委会编：《田汉全集》第12卷，花山文艺出版社2000年版，第68—71页。

揭露蒋介石"假和谈真内战"阴谋，创作了一首短诗《再加一拳》：

> 蒋介石，谁信你，你的和平是假的。
> 假和平你喘口气，重新进攻解放区。
> 人民的眼睛雪亮亮，看透你的鬼主意。
> 快投降，缴武器，不投降就打死你。
> 一人再加一拳头，叫你变成蒋肉泥。

安娥发表在 1949 年 1 月 23 日《人民日报》上的短诗

这些诗的字里行间，反映了田汉、安娥他们在李家庄火热的生活状态。

田汉和安娥尽管是入党多年的中共党员，也一直扛着文艺革命的大旗活跃在国统区，但动荡中，他们未能过正常的组织生活。田汉有一天在向周恩来汇报工作时，郑重提出恢复他和安娥的党组织关系。周恩来严肃地与他进行谈话，指出他自身存在的问题。对于这一段经历，田汉后来回忆："我们在西柏坡的时候，恩来同志曾几次跟我谈话。他批评我不严肃，没有鲁迅的'打落水狗'的精神等等，曾使我惭悔交并，夜不成寐。我表示愿接受批评，要求正式恢复组织关系。"[1]

值得他们夫妇兴奋不已的是，1949 年春，田汉随以郭沫若为团长的代表团参加在捷克布拉格举行的世界和平拥护大会回来，住在北京饭店，时任中央统战部部长李维汉很高兴地告诉他："跟你们道贺。你们夫妇的组织关系都恢复了。老田的党龄还不间断。"

《人民自己的国家》

胡愈之、沈兹九夫妇是响应中共中央召开新政治协商会议的号召，

---

1 田汉：《田汉自述》，大象出版社 2002 年版，第 186 页。

首批从香港和南洋来到西柏坡的文化名人，因而得到格外的重视，享受较高的礼遇。

1948 年 9 月 29 日，中共中央社会部为欢迎胡愈之夫妇的到来举行联欢晚会。紧接着，10 月 1 日下午，由时任社会部部长李克农陪同，胡愈之向周恩来汇报工作，并与朱德、刘少奇、李维汉、邓颖超、廖承志、胡乔木等人共进晚餐。在 10 月 3 日下午，胡愈之夫妇又一次去西柏坡，参加中央聚餐；餐后受到毛主席的接见。交谈半小时后，一同参加文艺晚会。在交谈时，毛泽东提到将来新中国要办一份给知识分子看的报纸。进入北平后，果真办了这样的一份报纸——《光明日报》。1949 年 6 月 16 日《光明日报》创刊，胡愈之任总编辑。当然，这是后话。

对于毛泽东的这次接见，毛泽东卫士武象廷多年后有个回忆。虽然他记不起这个人的名字，但从谈话内容看，应该是胡愈之。

> 有一次，毛主席接待了一位前来拜访的香港客人，由于时间过去了几十年，再加上那时会见的客人很多，我记不起这位港客的名字了。但主席同他谈话时的内容，我还记得清清楚楚。这位香港客人一来到毛主席的住地后，就为主席那种平易近人、温和慈祥的风度所深深感动着，他喝着主席为他沏的清茶，无拘无束地听着主席对他的热情的谈话。
>
> 毛主席对这位风尘仆仆前来拜访的客人关切地说："你这次从香港来到这里，途中经过了不少的艰难困苦，使我深感敬佩，感谢你的爱国热情。中国革命的事业是大家的事业，大家的事业就要大家办，你对人民革命事业有贡献，以后我们还要在一起合作共事，建设国家。"
>
> 这位香港客人受到毛主席的会见，很是激动地说："毛先生，我是来这里找光明来了，我在香港得到的消息是，国民党的军队老打败仗，共产党的军队老打胜仗，这是毛主席英明的指挥，这毫无疑义使我对毛主席是非常敬佩的。可是，国民党政府有

美国的援助，军队又多，武器装备又好，经济实力要比共产党优胜得多。为什么蒋介石有这么多优越条件却败得这么快？我从香港经胶州湾，到山东半岛，才明白了这个真理。我在山东解放区看到许多老百姓推着小木头独轮车，扭着屁股，吱扭吱扭地往前方送粮食和作战物资，而没有看见有一个当兵的押着。老百姓真心实意地支援前线，使我深受感动。我看到这场面时就流出了眼泪，这真是不可思议的呀！"

毛主席微笑着对他说，"这是人民战争的威力，人心所向嘛！这就是人民对革命战争的有力支援。"[1]

令人遗憾的是，武象廷的回忆里，没有述及胡愈之"高论"的内容。

在平山，胡愈之夫妇以民主人士身份住在李家庄。他首先向中央统战部部长李维汉汇报了南洋地区的情况和在华侨中进行的工作，也谈了港澳地区民主党派和民主人士的思想动态，以及响应"五一口号"的情况。李维汉问得非常仔细，对胡愈之在南洋的工作表示满意，要求胡愈之写出书面报告。接着又向社会部李克农汇报南洋的情况，完成了向中共中央汇报情况的任务。当时胡愈之心想，自己最爱好也最熟悉新闻出版工作，到了解放区，今后可以放手干这一行了。至于民主党派的工作，人事纠纷太多、麻烦太多，他真不想再干了。但是，中央的考虑同他并不一样。

当他见到周恩来时，周恩来就问他："你现在是公开的，还是秘密的？"显然问的是胡愈之的中共党员身份是否已经公开。"还是秘密的。"胡愈之回答。他还申说了自己想干新闻出版工作的愿望。周恩来接着就说："你是秘密的，还是做民主党派工作，如果公开了，就到新华社去。"当得知胡愈之的党员身份仍是秘密的，周恩来便对胡愈之说，还是做民

---

1 武象廷、韩雪景：《跟随毛泽东纪事—— 一个警卫战士的回忆》，山西人民出版社1991年版，第157—158页。

主党派工作更能发挥作用。对于这个安排，周恩来可能感到还有解释的必要，几天之后又专门来到胡愈之住的宿舍，同他谈了一个通宵，要他安心继续做统战工作。周恩来说："我们胜利了，尖锐复杂的阶级斗争还在后头。是将革命进行到底，还是使革命半途而废呢？对这样一个问题，各民主党派和人民团体正在进行一场激烈的斗争。全国解放后，民主党派和无党派民主人士进行社会主义改造，也还是长期的事。统战工作还有很多事要做，我们一定要把这一工作做好。"[1]周恩来还建议胡愈之读一读恩格斯、列宁和毛泽东的几本著作。在周恩来的说服下，胡愈之愉快地接受了中共中央的决定。

如此一来，胡愈之中共党员的身份仍然不能公开。沈兹九的党员身份本是可以公开的，但因胡愈之的关系，也就没有公开。关于胡愈之的秘密党员身份，时为中央统战部工作人员的金城在回忆录中曾这样说道：

> 1948 年在河北平山县的李家庄。一天晚上，李维汉、吴景之请我和陈昭、钟灵吃饭，席间我对维汉同志说，"愈之是我们党的同志，这是宣侠父烈士在香港时就告诉我的"。维汉同志听而不答，只劝我们多吃菜多吃酒，这时我才醒悟到愈之的地下党员身份尚未公开，我是多嘴了。[2]

胡愈之离开祖国多年，过着奔波甚至流浪的生活。乍来解放区，恍若到了一个新的世界。他的感受更加强烈。胡愈之到不久，就在人民日报发表文章《人民自己的国家》。他感叹道："现在我不是在梦中的新中国，而是到了真真实实的新中国了。使我惊奇的是这个真实的新中国，要比我所假想的新中国更伟大、更美丽、更可爱得多。"到解放区之前，胡愈之一直在南洋办报，对国统区和海外的社会生活都不失了解，心里

1　于友：《胡愈之》，群言出版社 2008 年版，第 295—296 页。

2　金城：《为党交游六十年——金城文集》，华文出版社 2008 年版，第 273 页。

自然有杆秤。在文章中，胡愈之用大量篇幅描写他在解放区的见闻和感受。以下是两段他的直观印象：

> 第一次进入解放区，印象最深的一件事，是这里绝不感到物资缺乏，却很少看到外国货物。人民依靠自己的劳动生产，解决了衣食住行以及一切日用品的供给问题。纺纱织布成为农村中普遍的副业。我见到行政机关和军队里，干部人员都有一架手摇纺纱机，在公余时间，从事劳动生产。在陆续解放的大小城市中，工厂和矿厂很快地复业，而且提高了生产效率。轻重工业的基础已建立起来。军需业发展得尤其迅速。我参观了一家制药厂，才知道解放区已经不大需要从外面输入药品。只除了盘尼西林等几种以外，一切药品，甚至解剖医疗用品，都可以自己制造了。
>
> 在解放区的农村里，看不到面色憔悴的老百姓，在城市里也看不到踯躅街头的乞丐和难民。自然，像我们在上海香港所见到的少数富人所享受的豪华生活，在这里是想象不到的。可是在解放区里，却人人都有土地和工作，不再受到饥饿和失业的威胁。不但普遍地做到了免于饥饿，而且老百姓都在努力增产辟荒，努力做到了丰衣足食、发家致富，这是国民党地区内人民大众所不能梦想的。[1]

胡愈之所描述的解放区生活和社会状况与吴晗给清华学子的信中内容如出一辙，新世界留给他们的印象近乎一致。遵照周恩来的建议，在李家庄期间，胡愈之学习和研究中共历史，了解和弄清楚了遵义会议、党内与各种错误路线斗争、延安整风等一系列重大问题。这种集中的学习，也使他对中国共产党的路线和政策有了新的认识，进一步坚定了对

1　胡愈之：《人民自己的国家》，《人民日报》1948 年 11 月 14 日。

中共中央、毛泽东的信赖和崇敬。

当时，西柏坡、李家庄的生活是紧张活泼的。周末经常举办舞会，胡愈之和沈兹九亦被邀请参加，然而他们竟不会跳舞。在别人眼里，见过世面、从南洋归来的这对"洋干部"不会跳舞，这有些不可思议。为给他们"扫盲"，周恩来特意叫几个女同志邀胡愈之跳舞。胡愈之实在不会，只得请她们原谅。朱德总司令邀沈兹九跳舞，也因沈兹九不会，结果陪着朱老总作了三次"音乐散步"。胡愈之曾说，他们在南洋时是两袖清风的"苦力"，由此可见一斑。

"翦伯老"的"每事问"

在李家庄，宦乡、翦伯赞住在统战部招待所。宦乡记者出身，走南闯北，很快适应了李家庄的生活。天津解放后，他和杨刚被派到天津，负责《大公报》接收工作。翦伯赞融入新环境却经历了一番波折，甚至还大病一场。

统战部招待所的服务人员都穿着黄色棉军衣。翦伯赞初至，以为到了一座兵营。他认为给他搬行李的人员是解放军战士。连那位给他打洗脸水的女孩子，他想打个称呼，但不知称呼小鬼、同志、服务员、小姐，哪一个恰当，处处感到新鲜，基本上是"每事问"。还有，他那套半旧的灰色西服和呢大衣已沾满了灰尘，穿在身上，不土不洋的，实在感到与新的环境不协调，就又换上了一件半旧长棉袍，心中似乎坦然了许多。

他刚到招待所，中共中央统战部部长李维汉就来看他。他们在上海是旧相识。一见面，非常高兴，互致问候。李维汉代表毛泽东、周恩来对他的到来表示欢迎，并嘱咐他要吃好、睡好、休息好，使体力精神恢复起来，同时，向他转达几件事：要组织民主人士去东北参观，他是党员，早到平山，参加新政协的筹备工作；党的关系仍不公开，转至统战部，以后有人与他联系；送给翦伯赞一部东北版《毛泽东选集》，希望他认真学习。

1949年元月6日，陈伯达前来看他，主要谈对翦伯赞今后的工作安排。陈伯达提出翦伯赞到马列学院（中央党校前身）边学习、边教书的建议。陈伯达当时是马列学院负责人。正谈话间，周恩来来电话，约翦伯赞到他那里见面，也要陈伯达同去。翦伯赞见到周恩来，分外激动，这距他们在上海分别已两年多了。两年时间不长，但中国大地发生的变化是巨大的。翦伯赞快要哭了。周恩来也强抑着自己的感情，紧紧握着他的双手，端详他的面貌，好像多年未见的样子，最后点头说："变化不大！只是瘦了一点！"他又拍拍翦伯赞的左肩问："有没有病？"翦伯赞说："没有病！"周恩来说："那好！要多休息！"这次周恩来与翦伯赞见面，除了看望一下这位老部下，还就工作安排征求意见。周恩来提出，翦伯赞可以到马列学院教书，但仍要兼做统战工作，这件事要再与李维汉商量一下。翦伯赞表示服从分配。周恩来还询问了解了有关上海、香港方面的一些情况，尤其是周宗琼拍制《一江春水向东流》筹集资金到重庆卖房子的事。

周宗琼是一位党外人士，被邓颖超称为我党的"老板娘"。周恩来在重庆时，周宗琼为《新华日报》无私地提供自家住房作为办报地点，还在经费上给予支持。与新华日报社结缘后，周宗琼思想进步很快，曾多次向中共组织提出入党的请求，但都没有获得批准。时任南方局书记的周恩来亲自给她写信说明原因："……现在党在重庆的活动十分困难，你以党外人士工作更有利于斗争，更能发挥特殊作用。"收到信后的周宗琼顿时明白了组织的革命需要和良苦用心，根据周恩来的指示继续以党外人士的身份从事经营活动。抗战胜利后，由中共领导的文艺界左翼人士宋之的、司徒慧敏等准备发展电影事业，拍摄进步电影，动员周宗琼夫妇参加。上海昆仑影业公司的开办费，是周宗琼无偿支付的。该公司制作了《八千里路云和月》《一江春水向东流》等走红名片。可是至1948年夏秋，由于全国的政治形势急剧变化，有些股东害怕，或撤股，或赖账，致使公司陷入困境，《一江春水向东流》的摄制也面临中途停拍。为了帮助昆仑影业渡过难关，周宗琼遵照周恩来"一定要支持昆仑，办好昆仑""这是一项政治任务，不仅仅是投资办企业，一定要尽最大努力支持"的重托，处理掉她在重庆的所有不动产，倾囊相助，解决了昆仑的燃眉之急。可是她本人却遭到重庆国民党特务的软禁，不得脱身，时达一年之久。

对于帮助和支持过中国共产党的人，周恩来常常挂在心上。所以一见到曾经在重庆的翦伯赞，就关切地问："听说周宗琼被国民党关起来了？"翦伯赞答："是软禁，现在已逃到上海去了。"周恩来这才放下心来。也许翦伯赞未必知道周宗琼真实的境遇。实际上，她到 1949 年 11 月 30 日重庆解放时，才获得自由。

或许是连日奔波太过疲惫，1949 年 1 月的一天，翦伯赞突然晕倒。据医生检查，是心脏病发作。经过抢救，病情稳定下来。在抢救期间，李维汉一直在现场守着。翦伯赞清醒后，李维汉关心地握着他的手，要他好好休息。他把陈伯达写给李维汉关于翦伯赞工作安排的信交翦伯赞看了。信中说："来信关于翦同志来校问题，敬悉。我们同意他的意见。他愿意在何处休息，也听他自己决定。"李维汉说："我照恩来的意见给他写了一封信，这是他的回信，刚才收到的。就这样办吧！"过了几天，周恩来到招待所参加座谈会，询问翦伯赞的健康情况，再次问到翦伯赞到马列学院教书的事。翦伯赞回答："这个任务很重要，很光荣，可是我怎么能教得了！"周恩来笑了笑说："教得了！有困难就克服嘛！进城后也可以再研究研究。"

翦伯赞在李家庄时，刘少奇也去看望他。刘少奇说，他在延安时，即读过翦伯赞的书和文章，对翦伯赞的史学成就和历史观点以及文笔等，给予称赞。他嘱翦伯赞在全国解放以后，要为广大青少年写一部简明扼要的中国通史，供他们学习。刘少奇的嘱咐，翦伯赞一直记在心里。新中国成立后，翦伯赞主编了《中国史纲要》这本普及性读物。

在民主人士中被尊称"老"的很多。如张澜（字表方）被称为张表老，沈钧儒（字衡山）被称为沈衡老，邓初民被称为邓初老，郭沫若被称为郭老等。据吴晗说，翦伯赞在李家庄时即被称为翦伯老或翦老，他在一次座谈会上亲耳听到周恩来称翦伯赞为"翦伯老"。被尊称"老"的人，或是德高望重者，或为年龄较长者。翦伯赞时年刚刚 50 岁，显然是前者。

终生难忘的一次长谈

张东荪、费孝通、雷洁琼、严景耀一到石家庄就接到通知，中共中央领导请他们到西柏坡去见面。这使一路受到触动的四人，心情更为激动。

抵达西柏坡时已傍晚时分。四人在工作人员引着下，进入一个餐厅。房间不大，但整洁、朴素。不一会儿，毛泽东、刘少奇、周恩来、朱德、任弼时、邓颖超等都进来，与他们见面。周恩来与他们是老相识，与张东荪更是重庆政治协商会议同堂议政的老朋友，算别后重逢。当周恩来与雷洁琼握手时，亲切地说："雷先生，我们这是第三次见面了，你这一向好吗？这次见面形势可是大好，全国就要解放了。"雷洁琼感慨地说："是啊！两年前下关惨案时，您就说过，我们的血是不会白流的。今天，证明了您的预言是非常正确的。"

周恩来担当起介绍人的角色，将客人一一向中共中央其他领导人作了介绍。雷洁琼没想到已经 56 岁的毛泽东，又经历过那么多的艰苦磨炼，仍然神采奕奕、容光焕发。他亲切地走到每一位教授面前握手问好，并和客人们共进晚餐。刚坐在餐桌旁，教授们还有点拘谨，表现很矜持。毛泽东却像会见老朋友一样，谈笑风生，妙语连珠。教授们被他那平易近人、坦率真诚所感染，气氛很快就活跃起来了。

饭菜说不上十分精美，但是绝对实惠，大家很尽兴。晚餐后，毛泽东请几位教授到他办公室。雷洁琼进去一看，所谓的办公室，不过是一间普通民宅。室内陈设简单，一张木桌，几张木椅，唯一有点档次的是办公桌上那铜墨盒，以及墙上挂着的那张劳苦功高的大地图。看到这一切，她对这位改变中国命运的伟大人物更加肃然起敬。在其他几位中央领导人陪同下，大家围着那张办公桌坐下，同毛泽东亲切交谈起来。这次谈话可以说令四位民主人士终生难忘。多年后，雷洁琼仍然记忆犹新：

　　记得毛泽东同志那天晚上谈话的范围很广，大致谈了四个方面的内容。一是谈当时的国内形势和对民主党派的要求。毛泽东同志指出，人民解放战争已经在全国范围内取得决定性的胜利，但是敌人是不会自行消灭的，正在玩弄反革命的两手：一手是继续组织残余的军事力量在长江以南负隅顽抗；另一手是策动中间力量在革命阵营内部组成反对派，极力使革命就此止步。当时民主党派和知识界中，确有些人主张"和谈""划江而治"，造成"南北朝"的局面，针对这些走"中间路线"的错误主张，毛泽东同志精辟地分析了当时的形势，指出摆在中国人民和民主党派、人民团体面前的问题是将革命进行到底，还是使革命半途而废？他说，把革命进行到底，那就是要坚决彻底干净全部地消灭一切反动势力，毫不动摇地坚持推倒三座大山，建立中国共产党领导的以工农联盟为基础的人民民主专政的共和国。如果使革命半途而废，那就是违背人民的意志，使国民党反动派赢得养好创伤的机会，在一个早上猛扑过来，将革命扼杀，使中国又回到黑暗世界。他以蛇和农夫的寓言作比喻，告诉我们决不能怜悯恶人，要求民主党派必须选择自己应走哪条道路。毛泽东同志透彻地说明将革命进行到底的道理，指出革命胜利后就要召开新政协，成立中华人民共和国，希望民主党派站在人民大众的立场同中国共产党采取一致步调，真诚合作，不要半途拆伙，更不要建立"反对派"和"走中间路线"。毛泽东同志这番话讲得生动形象，给了我很深刻的教育，增强了我对革命必将迅速在全国获得最后胜利的信心，也更坚定我继续参加爱国民主运动的决心。

　　二是毛泽东同志非常关心知识分子，详细询问了北平西北郊区解放后，知识分子的思想、工作和生活情况，他特别关心老一辈的知识分子，询问是否还有前清的翰林、进士，要我们推荐人才，还问起留在上海的张澜、罗隆基等爱国民主人士的情况。毛泽东同志非常仔细地听取我们的汇报，他自己谈话不多，有时在关键的地方插几句话，发表一些重要的意见。我们告诉他在国民党腐败政治的统治下，通货膨胀，物价飞涨，清华、燕京两校的教师生活困苦，仍然坚守岗位，等待解放。有的人在蒋介石派飞机接他们去南京时拒绝离开，在解放前夕，清华、燕京两校学生组织了护校运动。毛泽东同志对这些情况听得很认真，并且十分高兴地说，中国的知识分子绝大多数是爱国的，是要革命的。

三是毛泽东同志同我们谈到全国解放后的经济建设和科学、教育、文化事业的发展问题，讲了新社会的美好前景。给我们留下印象较深的是，毛泽东同志强调发展交通铁路运输事业对经济建设的重要性，认为我国幅员广大，内地和边疆地区更是落后，一定要建设一个四通八达的铁路网。他还谈到学术思想的各种派别问题，主张通过自由讨论来统一思想，促进艺术的发展、科学的进步和文化的繁荣。当时还处于战争时期，毛泽东同志就深谋远虑想到革命胜利后的经济和文化建设问题，想到改善人民的生活问题，使我感到他学识渊博，高瞻远瞩，确实令人钦佩不已。

四是毛泽东同志告诉我们，要把美国政府当权者同广大美国人民区别开来。指出美帝国主义出钱出枪，帮助国民党打内战，帝国主义的本性不会改变，要警惕美帝挑拨知识分子同党的关系，我们要丢掉幻想。但是美国的广大人民是友好的，同中国人民有传统的友谊。毛泽东同志这番话对于我们这些长期受过欧美资产阶级教育的知识分子来说，意义特别深长。

这一席长谈，从晚饭后直到深夜才结束，我们第一次听到毛泽东同志的亲切教导，都非常兴奋，感到这是受到一次毕生难忘的马克思主义思想教育。[1]

张东荪对于此次西柏坡之行，更是充满希望。据张东荪后来对家人说，当时他出发去石家庄时神情非常兴奋，想向毛泽东和中共阐明自己关于即将成立的联合政府内外方针问题的意见。一到西柏坡，张东荪便送给毛泽东一本自己的封笔之作——《民主主义与社会主义》，毛泽东也回赠他一套东北解放区出版的《毛泽东选集》。

当晚，对于毛泽东提出的新民主主义的许多内政方针，张东荪发表了自己的见解。如关于中共正在实行的土地改革，张东荪承认有其合理性，但仍劝中共应该迅速把重心放在发展农业生产上；关于以暴烈方式对付反动派的破坏，张东荪认为中共用严厉方式镇压虽表示理解，但仍不是非常赞同。总体上看，双方在召开新政协、建立联合政府、进行新民主主义经济建设等重大内政方针上是一致的。然而，在讨论新中国的外交政策时，两人产生了分歧。毛泽东认为新中国的外交方针只能是一边倒向苏联，必须实行"一边倒"。张东荪则主张应该走"中间路线"，在国际上不亲近美国也不亲近苏联，或者可以比较亲近苏联，但也要与美国建立良好关系，不能反美。因为一方面中国的建设需要美国的支援，另一方面如果中国倒向苏联一边，会刺激美国，导致美苏关系恶化，产生直接对抗。这样，中国可能成为苏美冲突的牺牲品。毛泽东坚决不同意张东荪的主张，认为很多知识分子都存在着严重的"亲美""恐美"思想，张东荪不同意"一边倒"向苏联，就是这种思想的反映。张东荪与毛泽东双方各执己见，谈话的气氛一度非常紧张。

谈话间，毛泽东对张东荪的"中间路线"主张也进行了委婉的批评。他说，革命胜利后就要召开新政协，成立中华人民民主共和国，希望民主党派站在人民大众的立场同中国共产党采取一致的步调，真诚合

1　雷洁琼：《一次难忘的幸福会见》，人民出版社编：《毛泽东同志九十诞辰纪念文选》，人民出版社 1984 年版，第 304—310 页。

作，不要半途拆伙，更不要建立反对派和走中间路线。[1] 这也是雷洁琼回忆中提及的毛泽东谈话第一个内容。毛泽东与这几位民主教授重申他在 1949 年新年献词"将革命进行到底"的思想，足以说明这一思想的现实意义。

离开西柏坡，这一行四人直奔中央统战部驻地李家庄。林伯渠、陆定一、李维汉一起热情接待他们。雷洁琼见到陆定一就亲切地说："我非常感谢您在下关事件发生时对我的关心和慰问。您送给我的《白毛女》歌剧剧本和您写的慰问信，我将永远珍藏留作纪念。"

在李家庄，雷洁琼等四人还见到了从香港、上海等地来的民主人士符定一、周建人、胡愈之、沈兹九、田汉、安娥、翦伯赞等。他们多是老战友、老朋友。大家分别多年后能在解放区欢聚一堂，并即将共同参与筹备新政协、协商建立新中国这一历史伟业，别有一番滋味在心头。

寄语港九姐妹们

周颖是作家聂绀弩的夫人，原名周之芹，1909 年 2 月生于河北南宫。她的姐姐周之廉和周恩来、邓颖超都是觉悟社的最早成员。她后改名周颖，为觉悟社年纪最小的社友。五四运动中，当周恩来、郭隆真等因学潮被羁押，周颖就担当起送饭、传递消息的任务。她于 1922 年考入直隶女师（天津河北省立第一女子师范学校）。1925 年五卅运动时，她担任该校学生会主席，领导学生游行示威。在天津读完书后，她又就读于南京中国国民党党务学校（第一期）。在这所学校，周颖与从莫斯科回来任教的聂绀弩相识。

九一八事变后，周颖尽管已经与聂绀弩结婚，还是考取日本早稻田大学的官费生。在读书期间，她与胡风等组织新兴文化研究会，出版油印刊物《文化之光》，宣传抗日主张。1933 年，周颖因参加左翼文化运

---

1 左玉河：《张东荪传》，红旗出版社 2009 年版，第 276—277 页。

动和反日活动，被日本刑厅逮捕。她是这些爱国留学生中的唯一女性。

周颖回国后，先后参加"上海反帝大同盟""蜂社""剧联"等抗日救国组织，同时还创办中国艺术供应社。1934 年 12 月 19 日，鲁迅在梁圆豫菜馆设宴，名义上是为了庆祝胡风夫妇的儿子满月，实质上是为东北来的萧红和萧军介绍几个"可以随便谈天"的朋友，其中有茅盾、叶紫、聂绀弩和周颖。萧军后来在回忆文章里这样形容聂绀弩和周颖：聂绀弩"脸形瘦削，面色苍白，有一双总像讥讽什么似的在笑的小眼睛；短发蓬蓬，穿了一件深蓝色的旧罩袍，个子虽近乎细长，却显得有些驼背"；周颖"近 30 岁，方圆脸盘，脸色近于黑的女士，她穿了一件细花深绛色，类似软绸料子的窄袖半旧旗袍"。[1] 萧军还说，席间，聂绀弩不停地往夫人碗里夹菜，可见聂、周感情融洽。

尽管感情生活丰富，周颖并没有沉湎于温柔乡。抗战全面爆发后，她先是参加救亡工作，后入湖北京山游击队。在 1940 年到 1946 年间，周颖任重庆世界红十字会办的北泉慈幼院保育主任，参加朱学范领导的中国劳动协会，担任该会重庆工人福利社主任。这个"劳协"初期是一个受国民党当局控制的劳动文化团体。后来，其内部以朱学范为代表的人响应中国共产党全面抗战的号召，动员和组织全国工人团结抗日。1938 年和其他工人团体一起，组织了中国工人抗敌总会筹备委员会。同年加入了国际工人联合会，其性质已从劳工文化团体转变为全国性质工会组织。这为国民党当局所不容。1946 年 8 月 6 日，200 多名国民党武装军警和特务，包围了福利社，逮捕了周颖等 38 人。事发后，《新华日报》立即进行了报道，工人纷纷抗议，朱学范在上海召开中外记者招待会。最后，国民党不得不予以释放。获释后，周颖到香港参加中国国民党革命委员会筹建工作，被选为常委。

在筹备新政协的紧要关头，各界人民团体也将相继组建，周颖作为工会界、妇女界的先驱人物，自然应发挥重要作用。因此，她根据中共

1　萧军：《我们第一次应邀参加了鲁迅先生的宴会》，《人民文学》1979 年第 5 期。

香港分局安排，于 1948 年冬天，与李公朴的夫人张曼筠、邹韬奋夫人沈粹缜等同船从香港经天津，到了华北解放区。当然，在船上，为保密起见，她们都是"路人"，彼此不相往来。对周颖从天津到李家庄的情况，目前鲜有资料记载。从香港到天津的航程，由于同行的民盟成员王健记有日记、李公朴女儿张国男留有回忆，整个经过饱有细节，不乏惊险。周颖抵达李家庄，主要任务是参加第一次全国妇女代表大会的筹备工作。她被选为筹备会的常务委员。

时任香港九龙妇女联谊会主席的周颖，耳闻目睹了解放区的新气象，怀着兴奋的心情，把自己的所见所闻写信告诉香港的姐妹们。她于 1949 年初，写了《我看见了新中国——寄港九姊妹们的一封信》，畅谈在解放区的见闻。以下是她笔下的解放区：

> 老百姓们穿着一个扣子都不少的衣服，带着活泼愉快的态度劳动着，如果不是他们支援前线一切的活动，几乎不会想到他们是正在支持着这样巨大的战争。在完成了土地改革的乡村中，老百姓的生活已经今非昔比。他们换掉了"新三年，旧三年，缝缝补补又三年"的衣服，不再用糟糠、树皮、野草装进自己的肚子，大家都能吃得饱，穿得暖，脱离了贫困与饥寒。
>
> 一般老百姓过去怕军队怕大兵，因为那是反人民的军队。但是现在不同了。我初次遇到人民解放军是踏进解放区的途中，同车上有两位武装同志，当我的眼睛接触他们的时候，立即不自觉地紧张起来了。但车上的老百姓却安然自若地与他们谦和地互相让座位，这确实是我有生以来没有经历的事。
>
> 这里的物资并不缺乏，实非我们所料。人民靠自己的劳动生产，解决了一切的生活需要。这里不容易找到美国货舶来品。解放区不仅有很多当地工厂的出品，而百姓的副产与手工业也非常发达，许多村庄已成立生产合作社、供销合作社，在纺织业发达的地方每家至少都有一架以上的纺纱车或织布机，生产量与购买

力逐日并行的增加，到处都有菜市，每到赶集的时候，买卖的老百姓们拥挤不堪，非常热闹。[1]

周颖以女性特有的笔触，将解放区普通人的生活向香港的姐妹们作了介绍，尤其是解放区的妇女状况。她说："向来被轻视受压迫的妇女在这里是出了头翻了身，得到了真正的解放。几千年来束缚虐待妇女的东西与重男轻女的观念，正在从根拔除。妇女在政治、经济、社会上以及家庭中的地位，正在发生根本的改变。"对于解放区妇女联合会的筹备情况，周颖写道："解放区妇女联合会筹备会，号召全国的妇女姊妹们在 1949 年春季召开全国妇女代表大会，成立全国妇女民主联合会。对于这个建议，我相信你们一定很高兴、很同意。这是我们久已期望实现的事，尤其在今天更感到迫切的需要。全国即将解放，我们绝不能使美帝国主义的侵略势力和反动封建势力，再统治我们国土上的任何角落。这个形势，需要把我们的战斗力量更大的发展，更亲密的团结，使我们能在统一的方针领导下，尽到更大的努力，来争取全国人民与全国妇女的迅速解放。"

周颖在写这封信的时候，正是毛泽东针对国民党的"和平"请求而发表关于对时局的意见之时。她不忘告诉香港姐妹们应采取的立场。她说："'对敌人的慈悲，即是对人民的残酷虐待，对那些战犯罪恶的宽恕，是最大的错误。'这是非常正确的话，只有惩办战争罪犯，消灭封建主义和官僚资本主义，驱逐美帝国主义的侵略势力，中国人民才能得到真正的解放，才能获有真正的和平。中共中央毛主席所宣示的八条和平基础，正是符合了人民的意志。只有在这八项条件上所建立的和平，才是人民所需的真正和平。"

在信的最后，周颖号召"中国优秀的儿女们，无论是在南方与北方、海外与国内，必须更加警惕、更加团结、更加努力，为建立真正的独立

1　《华商报》1949 年 1 月 26 日。

寄港九姊妹們的一封信

香港九龍婦女聯誼會主席　周穎

我所懷念的港九姊妹們：

我已經到了解放區，到了一個新的世界。這是人民以自己的力量，以自己的血汗，以自己的生命創造出來的國家，人民成了這國家的主人。它就是我們的新中國。

當我們過去想到或是提到解放區，首先想到深山與土窰，可是，今天我親眼看到的解放區，已經是頗具規模的解放區了。它有著大小的城市與廣大的鄉村，佔有著全國四分之一以上的土地，二萬萬的人口；有著人民建立的政府與良好的社會秩序。這裡看不見貪官污吏，以及帝國主義的侵略勢力，也沒有提心吊膽淒涼的景象，與國民黨統治區是完全截然不同的，光明愉快對照的兩個世界。

在我經過解放區的許多後方鄉村中，便我感到驚異的有這樣幾件事：第一，老百姓的生活已經今非昔比。他們換掉了「新三年，舊三年」的衣服，不再用樹葉、野草裝進自己的肚子，大家都能夠吃得飽，穿得暖，脫離了貧困與飢餓。第二，偉大的人民力量，長時期在經濟落後的條件下，靠小米、毛驢，以及笨重的牛車來發揮那麼大規模的現代化的戰爭，卻戰勝了美帝國主義的坦克、大砲、飛機，消滅蔣介石軍隊的主力，消滅蔣匪幫的反動就是在世界史上也是驚天動地的偉業。在這裡，生產與支援前線是最重要的兩件事，大家分工合作，前線與後方團結一致，前線的勝利與後方生產的浪潮是互相交織著，人不分軍與百姓，都成為人民解放戰爭的英勇戰鬥。第三，人民與軍隊的關係：一般的老百姓怕兵，兵怕那是反人民的軍隊，除怕大兵，的確那是反人民的軍隊，因為那是反人民的軍隊。

民力量以及監督正確的領導，勝利是必然屬於人民的。

前線勇敢者，如果不是看見他們支援前線的活動，幾乎不會想到他們是正在支持著巨大的鄉村中，在一則完成了土地改革的輝村。

《华商报》所刊周颖的信

自由民主和平的新中国共同一致奋斗到底"。

　　周颖的这封信娓娓道来，把自己到解放区后看到的、听到的、感受到的，直白地告诉远在香港的姐妹们，对即将成立的中国妇女自己的组织——中华民主妇女联合会也是一个很大的宣传推动。

中央马列学院
中央法制委员会

新华通讯社

中央宣传部　　　中央%

中央社会部

中央组织部

中共中央
中央军委
解放军总部
中央政策研究%
总参谋部
军委作战部

第八章

李家庄的新生活

● 中央统战部

中央办公厅
中央财政经济部
总政治部
后勤部

央卫生部

我们现在已经先后进入解放区来了。回忆去年五月一日，中共中央号召全国，建议召开包括各民主党派、各人民团体、各民主人士的政治协商会议，以加速推翻南京卖国独裁统治，实现人民民主联合政府。我们一致认定，这一解决国是的主张，正符合于全国人民大众的要求。特通电响应，并先后进入解放区，在人民解放战争进行中愿在中共领导下，献其绵薄，共策进行，以期中国人民民主革命之迅速成功，独立、自由、和平、幸福的新中国之早日实现。

　　——1949年1月22日，民主人士发表《我们对时局的意见》

报告会·座谈会·访谈会

召开新政协、建立新中国是中国共产党和各民主党派、无党派民主人士及各界爱国人士的奋斗目标。抵达辉煌彼岸，各方需齐心协力。换言之，必须建立一个共同的政治思想基础，才能同心同向同行。到解放区的民主人士多来自国统区，可谓"另一个世界"。他们长期处于国民党的统治之下，虽然决心与共产党合作，但相当一部分人对共产党的政策和解放区情况了解不多，有的还不理解甚至误解。楚图南曾回忆当时民盟的情况：

在民盟内部，意见也并不完全一致，甚至还有极为尖锐的矛盾。如在淮海战役取得决定性的胜利以后，国民党提出和谈，企图维持旧政权，阻止解放事业的顺利前进。中共中央及各民主党派也并不拒绝和谈，但要废除法西斯的独裁统治，全国各民族和平统一建立人民民主的新中国。在蒋管区的盟员同志中，大多数是坚决同国民党反动派斗争到底的，像史良同志等始终和宋庆龄同志一道，大义凛然，坚持到上海解放。但有些人不免有些模糊认识，其中罗隆基一人还很热心于第三条道路，对于"和谈"问题也有不同的看法。[1]

1　楚图南：《与共产党同舟共济》，《文史精华》2010 年增刊，第 1—2 期合刊。

这表明，即便是淮海战役之后、战场势态已然明朗的情况下，对于是否"将革命进行到底"这一重大的政治原则问题，统一战线内部仍有分歧。当民主人士抵达解放区后，中共中央要做的或者说当务之急，就是尽快让他们了解农村土地改革和城市建设，以及人民群众的生产生活情况，增强对中共政策和解放区的认同感，凝聚广泛共识。

中共中央及统战部尽其所能，为民主人士知情创造条件，如组织参观访问、时政报告会，安排集体学习和自学、研讨交流等。组织参观访问，在东北解放区比较容易实施。东北地区解放较早，农村土改进展快，又是中国的重工业基地。辽沈战役之后，东北全境解放，各方面建设迅速恢复，社会治安较好，适合组织民主人士到农村和城市参观，让他们直接接触解放区的方方面面。东北局也很好地贯彻中共中央的指示，组织民主人士进行了一系列的参观，有些还是跨东北全境的考察活动。

在华北解放区的民主人士就没有东北解放区那样好的参观条件了。虽然石家庄已经解放，晋察冀和晋冀鲁豫两大解放区连成一片，但周边的北平、天津、太原、保定、张家口等几个大城市仍然盘踞着国民党的大量军队。组织民主人士到各处参观显然存在风险。

李家庄是华北民主人士的集结地，与中央统战部同处一地，与中共中央比邻而居。这种优势也是得天独厚的。民主人士借助这种"直通车"的便利，往往能得到中共政策和解放区情况的第一手信息和各种"内幕"。这些也是其他解放区所可望不可及的。

民主人士到达李家庄后，中共中央领导人都要在西柏坡会见。在亲切热情、无拘无束的交谈中，毛泽东、周恩来等中共中央领导人与民主人士谈形势、讲政策，介绍党内和解放区的情况，润物细无声地做着统一思想的工作。周建人、胡愈之、吴晗、雷洁琼等人，都留下回忆文章，怀念那些难忘时刻。雷洁琼回忆：

这一席长谈，从晚饭后直到深夜才结束，我们第一次听到毛泽东同志的亲切教导，都非常兴奋，感到这是受到一次毕生难忘的马克思主义思想教育。

离开西柏坡，我们又直奔李家庄，那里是中共中央统战部的所在地，我们见到陆定一、林伯渠、李维汉等负责同志，同从香港、上海和各地来的爱国民主人士周建人、胡愈之、沈兹九、田汉、翦伯赞等同志。我们大家欢聚一堂，学习讨论毛泽东同志为新华社写的 1949 年新年献词《将革命进行到底》，明确了民主党派的任务。同时讨论了战犯名单。我还参加了筹备第一次妇代大会的会议。我们又同当地农民一起欢度春节，扭秧歌，演节目，解放区的群众是快乐的，使我们感到年轻了。[1]

组织民主人士学习是中央统战部所做的一项经常性工作。民主人士到李家庄后，每人都得到一本《毛泽东选集》以及马列著作和各类学习材料。他们参与学习的形式多种多样，有时请中共各方面领导作专题报告，介绍战争进程、军事政策、政权建设、土改、外交、经济、文化、教育、妇女运动等情况；有时请民主人士介绍各自熟悉的领域，如吴晗就北平民盟工作、胡愈之就南洋开展的工作给大家作报告。时为中央统战部工作人员的宋堃回忆，周恩来亲自看望这些民主人士，并与他们多次谈话。李维汉等领导更是经常与他们座谈有关新政协问题和国内外形势。

对不少民主人士来说，1949 年 1 月是他们在李家庄度过的最后一个月，也是他们参与活动最为频繁的一个月，可用现在流行语"信息爆炸"来形容。仅 1 月中旬，就举办了多场报告会：1 月 16 日，周恩来到李家庄"报告解放战争的发展情况"；1 月 17 日，邓颖超作"关于解放区的妇女工作"报告；1 月 19 日，胡乔木作"关于新民主主义的文化政策"

---

1 雷洁琼：《一次难忘的幸福会见》，人民出版社编：《毛泽东同志九十诞辰纪念文选》，人民出版社 1984 年版，第 304—310 页。

报告；1月25日，李维汉在李家庄召开民主人士时事座谈会上，分析美帝国主义和国民党政府"和平攻势"的实质；1月中央政治局会议期间，陈毅应邀到李家庄给大家作了淮海战役情况报告，安子文作中共干部政策的报告……

　　其中，1月16日晚上周恩来在李家庄所作形势报告的场景，最令人印象深刻。这次报告会是在一个新的情况下召开的。1949年元旦，蒋介石为挽救其失败的命运，发表新年文告，要求在保持其伪宪法、伪法统等条件下"停战和平"。毛泽东针锋相对地发表新年献词《将革命进行到底》，坚定宣告："中国人民决不怜惜蛇一样的恶人"，一定要"彻底消灭反动势力，彻底发展革命势力，一直达到在全中国范围内建立人民民主共和国，实现统一的民主的和平"。[1]1月14日，毛泽东发表《关于时局的声明》，提出和谈的8项条件。如何认清形势，把握中国时局的走向，成为民主人士谈论和关注的一个重要问题。

周恩来与民主人士召开座谈会的中央统战部会议室

1　《毛泽东选集》第4卷，人民出版社1991年版，第1377—1379页。

40 多年后，童小鹏对这次报告会的细节仍记忆犹新：

> 周恩来在百忙中从西柏坡乘吉普车来到李家庄。虽然天寒地冻，可是小小的李家庄一下子就热闹起来。村民听到汽车进庄的声音，都拥到进庄的路边看热闹。统战部工作人员和民主人士也纷纷走出门来欢迎，周恩来身穿一套和大家一样的灰棉布军衣，头戴大耳朵军帽。他一进庄就下车向群众招手，同民主人士一一握手问好，齐燕铭秘书长招呼周恩来和民主人士进入一间墙泥未干的会议室就座。我和统战部干部围在四周，坐的坐、站的站，一下子就挤满了一屋子。李维汉当即宣布："请周恩来同志作报告！"周恩来在热烈的掌声中谦逊地说："本来就应该来看望各位先生并当面请教，因为战争紧急抽不出身来，好在统战部随时将各位先生对召开新政协的意见报告了毛主席和党中央。今天本想先听听各位的意见，李维汉却对我说许多先生要求我先讲，然后大家再座谈发表意见，那么，我现在就向大家报告一些情况……"[1]

时为中央统战部工作人员的李青是这次会议的记录员。根据他所整理的详细会议记录，周恩来在座谈会上着重讲了时局、政权组织、政协筹备、惩治战犯、外交等大家关心的问题，几乎相当于一个长篇发言。与会人员还即时进行热烈的互动讨论。

关于时局。周恩来详尽报告了解放战争的发展情况。他指出："战争的发展，实在是突飞猛进，战争大局已定，当年就有可能打垮国民党。但是现在切不能手软，一定要把革命进行到底！鲁迅先生说得好，对落下水的狗，还要打！天津昨天已经解放，正争取早日解放北平。如北平解放得早一些，政协筹备会的工作更要加速进行，希望大家共同努力。"

1 童小鹏：《风雨四十年》第 2 部，中央文献出版社 1996 年版，第 11 页。

周恩来对毛泽东《关于时局的声明》作了详尽的阐述，他说："毛主席的八条，区别了真和平与假和平。蒋介石要维护伪宪法、伪法统，维护军队，这是一个阴谋。对伪宪法，我们一开始就不承认。废除伪宪是大家要求。所谓法统，就是封建正统，这正是反封建的革命对象，我们要建立人民的正统。蒋介石要维持军队，这是他的命根子，而我们则主张用人民解放军的制度来改编，建立一个人民的秋毫无犯的民主军队。不追究战犯，人民哪能心服？现在蒋管区各界人士都在积极地提供战犯名单。毛主席的八条，就是要尽快搞垮南京的统治，使人民和平早日到来。"周恩来接着从战争形势发展、军事力量对比，进一步分析了提早打倒国民党反动统治的可能性。

关于新政协的地点和安全问题。周恩来说："现在香港和蒋管区的民主人士还要继续来解放区。北平若解放得早些，政协筹备会的工作更要加紧进行。将来打算逐步发表这方面的消息，但为避免敌机骚扰，开会的地点要保密。对外公开说还在哈尔滨召开，使敌人相信。最近敌人在北平策划暗杀，对象不但是中共，且可能包括民主人士，企图从各方面来破坏。特务分子不是一下能肃清的，须有周密的布置。以前我们反对敌人压迫时，在群众面前要起带头作用，如闻一多先生当着群众演讲，影响很大，人民受到了教育，但代价是很大的。今后情形变了，我们是人民代表，人民成为统治者了，地主阶级及官僚资产阶级是被统治者。他们不会甘心，还会钻出来破坏人民民主专政，或暗杀人民代表，因此，要加强保卫，提高警觉，不要给他们以机会。否则，在新政权下受损失便不好。历来革命胜利后，失败者只能用这种卑鄙手段加害革命，如袁世凯暗杀宋教仁便是一例。到北平后大家都住在招待所，成立警戒区，加强防范。"

有人提出，进入北平后清查户口，用连环担保的办法怎样？周恩来回答："这办法很危险，真正的特务没查到，人民反而受到波动，引起对我们的不满。关键还是加强防范保卫，确保人身安全。"

关于政权组织问题。周恩来希望民主人士在没去北平前多谈些政府组织这方面的问题。他恳切地说："军事方面我们摸得比较熟，政治斗争方面，30多年来还懂得些，但财经方面便不太懂。农业生产、公粮等还好一些，但对城市就很生疏。如税收问题，有的城市到现在还没有收税，战争负担依然靠农民，这就不合理。如济南，在国民党时期每个月可收65亿北海币，而我们则3个月没收。不收税，商人反而认为是共产党把他们养肥了再宰。哈尔滨解放后，也好几个月没征税。实行配给，结果农民负担加重了。天津解放后再不征收便成问题了。以后到城市，取消一些苛捐杂税，正经的税先收再说，慢慢再改革。许多财经问题都不熟悉，若搞对了，力量就很大。这方面希望大家多贡献些意见。尤其内政方面，如户籍、水利、卫生、劳动、司法、教育、文化、艺术等，都生疏得很。整个政权之内，国防还好，财经不大懂，内政更弱，希望多讨论。政权的组织原则是民主集中制，当然不是旧民主，这比议会制表面上吵闹不休实际上寡头专政好得多。打破国民党的法统，我们的政权组织形式当然不会抄袭他们那一套。"周恩来进一步说："我们希望从新政协产生出中央政府。政协是国民党提出的名词，但国民党不承认。我们把它拣起来用，赋予新的内涵。这是名称的偶然得之。政协是中国人民的统一战线组织，可以作为组织形式长期保存下来，将来有些大问题可在政协会谈谈。在没有召开全国人民代表大会之前，政协可存在；有了人代会，政协可成为参谋部。将来是人民共和国。至于总统制、内阁制的问题，大家可以谈谈。总统制给蒋介石搞臭了，用'主席'也好，这是名称问题，无关宏旨。政府委员会设多少部门？内政、财政、国防等部门的职权如何？等等，都希望诸位多想想。"

在周恩来谈及对待战犯和官僚资本问题时，会议引发了激烈讨论。李青回忆：

> 何惧说：我有个生意人的想法，万一蒋下台，换了别人谈判，若提出不要惩办战犯、不要没收财产，在这种情况下怎么办？周恩来反问：若不没收官僚资本你愿意不？何答：我当然

不愿意。周恩来说：战犯将功折罪，还勉强可以。不没收官僚资本就通不过。八条中废除伪法统，决不是修改法统。在废宪、土改、联合政府、废除卖国条约等八条中，只有战犯的惩办轻重、人数多少有伸缩余地，如果本人将功折罪处罚就轻些，这取决于他们自己。田汉说：在国际法上，美国可以收容这些战犯，并可以为之保留资产，我们是否将他们作为政治犯处理？政治犯与今天的战犯有何不同？胡愈之说，战犯问题，可在对外新闻公告中表示："若不愿作中国之友邦，可以自由容纳，要做中国友邦，就不许容纳。"德国垮台后，就有此通告。周恩来说：昨天到新华社谈到这问题。现在我们的家产大了，美、英、法将来必有求于我们……[1]

关于外交及文化思想政策问题，周恩来说："新中国的外交政策，原则上要区别人民阵线及帝国主义阵线，然后再区别帝国主义之间的矛盾。但具体实施时问题必会很多。解放平津后，外籍记者成为不速之客，如何对待？原则上不承认外国新闻记者资格；若遵守法律及军管制度，可作为侨民受到保护；愿留者留下，要去者送行，但不管去留，须先到公安局外侨科登记；如外国报纸改变了态度，则根据其言论的影响及具体情况，考虑某些记者及某些通讯社的合法地位。凡同情人民解放军及新民主主义者，不但新民主主义国家即使帝国主义国内的进步报纸也一律欢迎进来。有这几条政策便全面些。估计外国通讯社报纸可能会走一些，但还会有一大部分留下。对外国的矿山，有必要时可临时与之签订合同买些煤及必要的物资。海关问题，只有照旧有的税先收再说。周恩来强调，由怯弱外交转变成独立自主的外交，也需要有理有利有节。这次会上商定，成立一个外交政策研究委员会，吸收这方面的专家进行研究。"

1　中共河北省委统战部编：《追忆李家庄》，华文出版社 2018 年版，第 247 页。

在讨论时，胡愈之、吴晗提出：解放天津后，知识分子较多，这些人大多对政策不了解，思想改造是个问题。

周恩来表示："对文化思想教育问题，这方面我没怎么摸，到平津后还要仔细研究。总之，大学要维持原状。北大、燕大要找人出来维持。思想问题不要过于强调，只要不反动，愿意革命，有点自由主义也没关系。思想改造是长期的。凡对革命有帮助的不要使他不安。有教授要讲唯心论，只要有学生听、有市场出售就可以。杂志上有不同见解可以展开讨论。至于怎样搞更适当，还要研究。"

座谈期间，周恩来多次表示，到平津后，财经、文化、外资问题紧跟着来，大家要多想办法研究解决。

在纷乱如云的局势下，周恩来的报告实则是一堂全面生动的时政课。当下状况和发展前途，讲者娓娓道来，听者津津有味。李青的回忆还提到会场的一些细节：报告会"由晚八时左右开始，持续了四五个小时。由于当地条件限制，没有准备夜宵。周恩来和与会人员始终精神饱满，坦诚相见，商讨各种问题，达成了共识，气氛十分热烈。深夜时，大家饮几口解放越南奠边府时缴获的法国白兰地，使精神倍增，谈兴更浓。座谈结束时，已是凌晨一时许，周恩来与民主人士亲切告别，在星空闪烁下乘吉普车返回中共中央所在地——西柏坡"。[1]

对于这个沸腾夜晚的尾声，童小鹏晚年撰写回忆录时，浓墨重彩地作了与李青不同的描述：

> 会后，统战部全体工作人员和民主人士会餐。菜不多，也不是什么山珍海味，主要的一道菜是长征老战士、老伙夫班长胡金山做的红烧肉。为此，总务科长乔风咏亲自动手宰了自己饲养的一头大肥猪，加上大家自己动手种的大白菜，还有饺子、

1 李青：《纵论战争形势，共商建国大计——回忆周恩来于北平解放前夕与抵达李家庄民主人士座谈情况》，西柏坡纪念馆编：《西柏坡记忆》第2卷，中央文献出版社2010年版，第148—154页。

大米饭和白干酒。大家都吃得很是开怀满意。没有酒杯，就用粗瓷大碗代替，频频举碗同祝解放战争的胜利。席间，民主人士中的符定一先生年龄最大，已是快 70 岁的老人了，而且是毛主席在湖南第一师范学校读书时的老师，所以，大家都向他敬酒，祝他长命百岁。

饭后，在会议室举行跳舞晚会。当时统战部有个机要科，是由中央机要处拨过来的。他们在延安时，既是中央机关舞会上的乐队，又是可以下池的舞伴，所以就成了这次舞会上的主力了，三把胡琴，一支笛子，便是乐队。室内没有电灯，就用几盏马灯挂在屋墙四角，乐队奏起来，晚会就开始了。大家正跳得高兴时，朱德总司令和周恩来也来了，舞会顿时达到了高潮。最后，大家扭大秧歌。锣鼓一响，周恩来和大家一起扭起秧歌来。民主人士没有扭过秧歌，也高兴地跟着大家一起学起来。村里的群众围在门口看热闹，感到新鲜、有趣和欢乐。当晚，上海来的民主人士何惧和统战部的于刚特别兴奋，真是"酒逢知己千杯少"，两个酒仙互不相让，每人喝了两大碗白干，喝得酩酊大醉。于刚怕回家受妻子程绯英批评，便倒在我的炕上迷迷糊糊地睡了一宿。[1]

从李青的回忆看，这场报告会加上座谈和讨论，结束时已至深夜，且在他和其他人员的回忆里，也没有朱德出席的记录。另一个当年不到 20 岁的年轻人张国男，陪她母亲张蔓筠参加了这晚的活动。她说："周恩来副主席给大家作了形势报告，详细地分析了敌我军事力量的对比。谈到 12 点多，吃完了夜宵，继续听周副主席的报告。他谈到了召开新政协、成立民主联合政府以及新政府的经济、文化、教育、外交、税收等政策问题，征求大家的意见，很多人发了言。散会的时候，已经快凌晨 4 点了。"

1　董小鹏：《在周恩来身边四十年》（下），华文出版社 2006 年版，第 354—355 页。

年轻人对晚会的印象应该更深刻，但她没有提到这场晚会。以此推断，童小鹏所记的时间可能有误。他所记起的李家庄冬天的晚会，应该发生在1949年某一天，比如元旦或春节前。不管怎么说，七十年后重温李青的"报告会"或童小鹏"晚会"，我们仍被李家庄火热的生活所感染，神往那个冬日山村之夜的欢快气氛，甚至能联想到这些细节之外的细节……半个月后，北平和平解放；两个月后，中共中央进驻北平；半年后，新政协筹备会开幕；九个月后，

钟灵对李家庄舞会场景的素描

人民政协和新中国诞生。童小鹏所形容的"沸腾的李家庄"，既是一种纪实，也是一种预兆。这个夜晚及此前此后的许多夜晚，共同书写了"胜利的前夜"。

1月20日，中共华北局和华北人民政府在李家庄举行盛大的欢迎会，欢迎各地来的民主人士和上海工人代表。当华北人民政府主席董必武、华北局第二书记薄一波等各乘几辆吉普车来到李家庄时，李家庄又一次沸腾了。群众看到德高望重、蓄着胡须的董老时，都热烈鼓掌欢迎。欢迎会开得很热烈、亲切，使民主人士深深感到解放区的温暖，纷纷发言表示拥护毛主席1月14日的声明，拥护中国共产党打倒蒋介石，解放全中国。

因为平山是革命老区，群众基础非常好，尤其是西柏坡、李家庄一带，还是非常安全的。中央统战部虽然不能组织大范围的参观活动，但小型的走访、参观时常进行。中央统战部曾多次安排民主人士访问

当地农家，丰富他们在解放区的体验和感受。民主人士也乐于接受此类安排，实地看一看解放区的农民是怎么过日子的。池重所记吴晗在去解放区途中对一些事物的悉心观察，就很能说明问题。李家庄村民史悦华回忆："有个叫雷琼洁的领导和我母亲同岁，常到家里与母亲谈论事情。一次问我：'你为什么不上学校读书？'我说：'家里穷没钱上不起学。'雷洁琼介绍我到中央工校学习。"

吴晗、胡愈之等人到达解放区后写的文章和公开信中，都涉及他们亲历亲见的乡村生活。《新史学家翦伯赞》一书也提到翦伯赞饶有兴致地参加这类活动："统战部还组织过两次访问农家的活动，主要是到翻身农户中参观一下土地改革以后的生产和生活状况。由于时值寒冬腊月，农田的活不多，少量的平整土地、小型水利工程、掏河泥积肥等，都相当不错。人们的精神面貌也很好，访问者每到一处，大人孩子围观者很多，既表示欢迎，也对他们的打扮感到有些新奇。统战部的小同志还多次陪同翦伯赞等人到户外散步，还到附近的小学去看学生上操，又看过村子里的土戏台子戏，是村民和学生演的，节目中也有《朱大嫂送鸡蛋》，还有《兄妹开荒》及唱歌等。翦伯赞对于这些来自生活、思想新颖的戏剧和歌曲都很有兴趣。"[1]

通过参加各种学习报告会和座谈会，许多民主人士思想上发生了根本性的变化，并终身受益。吴晗回忆他在解放区的生活："我不但用耳朵听，用心记，而且用眼睛看。我看了老解放区，也看见了老解放区的人民、武装部队和夜以继日的不停地在工作学习的各级工作人员，他们是如何在为人民服务。我看见理论掌握了群众的力量，这样的力量是人类历史上从来没有过的。""从解放区一切部门工作中和生活中了解了辩证法的意义。我初次知道批评和自我批评这一法宝；也初次明白民主集中，从群众中来，到群众中去的道理。"[2]

---

1 张传玺：《新史学家翦伯赞》，北京大学出版社 2006 年版，第 149 页。
2 吴晗：《我克服了"超阶级"观点》，苏双碧主编：《吴晗自传书信文集》，中国人事出版社 1993 年版，第 27—28 页。

楚图南有一篇文章专门回忆在李家庄的学习生活。他说："根据李维汉同志的安排，我们进行了多方面的学习，其中有唯物辩证法等，更主要的则是对解放战争形势的学习，以及新中国成立后的政权建设、城市政策、土地政策、知识分子政策、外交政策的学习。在这些学习中，周恩来同志是我们的一位主要教师。当时面临全国解放的形势，周恩来同志协助毛主席担负着极其繁重的工作，但他仍然不断抽出时间来看望我们，给我们讲课。我记得常常在晚饭后，周恩来同志骑马来到我们住的李家庄，对我们进行各种政策教育。这段时间的学习，对我们这些解放前长期在文化、教育方面工作的知识分子，能够在建国后迅速走上新政权建设的各级岗位，并担负一定的领导工作，是很必要的。"[1]

解放区的首个民盟小组

民主革命时期，政党政治发展成为时代潮流。一些志同道合的民主人士，走到一起，组建各种党派。这些党派成立时，大多在国民党统治区，如 1930 年成立于上海的中国国民党临时行动委员会（1947 年改名为中国农工民主党）、1936 年成立于上海的全国各界救国联合会（1945 年改名为中国人民救国会）、1941 年成立于重庆的中国民主政团同盟（1944 年改名为中国民主同盟）、1945 年正式成立于重庆的三民主义同志联合会、1945 年成立于上海的中国民主促进会、1946 年成立于广州的中国国民党民主促进会、1946 年成立于重庆的九三学社；还有一些在香港，如成立于 1947 年的台湾民主自治同盟、成立于 1948 年的中国国民党革命委员会；少数在国外，如 1925 年成立于美国旧金山的中国致公党。各党派成立后，他们发展的各级组织也集中于国统区、香港或海外，如民盟在南洋等国家成立了几十个支部。直至中共中央发布"五一口号"时，

1　楚图南：《在李家庄的学习》，麻星甫、王淑芳选编：《楚图南集》第 2 卷，云南教育出版社 1999 年版，第 778—779 页。

在中国共产党领导的解放区，还没有民主党派的公开组织。

党派性是民主人士参与政治活动的重要特征。随着接送民主人士到解放区行动的持续实施，在解放区的人数也越来越多。就民盟来说，1948年11月，时为民盟中央委员的楚图南（民盟昆明支部主委）、刘清扬、韩兆鹗（西北总支部主委），南方总支部负责人胡愈之，北平总支部负责人吴晗，以及民盟成员沈兹九、严信民、力扬、何惧等人已经抵达李家庄。相比其他民主党派，在李家庄的民盟盟员比较集中。但由于没有组织，这些民盟盟员都是以个人身份开展活动。比如，中央统战部都是个别与之交换意见。尽管当年10月，民盟上海执行部（负责上海及华东盟务）在石家庄成立了民盟华北解放区联络处，由在华北大学工作的李何林、叶丁易等盟员负责，不过并没有开展工作。

协商有关新政协的问题是一件既关乎宏旨又具体繁琐的事情。在各民主党派总部迁来解放区之前，若有分支机构或设置全权代表，则可使协商富有成效。在这种动力驱使下，民盟在解放区的第一个组织——华北解放区小组，在滹沱河畔的李家庄应运而生，首开民主党派在解放区成立组织的先河。

民盟盟员专门为盟务工作聚在一起开会，是在吴晗到达解放区之后，且事出有因。时任民盟华北总支部负责人张申府于10月23日在《观察》杂志上发表了《呼吁和平》一文。在人民解放军高歌猛进、即将成立新政协的形势下，这篇文章的发表无疑不合时宜。文章甫一发表，就引起民盟和中共的强烈批判。经吴晗提议，11月10日夜，吴晗、韩兆鹗、胡愈之三人召开了第一次盟员谈话会。吴晗提议，张申府发表文章，呼吁和平，应请本盟总部负责人发表谈话，表明本盟立场态度以正视听。会议决定由吴晗草拟书面谈话稿，由吴、韩、胡三人署名电请沈钧儒、章伯钧以民盟负责人名义在香港发表。会议另对胡愈之提出的筹建本盟小组案，商定分头征求现在李家庄盟员意见，再行决定。

11月19日，李家庄的盟员召开了第二次谈话会，除吴、韩、胡外，出席者又新增严信民、力扬、沈兹九三人。严信民同时是农工党中央委员，力扬也为中共党员，沈兹九为妇女运动领导者。在会议上，吴晗报告说，为张申府事书面谈话稿已拟就，由吴、韩、胡三人署名电沈、章。会议议决：由本日出席谈话会各盟员组成小组，但应通告中共方面，并向本盟总部呈报。至此，经过两次会议酝酿和征求盟员意见，民盟华北解放区小组正式成立。

在解放区，民盟小组相继开展了一些活动。12月6日夜及9日上午，召开了小组第三次会议。力扬因离开李家庄没有参加，与会者新增了楚图南、何惧。会议推举胡愈之为临时干事。因楚图南也是民盟中央委员，所以小组公推吴晗、韩卓儒、楚图南、胡愈之与中共中央统战部部长罗迈（李维汉）交换意见。

12月13日夜，小组第四次会议听取胡愈之关于12月10日上午四人同访李维汉的谈话经过报告。他说，罗迈部长提供意见三点：一是民盟应吸收新力量，保证进步性，使成为各革命阶层的联盟。中共不反对党员参加民盟，希望民盟亦同样办理。二是民盟与中共在政治主张方面，不妨双方协商决定，以求一致。三是民盟总部希望迁解放区，并召开四中全会。经小组讨论议决，同意中共方面提出的意见，并当场拟出三点盟务建议分电哈尔滨沈钧儒、章伯钧及香港民盟总部。电文称："（1）应吸收新力量，保证盟的进步性，在解放区城市中，使民盟成为各革命阶级的联盟；（2）本盟对新政协的政治主张，务需与中共方面协调，以求其摧毁旧势力，建设新中国；（3）在解放区各地建立小组，成立总支部，同时将总部迁移到解放区。"[1]这次小组会还讨论了应否邀请刘清扬参加本小组案，认为"刘清扬盟籍问题在未经总部作决定之前，暂不邀请其参加本小组"。

12月23日上午，第五次小组会议新增庞镜清（庞镜清疑为记录有误，或为庞荩青——笔者注）、周颖。胡愈之报告致香港及哈尔滨电已交中

---

1 刘秉扬编著：《中国民主党派史纲（民主革命时期）》，西北大学出版社1989年版，第73—74页。

共方面代为发送。吴晗报告去华大与盟友会晤及在华大成立第二小组经过。会议讨论了与解放区各地盟员如何联络的问题，决议整理文件及工作报告，抄寄哈尔滨、华大、济南、开封、延安等地盟员，以作初步联络。会议还决定此后开会由专人担任会议记录；此前的历次会议记录由胡愈之负责补录。

1949 年 1 月 5 日上午，胡愈之主持召开了第六次小组会议。楚图南做记录。胡愈之报告了东北沈（钧儒）、章（伯钧）、丘（哲）、沈（志远）四先生来电："兄等成立小组迫切，所提意见极重要。惟目前中枢同志来解放区者尚属少数，年内明春将更有多人陆续北来。兹事体大，沪港意见必须征求，弟等详慎考虑，拟俟平津解放后，大家集会一处，再行共同商议决定一切，想荷赞同。除另电香港外，特此电覆。"[1]可见，对于吴晗等人所提将总部迁往解放区的意见，沈钧儒、章伯钧等相当慎重，以"兹事体大，沪港意见必须征求"等理由明确予以拒绝。这封电文由在哈尔滨的中委丘哲、沈志远同署名字，以示集体意见。

对此，吴晗等人显然并不赞同，当场商拟了回电，提出两点建议："（一）根据香港总部决议，请即向盟内外宣布总部已迁解放区，由现在解放区中央常委即时执行总部职权。以后对时局主张，概以总部所发文件为依据，任何盟员不能违反。（二）可否以总部名义发表声明，揭破国民党和平阴谋，既可整饬民主党派阵容，亦使盟内各方面有所遵循，不致步调凌乱。"很显然，吴晗他们所说的"步调凌乱"有明确的指向。

第七次小组会议在 1 月 12 日上午召开。与会者增加了张曼筠。张曼筠是当天始才抵达李家庄的。"吴晗、楚图南报告，为张表老向合众社发表谈话，已以私人名义电张、黄、罗三位，请其与此间取一致态度，并就合众社电作必要之声明。"

1 月 14 日上午，召开了小组第八次会议。与会者新增张锋伯。张锋

<hr />

1　张峰:《"五一口号"发布后民盟在华北解放区的活动——民盟华北解放区小组史事钩沉》，《群言》2018 年第 8 期。

伯为 1936 年入党的中共党员，1946 年经杜斌丞介绍加入民盟，任民盟西安支部主委。胡愈之报告："以时局发展甚快，胡、韩、吴、楚以私人名义电周新民，催促将总部迁解放区，并对时局发表声明。"胡愈之另外报告，"根据总部负责人沈、章两先生致刘清扬电及刘清扬本人对张申府所表示之坚决态度，应请其参加本小组"。[1] 小组经讨论后表决，除吴晗郑重声明弃权外，一致通过请刘清扬参加本小组。这说明，刘清扬的明确表态得到了民盟和中共的谅解和信任，民盟小组始同意其参加。

民盟小组召开的第九次会议，也是最后一次会议安排在 1 月 23 日晚上。吴晗、严信民、何惧报告，定于日内去平津。吴回清华，整顿北平盟务；严赴北平任外事工作；何赴天津作经济工作。会议决议，"本小组盟员在短时期内均将离此赴平津，故本小组今后如无重大问题不再开会。本小组暂时结束，会议记录由临时干事暂时保存"。本来上次会议已同意刘清扬加入小组，但这次会议她因病请假了。在李家庄，她自始至终没有参加民盟小组的活动。会议之后，解放区民盟小组成员先后奔赴新的岗位，小组活动至此结束。

在吴晗等人于李家庄成立民盟华北解放区小组后，驻正定的华北大学还成立了民盟第二小组（李家庄的为第一小组）。只不过这个小组只限于盟员登记及其他盟内工作，不发展新盟员。随着形势的发展，华北大学开赴北平，第二小组自动解散。

民盟华北解放区小组成立时，民盟正处在一个特殊历史时期。民盟一届三中全会以后，以中常委名义领导民盟工作的沈钧儒、章伯钧已秘密到达东北解放区。民盟总部虽然留在香港，民盟主席张澜等人尚在国统区且受到国民党的监视软禁。民盟领导层分散各地的局面，客观上造成联络协调的不便。此时，国共决战即见分晓，一个新的中国将要诞生。

1　张峰：《"五一口号"发布后民盟在华北解放区的活动——民盟华北解放区小组史事钩沉》，《群言》2018 年第 8 期。

这种日新月异的局势，需要民盟内部统一认识，及时作出相应决策。在此情形下，新成立的民盟华北解放区小组，发挥接近中共中央便于沟通的区位优势，以及受到信任的政治优势，积极开展盟务工作。这个小组虽然仅仅存在了 3 个多月，但于历史转折关头，先后主动就开除张申府盟籍、民盟总部迁往解放区、揭批和平运动等重大问题与哈、沪、港各方反复沟通，自觉担当起了重要的盟务协调者的使命。

该小组的成立虽然只是民盟组织建设的一小步，却迈出了民主党派在解放区的组织从无到有的一大步。新中国成立以后，胡愈之将民盟小组的会议记录交民盟中央保存，为后人留下了这些珍贵的资料。从一个侧面，也生动展现了在李家庄的民主人士与中国共产党同声相应、同气相求的历史画卷。

同策共进破"双簧"

鼎革之际的 1949 年，注定不同寻常。元旦，共产党的喉舌新华社和国民党的喉舌中央社分别发表了其各自领袖的新年致辞。毛泽东亲笔起草文章，号召将革命进行到底；蒋介石的《元旦文告》由国民党御用"文胆"陶希圣代笔，表示"愿与商讨停止战事，恢复和平的具体办法"。

在新年献辞里，毛泽东指出："中国人民将要在伟大的解放战争中获得最后胜利，这一点，现在甚至我们的敌人也

1949 年 1 月 1 口《人民口报》

不怀疑了。"但是，"敌人是不会自行消灭的。无论是中国的反动派，或是美国帝国主义在中国的侵略势力，都不会自行退出历史舞台"。"中国反动派和美国侵略者现在一方面正在利用现存的国民党政府来进行'和平'阴谋，另一方面则正在设计使用某些既同中国反动派和美国侵略者有联系，又同革命阵营有联系的人们，向他们进行挑拨和策动，叫他们好生工作，力求混入革命阵营，构成革命阵营中的所谓反对派，以便保存反动势力，破坏革命势力。""现在摆在中国人民、各民主党派、各人民团体面前的问题，是将革命进行到底呢，还是使革命半途而废呢？如果要使革命进行到底，那就是用革命的方法，坚决彻底干净全部地消灭一切反动势力，不动摇地坚持打倒帝国主义，打倒封建主义，打倒官僚资本主义，在全国范围内推翻国民党的反动统治，在全国范围内建立无产阶级领导的以工农联盟为主体的人民民主专政的共和国。""如果要使革命半途而废，那就是违背人民的意志，接受外国侵略者和中国反动派的意志，使国民党赢得养好创伤的机会，然后在一个早上猛扑过来，将革命扼死，使全国回到黑暗世界。"毛泽东严肃提出："两条路究竟选择哪一条呢？中国每一个民主党派，每一个人民团体，都必须考虑这个问题，都必须选择自己要走的路，都必须表明自己的态度。中国各民主党派、各人民团体是否能够真诚地合作，而不致半途拆伙，就是要看它们在这个问题上是否采取一致的意见，是否能够为着推翻中国人民的共同敌人而采取一致的步骤。这里是要一致，要合作，而不是建立什么'反对派'，也不是走什么'中间路线'。"[1]

毛泽东的新年文告，不仅仅是一篇迎接中国革命全面胜利的檄文。这篇文章与其说是给蒋介石、李宗仁们针锋相对的回应，不如说是对革命阵营中的"和平"倾向，直接给各民主党派和民主人士出了一道选择题。他用了"三个必须"，明确点到"每一个民主党派，每一个人民团体"都要做出自己的选择。其言鞭辟入里，意味深长。

---

[1]　《毛泽东选集》第4卷，人民出版社1991年版，第1372—1375页。

在半封建、半殖民地社会背景下的中国，战乱不断、积弱积贫。中国共产党和各民主党派，一直把追求民族独立、实现和平建国作为奋斗目标，并为此付出巨大努力和牺牲。然而，抗战胜利后出现的一次最大的和平建国机遇，被蒋介石独裁政府破坏了。全面内战把全国人民再次拖入战争的泥沼。经过长年的战争，广大人民希望家宁邦安。对和平的向往和追求，曾成为时代的最强音。但在中国革命即将取得全面胜利的形势下，只有坚决彻底地消灭敌人，才能实现永续的和平。但是，1948年底，蒋介石为挽救败局又故技重演玩起了"隐退"花招，把李宗仁等"国民党民主派"推到台前。在美国的配合下，他们再次上演了一出假和谈、真备战的"双簧戏"。

这场"双簧戏"的总导演其实是美国。第二次世界大战结束后，世界格局重新调整。美国着眼其"全球战略"，为了远东利益，企图通过扶持国民党蒋介石集团，建立一个"统一"的亲美政府，遏制苏联势力的扩张。中国的情况远远比美国想象的要复杂。战后初期美国"扶蒋溶共"策略失败，不得不转至"扶蒋反共"。

全面内战爆发后，美国政府给蒋介石集团大力支持。可是，仅仅一年时间，国民党军队就由耀武扬威的全面进攻转为重点进攻，继而转为战略防守。鉴于国民党军事上的节节失败和政治上的不断恶化，美国政府认为中共取得全国政权只是时间问题。所以，他们一方面继续执行"扶蒋反共"政策；另一方面开始在中国扶植和培养新的代理人，即所谓"第三方面势力"，以代替腐朽的国民党。

所谓第三方面势力，也称中间势力、中间党派。这不是一个界定十分严密的政治概念，泛指游离于国共两党之外对政局有重要影响的政治势力。其产生于抗战胜利前后，成分复杂、主张不一，但本质上有许多相似之处，如反抗专制、反对内战，追求民主、推动和平，坚持走欧美道路，建立资产阶级民主国家等。他们办报刊、造舆论，宣传自己的政治主张，形成喧嚣一时的中间路线。随着民盟被国民党宣布为"非法"团体，中间路线宣告失败。

解放战争后期，眼见蒋介石成了扶不起来的"阿斗"，美国拟在中国培养新的代理人。这是其对华政策一个调整。1948 年 2 月，美国驻华大使司徒雷登发表《告中国人民书》，发出所谓要让"曾受教育的爱国人士"组织新的政党，"支持政府，谋取和平的努力"，以便使美援"得到最大的效果"。1948 年底、1949 年初，他向美国国务卿报告："我们目睹了传统型的中国政府体制的衰败和没落"，"美国政府应改弦更张，这一政策应有助于我们激励中国境内的民主人士和抵抗领袖"。[1] 司徒雷登的报告表明，在国民党统治无法挽回地走向覆灭之际，美国政府企图在中国培植"第三方面势力"，以维护其自身的长远利益。于是，美国政府和蒋介石、李宗仁等，联合演出了一出"退隐""和谈"的"双簧戏"。

这年底，蒋介石在政治上尽失人心，军事上兵败如山倒。而国民党内，以李宗仁、白崇禧为首的桂系地方实力派，凭借手中掌握的政治军事资源，正式向蒋介石发难，提出了与中共进行和谈的要求。为扩大影响，白崇禧授意和鼓动湖北省参议会、河南省政府主席张轸、长沙绥靖公署主任兼湖南省政府主席程潜等地方实力派先后致电蒋介石，要求改弦更张，与中共"恢复和谈"，甚至要求蒋介石"毅然下野"，以利和谈。面对桂的"逼宫"，蒋介石无奈之下发表了 1949 年 1 月 1 日元旦文告，愿与中共商讨停止战事，恢复和平。但前提是："神圣的宪法不由我而违反，民主宪政不因此而破坏，中华民国的国体能够确保，中华民国的法统不致中断，""军队有确实的保障，人民能够维持其自由的生活方式与目前最低生活水准。"[2]

蒋介石的新年文告虽然表达了和平心愿，但真实用意，还是企图利用和平谈判来保存实力。所谓"和平果能实现，则个人的进退出处绝不萦怀而一惟国民的公意是从"等说辞充满了伪善。司徒雷登对此评论道："它是一篇外表冠冕堂皇的富于修辞的文章。其中含有一位权威的统治

1　［美］肯尼斯·雷、约翰·布鲁尔编，尤存、牛军译：《被遗忘的大使：司徒雷登驻华报告 1946—1949》，江苏人民出版社 1990 年版，第 269—280 页。

2　朱汉国主编：《南京国民政府纪实》，安徽人民出版社 1993 年版，第 1094 页。

者对付麻烦的叛乱分子，予以那种宽宏的口吻。"[1]蒋介石的"和平"声明，即使在"友邦"眼里也缺乏诚意。

然则，国内一些具有亲美情绪的自由知识分子很难窥破美国和蒋介石他们的真实意图，反而蠢蠢欲动。

蒋介石元旦文告发布后，一些民族资产阶级、上层小资产阶级及其知识分子对美国和李宗仁抱有幻想，支持李宗仁的和谈活动。李维汉回忆："有一个包含了一部分较有名望的工商界和工程技术界的中国工程师学会曾写信给国共双方，要求'迅速达成全面和平之使命'。民主党派中也有少数人持中间道路思想，有的幻想通过和谈，保留国民党的一部分力量，以巩固自己的中间派地位；有的幻想吸收国民党的残余力量，以壮大自己；有人并写信给毛泽东，希望多给李宗仁、白崇禧保留一些东西。"[2]

对于美国政府培植"第三方面势力"策略，中国共产党洞若观火。中共中央反复提醒党内要警惕美蒋阴谋，在1948年7月27日发出的《关于击破敌人假和平运动的阴谋的指示》中，一针见血地指出："国民党反动统治中，则有不少的派别及个人，已在美帝国主义当权派的策动和鼓励下，进行一种假和平运动，企图利用国民党区域一部分人民中尚存在的对于和平的幻想，准备在蒋介石军队更加失败、国民党局势更加危急的时机发起政变，表面上牺牲蒋介石，宣布停战议和，实际上是为整个国民党反动统治取得喘息时间，以便休整兵力，卷土重来，消灭人民力量。"中共中央分析："美帝与某些国民党反动派所进行的和平阴谋，是对革命不利的，因为它能够欺骗群众。但在另一方面，倒蒋的活动，显示着国民党反动统治的极大分裂。蒋介石一倒，不管政变者使用什么法术，总是无法挽救反动派的命运，而且会加深国民党分崩离析的局面，这是对革命有利的。"[3]针对革命阵营内部对国民

1　世界知识出版社编印：《中美关系资料汇编》第1辑，世界知识出版社1957年版，第331页。
2　李维汉：《回忆与研究》（下），中共党史资料出版社1986年版，第655页。
3　中央档案馆、西柏坡纪念馆编：《西柏坡档案》第1卷，中央档案出版社2012年版，第367—368页。

党假和平的反应，毛泽东非常担心少数人在此关键时刻再次出现动摇，从而导致可能出现的分裂。

毛泽东的新年献词的确给各民主党派和民主人士及"自由主义者"敲响了警钟。事实上，此时的各民主党派和许多民主人士，经过现实斗争的锻炼和考验，在思想认识、政治立场上，已与旧政协时期不可同日而语，对大是大非的辨别力有很大提高。国民党的假和谈伎俩再也蒙蔽不了这些曾经奉行"中间路线"的民主党派了。

中共和各民主党派、民主人士与美蒋推出"双簧戏"的斗争，在1949年的元旦开始进入高潮。1月4日，新华社发表了毛泽东针对蒋介石新年文告而撰写的评论——《评战犯求和》，对蒋文给予了无情的揭露与痛斥。1月8日，中共中央政治局会议强调："我们必须将革命进行到底，而不容许半途而废。我们必须在党内，在人民解放军内，在人民群众中，有说服力地进行教育工作，在各民主党派各人民团体的代表人物中进行解释工作，使大家懂得必须将革命进行到底，而不容许半途而废的理由。""我们已经完全有把握地在全国范围内战胜国民党。"[1]

两篇新年文告发表后，立即引起民主人士的高度关注。结合毛泽东提出的"三个必须"的命题，民主人士随即进行了热烈讨论和沟通交流。1月7日，在李家庄的民主人士符定一、周建人、韩兆鹗、翦伯赞、刘清扬、楚图南、田汉、胡愈之、沈兹九、严信民、杨刚、宦乡、吴晗等19人，经过研究后，联名致电在东北解放区的民主人士李济深、沈钧儒、章伯钧、马叙伦、王绍鏊、陈其尤、彭泽民、沙千里、蔡廷锴、谭平山、郭沫若、章乃器、朱学范、李德全、茅盾等人。电文说，民主人士对于国民党战犯求和，当前必须要认清三点：

> 一是"养痈遗患，艾恶务尽。时至今日，革命必须贯彻到底，断不能重蹈辛亥革命与北伐战争之覆辙。"二是"薰莸不同器，

---

1 《毛泽东文集》第5卷，人民出版社1996年版，第230页。

汉贼不两立。人民民主专政，决不能容纳反动分子，务使人民阵线内部既无反对派立足之余地，亦无中间路线之可言。"三是"在中国共产党的领导下，各民主党派和民主人士一致行动，通力合作，完成人民革命之大业。"并提议："倘荷赞许，尚祈诸公率先发起联衔向国内外发表严正声明。"[1]

1月7日这天，民革中央主席李济深刚刚坐船抵达大连。待他到达沈阳后，与在沈阳的民主人士共同学习讨论毛泽东新年献词、正准备回复李家庄民主人士电文时，情况又有新的变化。斯大林1月10日给毛泽东来了一封信，建议中共接过"和平的旗帜"，与国民党和谈。毛泽东接受了这个建议，于1月14日发表了《关于时局的声明》，强调："虽然中国人民解放军具有充足的力量和充足的理由，确有把握，在不久的时间之内，全部地消灭国民党反动政府的残余军事力量；但是，为了迅速结束战争，实现真正的和平，减少人民的痛苦，中国共产党愿意和南京国民党反动政府及其他任何国民党地方政府和军事集团，在下列条件的基础之上进行和平谈判。这些条件是：（一）惩办战争罪犯；（二）废除伪宪法；（三）废除伪法统；（四）依据民主原则改编一切反动军队；（五）没收官僚资本；（六）改革土地制度；（七）废除卖国条约；（八）召开没有反动分子参加的政治协商会议，成立民主联合政府，接收南京国民党反动政府及其所属各级政府的一切权力。"[2]

为避免党内干部和民主人士对八项和平条件产生误解，毛泽东在发表《关于时局的声明》的第二天，中共中央向各地专门发出指示，强调："我方提出之八个和平条件是针对蒋方五个条件的。蒋方有宪法法统军队三条，我方亦有此三条。蒋提保持国家独立，我提废除卖国条约。蒋提保持自由生活方式及维持最低生活为一条，我则分提没收官僚资

1　杨建新、石光树、袁廷华编著：《五星红旗从这里升起》，文史资料出版社1984年版，第27—28页。

2　《毛泽东选集》第4卷，人民出版社1991年版，第1389页。

1949年1月14日，中共中央毛泽东主席发表《关于时局的声明》

本、改革土地制度两条。此外，我方的第一条（惩办战犯）及第八条（政协、联府、接收）是严正战争责任与不承认南京政权继续存在，双方的条件都是对方不能接受的，战争必须打到底。故与新年献词毫无矛盾，而给人民解放军及国民党区域被压迫人民一个打击国民党的武器，揭露国民党所提和平建议的虚伪性及反动性，望向党内干部及民主人士妥为解释。"[1]

八项和平条件发表后，中共中央和毛泽东非常关心民主人士的态度与反应，当天便电示东北局，要求"收到这一声明后，应即邀请各民主

––––––––––––––––––––

[1] 中央档案馆编：《中共中央文件选集》第18册，中共中央党校出版社1992年版，第30页。

擁護毛主席的八項和平條件

（一）懲辦戰爭罪犯

（五）沒收官僚資本

（二）廢除偽憲法

（六）改革土地制度

（三）廢除偽法統

（七）廢除賣國條約

（四）依據民主原則改編一切反動軍隊

（八）召開沒有反動分子參加的政治協商會議，成立民主聯合政府，接收南京國民黨反動政府及其所屬各級政府的一切權力

拥护八项和平条件的宣传画

人士开座谈会，希望他们予以响应"。[1]1 月 15 日，在李家庄的民主人士第一时间对毛泽东的声明进行讨论。在座谈中，大家对中共八条深表赞同，一致认为：和平有两种，一是假和平，即保留伪宪、伪军队、伪法统；一种是真正的和平，即毛主席提出的八项条件基础上的和平。一致同意与在哈尔滨的民主人士联系，共同起草一个支持毛泽东八项和平条件的声明。

为统一思想，解疑释惑，1 月 16 日，中共中央统战部召集在李家庄的民主人士进行座谈，周恩来亲自到会并作了关于时局的报告。这也是落实 1 月 15 日中共中央指示"望向党内干部及民主人士妥为解释"的具体行动。周恩来分析了中共八项条件发表后美国方面可能有的两种反应：第一种，没有什么好谈的了，认为八条无异于无条件投降；第二种，虽然是八条，还是可以派代表去讲讲价钱。他认为，时局发展的趋向不外乎三种：国民党改组政府，而且承认中共提出的八条；美国出兵，这种情况中共已有准备；可能性最大的是第三种，继续打下去。[2]

当天，在李家庄的民主人士联名致电在哈尔滨的民主人士，表示："毛主席所提的八条实为完成中国革命之最低限度的先决条件"，"中国人民正注视所谓国际干涉阴谋之酝酿，并坚决反对美、英、法等帝国主义国家借口调停为名，干涉中国内政"。他们提议："以上两点倘蒙赞许，请连同前电所陈意见（指 1 月 7 日响应毛泽东新年献词的三点意见——笔者注），由诸公发起，联衔向国内外发表声明。"[3]

事有巧合，同一天，李家庄的民主人士就收到东北民主人士就 1 月 7 日电的复电："顷奉来电，对完成人民民主革命提出宝贵意见三点，

1　中共中央文献研究室编：《毛泽东年谱 1893—1949》下卷，中央文献出版社 2013 年版，第 437 页。

2　中共中央文献研究室编：《周恩来年谱（1898—1949）》，中央文献出版社 1998 年版，第 828 页。

3　杨建新、石光树、袁廷华编著：《五星红旗从这里升起》，文史资料出版社 1984 年版，第 29 页。

高瞻远瞩，谋国情深，业经详细讨论，一致决议发表告国人文件，严正表示吾人对革命进行到底之态度，该项文件已在起草中，不日完成，当即电致就教，呈请签署。"[1]

李家庄民主人士发出倡议后，经过各方充分沟通与讨论，1 月 22 日，到达东北、华北解放区的各民主党派、各人民团体的代表人物及无党派民主人士 55 人共同发表《我们对时局的意见》的声明：

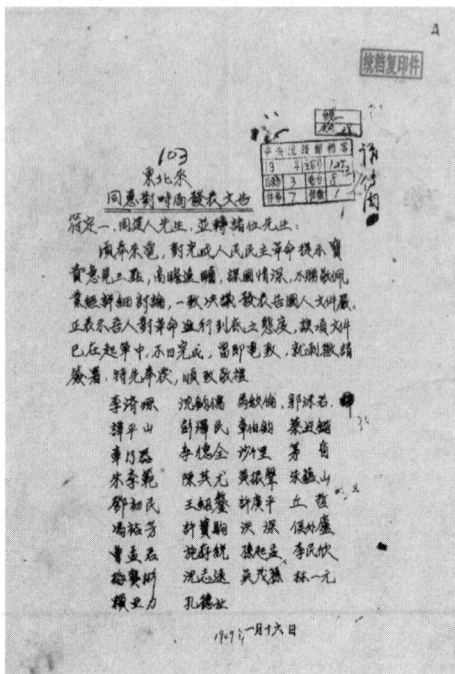

1949 年 1 月 16 日，哈尔滨民主人士复李家庄民主人士电

> 我们现在已经先后进入解放区来了。回忆去年五月一日，中共中央号召全国，建议召开包括各民主党派、各人民团体、各民主人士的政治协商会议，以加速推翻南京卖国独裁统治，实现人民民主联合政府。我们一致认定，这一解决国是的主张，正符合于全国人民大众的要求。特通电响应，并先后进入解放区，在人民解放战争进行中愿在中共领导下，献其绵薄，共策进行，以期中国人民民主革命之迅速成功，独立、自由、和平、幸福的新中国之早日实现。
>
> ……
>
> 我们今天要明白表示我们的信念。我们认为，革命必须贯彻到底，革命与反革命之间绝无妥协与调和之可能……

1　政协全国委员会文史资料委员会编：《五星红旗从这里升起》，文史资料出版社 1984 年版，第 30 页。

　　人民民主革命，在中共领导之下有了今天的成就，决非轻易得来。在今天，谁如要苟安纵敌，而使革命大业功亏一篑，谁就成为中国革命的罪人，民族的罪人了。但我们很愉快而且很兴奋，我们毕竟看到了中共主席毛泽东先生最近发表的对时局声明，为了贯彻革命到底，为了粉碎和平攻势，严正地揭穿了蒋美集团的阴谋，而提出了真正的人民民主和平八项条件。这正是对于蒋介石所提出的要求的无情反击，我们是彻底支持的。毫无疑问。全国人民的公意是在这儿反映出来了，我们希望全中国人民，全民主统一战线上的朋友，务须一致团结，采取必要行动，坚决执行人民的公意，而使这八项和平条件迅速地全部实现。

　　今天是我们人民翻身改造历史的时代了，我们要创造一个人民做主人的自由生活方式和尽可能地高度的生活水准，而不是如蒋介石所要求于我们的"维持目前的生活方式和最低的生活水准"。蒋介石要我们始终做四大家族和美帝国主义的奴隶，而我们则是要做人民民主共和国的真正的主人。为了达到这一目的，毛先生所提出的八项条件正缺一不可，不妨让我们换一个语调来重述一遍，便是：战争罪犯必须惩办；伪宪法和伪法统必须废除；一切反动军队必须依据民主原则改编；官僚资本必须没收；土地制度必须改革；卖国条约必须废除；南京反动政府及其所属各级政府的一切权力必须接受；而将要召开的新政治协商会议和要成立的民主联合政府，也必须拒绝反动分子的参加。

　　李济深、沈钧儒、马叙伦、郭沫若、谭平山、彭泽民、章伯钧、茅盾、李锡九、蔡廷锴、周建人、符定一、章乃器、李德全、胡愈之、沙千里、朱学范、陈其尤、黄镇声、朱蕴山、邓初民、翦伯赞、王绍鏊、吴晗、许广平、楚图南、丘哲、韩兆鹗、冯裕芳、许宝驹、田汉、洪深、侯外庐、沈滋九、宦乡、杨刚、曹孟君、刘清扬、张曼筠、施复亮、孙起孟、严信民、李民欣、梅龚彬、

沈志远、周颖、安娥、吴茂荪、何惧、林一元、赖亚力、孔德沚、
袁震、沈强、王蕴如 [1]

这个联合声明，是中国共产党领导各界民主人士揭批国民党假和谈阴谋的一个重要成果。尤需值得关注的是，这个声明明确表示："愿在中共领导下，献其绵薄，共策进行，以期中国人民民主革命之迅速成功，独立、自由、和平、幸福的新中国之早日实现。"这是各民主党派领导人和无党派民主人士首次公开宣告接受中国共产党的领导，旗帜鲜明表达团结一致、真诚合作、将革命进行到底的决心。以民主人士联名发表《我们对时局的意见》为标志，中共与民主党派的合作关系发展到了一个新阶段，人民民主统一战线实现了空前的团结与统一。

1月21日，蒋介石宣布"引退"，由李宗仁代总统。李宗仁以主和而上台。能否实现和平关乎政治生命。因此，他上台第二天便发表声明，表示愿以中共八项条件为基础进行和谈。同时，为了达到和谈目的，他们也加紧了对民主人士的争取工作。1月22日，李宗仁致电已进入解放区的李济深、沈钧儒、章伯钧、张东荪，希望"共同策进和平运动"。他还分别致信尚在上海的宋庆龄、张澜、罗隆基、黄炎培等人，希望他们能够赞助和谈，并派邵力子、张治中前往上海，征求对和平问题的意见。李宗仁的意图很明显：若得到他们的支持，一定能造成第三种力量，以制造反共之舆论。"这样共产党就不得不放弃毫无意义的把内战打到底的目的。" [2]

针对李宗仁的"和平"活动，1月25日，在李家庄的民主人士召开时事座谈会。李维汉进一步分析了美国和国民党政府"和平攻势"的实质。周建人、翦伯赞、田汉、胡愈之、韩兆鹗、严信民、吴晗、楚图南

---

1 杨建新、石光树、袁廷华编著：《五星红旗从这里升起》，文史资料出版社1984年版，第216—219页。

2 李宗仁口述，唐德刚撰写：《李宗仁回忆录》（下），广西人民出版社1980年版，第931页。

等联名致电尚在上海的张澜、黄炎培、陈铭枢、罗隆基、史良，表示："近闻敌人派人在沪活动，企图分裂民主阵线，淆乱社会视听，以自保全。诸公久居沪上，所闻所见，必更亲切。当能对反动派之阴谋彻底揭发，严予指斥，并请号召国民党统治区人民坚持依中共所提八条，实现真正和平，彻底消灭中国人民之敌人。"[1]

对李宗仁的"和平运动"，中共中央的态度很明确：热烈欢迎北平式的和平解放，对于不肯接受北平方式实现和平的任何反动势力，就只好用天津方式来解决。中共的立场和态度，得到民主人士的坚决拥护和支持。这也使李宗仁很快意识到：共产党的胜利已成定局，民主人士就不愿回到国民党冷冷清清的屋里来了。

"李家庄经验"

李家庄作为中共中央统战部驻地，是当时中国共产党领导统一战线工作和开展统战工作的"大本营"。从 1948 年 9 月改建，到 1949 年 3 月离开李家庄的这段时间里，中央统战部与民主人士建立了深厚友谊，开拓性地进行了协商共事探索，开创了多党合作和政治协商新格局。

民主人士从国统区来到解放区后，感受到新的气象，焕发了新的活力。从统一战线工作角度，也难免会带来一些新的问题。民主人士在解放区普遍受到礼遇，甚至享受解放区一定级别的干部所难以享受的生活待遇。但作为长期在大城市生活的知识分子，他们与长期处于戎马倥偬状态的解放区干部，毕竟在人生经历、思想观念等方面有本质的不同，甚至格格不入。这在一定程度上，会形成一些沟通和交流上的障碍。

1　杨建新、石光树、袁廷华编著：《五星红旗从这里升起》，文史资料出版社 1984 年版，第 35 页。

在李家庄的部分民主人士与中共中央统战部部分工作人员合影

召开由各民主党派、各界人士的代表参加的新政协，是中共中央做出的一项重大战略决策。中共中央不仅将同各民主党派、民主人士协商建国，还要与各民主党派、民主人士长期合作、建设新中国。因而如何对待民主人士，与他们形成良好的协商、沟通和合作模式，就成为当时举足轻重的一件事情。李家庄的这几个月，对中共中央做好民主人士工作、完善

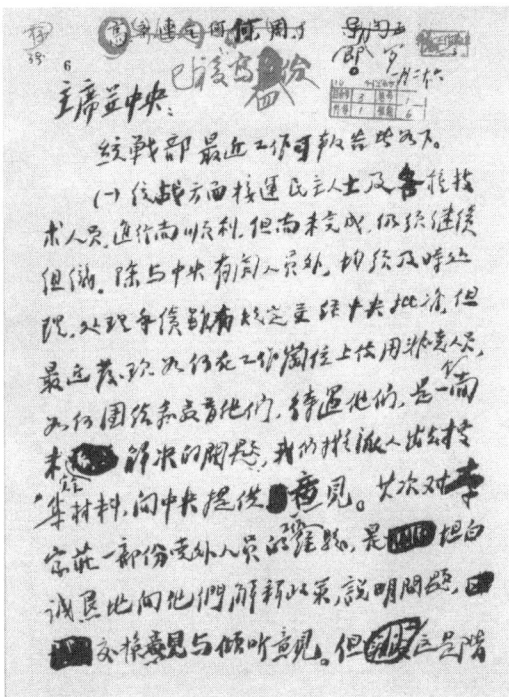

中共中央统战部关于接待民主人士的工作情况的报告（部分）

统一战线政策来说，也是弥足珍贵的实践。

1949 年 1 月，李维汉就中央统战部接待民主人士的工作情况向毛泽东和中共中央写了一个报告。这是结合李家庄的实践经验写成的，也等于对李家庄几个月来民主人士工作作了一个简要的总结。报告说，接送民主人士工作尚未完成，仍需继续组织；当中特别提到："对李家庄一部分党外人员的工作经验，是坦白诚恳地向他们解释政策，说明问题，交换意见与倾听意见。"

民主人士到解放区后，李家庄遇到的问题，在东北等地区也不同程度地存在；乃至以后，仍有可能以新的形态出现。为了推广经验，中共中央于 1 月 22 日向东北局并各地发出《中央关于对待民主人士的指示》。《指示》分为 3 个部分：

（甲）我党对待民主人士的方针应该是以彻底坦白与诚恳的态度，向他们解释政治的及有关党的政策的一切问题，积极地教育与争取他们。对政策问题，均予以正面解答，不加回避。除党的秘密和某些具体策略外，一切可以公开谈的都可以谈。对政策实行的情况亦应据实相告，在强调说明各种重大成就时，并应指出困难和缺点，以及我们依靠群众力量，虚心学习等，克服困难和缺点的方法。同时，请他们充分发表并提出批评和意见，以加强共同努力的精神。

（乙）此间曾根据上述方针和态度对民主人士进行过以下工作：（1）依据他们的提议，由我党各部门负责同志作报告（已报告过战争，军事政策，政权，土改，外交，经济，文化教育，妇运等）。（2）举行座谈，除座谈上述报告外，还座谈过我党新年献词，主席八条文告（他们致东北民主人士两个电报即由此产生）及有关新政协诸问题，我们有负责同志参加。（3）他们可以和我任何负责同志谈话，交换意见。（4）组织一部分同志进行日常的接触和交谈。（5）组织参观。（6）供给他们以马列著作，毛泽东选集（每人赠一册），党的公开文件及材料，解放区建设的材料，报纸及参考消息（无党内新闻）。（7）他们得自由与老百姓接触交谈。（8）民主人士间推有负责人，并有分组研究。许多工作进行均经其负责人与我方负责同志商洽。以上各项工作进行以来，民主人士均感收获甚大。（9）关心他们的生活及疾病。

这些经验，供你们参考，可依据你们的具体环境加以运用。

（丙）上述方针，应在干部会议上明确地传达与讨论，使大家都能掌握其精神，主动地向民主人士进行教育宣传又耐心倾听他们的意见，一方面保持积极主动，另方面要反对我们自己的无纪律无组织状态。[1]

1　中央档案馆编：《中共中央文件选集》第18册，中共中央党校出版社1992年版，第69—71页。

从李家庄经验可以看出，中共中央领导人与民主人士在坦诚的气氛中协商和交流，为新政协的顺利召开作了多方面的铺垫。此前，双方虽有接触，但毕竟缺乏如此深入交换意见、沟通看法、协商问题的机会，更没有如此密切地合作过。因而可以说，《中央关于对待民主人士的指示》为中国共产党领导的多党合作和政治协商制度的形成和发展作出了初步的探索。其中的一些重要精神，也成为中国共产党领导的新型政党制度的有机组成部分。

新华通讯社
●

中央马列学院
中央法制委员会
●

中央宣传部　　中央
●　　　　　●

中央社会部
●

中央组织部
●

中共中央
中央军委
解放军总部
中央政策研究
总参谋部
军委作战部

第九章

为新中国奠基

● 中央统战部

中央办公厅
中央财政经济部
总政治部
后勤部

卫生部

召集政治协商会议和成立民主联合政府的一切条件，均已成熟。一切民主党派、人民团体和无党派民主人士都站在我们方面。

我们希望四月或五月占领南京，然后在北平召集政治协商会议，成立联合政府，并定都北平。

在革命胜利以后，迅速地恢复和发展生产，对付国外的帝国主义，使中国稳步地由农业国转变为工业国，把中国建设成一个伟大的社会主义国家。

——毛泽东在中共七届二中全会上的报告

"远程"协商新政协诸问题

民主人士到解放区，第一要务就是贯彻中共中央"五一口号"提出的"迅速召开政治协商会议，讨论并实现召集人民代表大会，成立民主联合政府"。无论对中国共产党，还是对各民主党派、人民团体、无党派民主人士来说，这都是大事。作为召集者，中国共产党与各民主党派、人民团体、无党派民主人士加强协商，就召开新政协的诸多问题达成一致，无疑极其必要。民主人士也希望能达成一个协议。这个协议是民主方面的各阶级各阶层的代表自己互相商量"国是"，是"和衷共济"的而不是妥协的。[1]

香港新政协运动期间，香港分局采取召开座谈会、上门征求意见等方式，就新政协会议的召开时间、地点、参加范围、任务等问题进行了初步协商。但由于西柏坡与香港之间远隔千山万水，战争形势又瞬息万变，只能就一些原则问题达成初步共识。当1948年秋，民主人士陆续到达解放区后，客观上的阻隔因素逐渐消除，中共与各民主党派、民主人士之间对一些具体事项的协商提上议事日程。

哈尔滨和李家庄，是民主人士在解放区的两个主要集结地。西柏坡与李家庄近在咫尺，中共中央领导人与民主人士时有走动，面对面协商极其便捷；但与到哈尔滨的民主人士和仍滞留香港的民主人士，则只能

---

[1] 马叙伦：《读了中共"五一口号"以后》，石光树编：《迎来曙光的盛会——新政治协商会议亲历记》，中国文史出版社1987年版，第92页。

采用"远程"协商的方式了。

　　毛泽东、周恩来未雨绸缪，早早部署新政协协商事宜。在 9 月 18 日由香港北上的第一批民主人士还在途中时，中共中央即电示东北局："在各方人士住哈期间，可由高岗、洛甫、林枫代表东北局并与高崇民、张学思、朱学范等人和他们正式商谈，征询他们对召开新政协会议之时间、地点、人选及议程的意见。"[1]10 月 3 日，毛泽东、朱德、周恩来致电到达哈尔滨的民主人士沈钧儒、谭平山、章伯钧、蔡廷锴："在目前准备期内，弟等已托东北局负责人高岗同志等与诸先生面洽一切，尚希随时指教，使会议准备工作臻于完善。"[2]

　　"远程"协商有关新政协问题的格局基本确定下来：以中共中央所在西柏坡为中心；中央统战部居中协调组织，并负责联系李家庄的民主人士；东北局代表中央与在哈尔滨民主人士协商；在香港的民主人士仍由香港分局负责联络。围绕新政协的筹备，西柏坡—李家庄—哈尔滨—香港，反复沟通、迭次交换意见，这在中国共产党领导的多党合作和政治协商史上，可以算是一个创举了。

西柏坡、李家庄——拟定协商蓝本

　　为了更具体地同民主人士商谈召开新政协的各项事宜，10 月初，毛泽东向周恩来提出："似宜将名单及其他各项拟成一个文件，内容字句均须斟酌。"[3]周恩来按照毛泽东的指示，和李维汉等中央统战部一起，在李家庄同民主人士进行了商讨，最后拟定出《关于召开新的政治协商会议诸问题（草案）》（以下简称《草案》）。这个《草案》是新的政治协商会议的基础性文件，涉及若干重要问题。《草案》的拟定工作非同小可，毛泽东亲自进行了审改。

1　中央统战部、中央档案馆编：《中共中央解放战争时期统一战线文件选编》，档案出版社 1988 年版，第 206 页。

2　根据中央档案馆复印件刊印。

3　胡乔木：《胡乔木回忆毛泽东》，人民出版社 2014 年版，第 553 页。

关于《草案》拟定过程，除了胡乔木、童小鹏和楚图南等人在回忆录中简略提到，目前没有找到更多有价值的细节资料。据推测，这份文件有可能是负责筹备新政协专责的中央统战部在商民主人士之后起草的，知悉范围有限。《草案》共涉及新政协4个方面的问题：

一、新的政治协商会议的召集问题，提议由中共及赞成中共中央"五一口号"第五项的各主要民主党派、人民团体及无党派民主人士的代表们成立一个新政协的筹备会。由此筹备会，负责邀请参加新政协的各方代表人物，负责起草新政协的文件，并负责召开新政协的正式会议。筹备会的人选，提议即以5月5日香港签名通电响应中共中央"五一口号"的民主党派、人民团体及无党派民主人士的九单位代表，加上上海民主建国会，平、津教授，国内少数民族及南洋华侨的民主人士的代表；全国性的人民团体，例如工人、农民、学生、青年、妇女、文化界、产业界等的代表；中共和中国人民解放军的代表，共约20人组成之。筹备会的地点，提议在哈尔滨。筹备会成立的时间，以上述各方代表到有过半数，即到有13人左右，即可成立。

二、新的政治协商会议的参加者问题，提议在南京反动政府系统下的一切反动党派及反动分子必须排除，不得许其参加外，由反对美国帝国主义侵略，反对国民党反动统治，反对封建主义和官僚资本压迫的各民主党派、各人民团体及无党派民主人士的代表人物组成之。

三、新的政治协商会议的时间和地点问题，时间提议定在明年，地点依目前情况看来，哈尔滨似较适宜。但依情况之发展，亦有可能改在华北某一大城市。届时，应由筹备会作最后决定。

四、新的政治协商会议应讨论的事项问题，新政协所应讨论和实现的有两项重要问题：一为共同纲领问题；一为如何建立中华人民民主共和国临时中央政府问题。关于共同纲领，提议由新政协筹备会起草，目前即可交换有关纲领的各方意见，中共中央正在准备一个草案。关于如何建立临时中央政府即民主联合政府问题，提议先行交换意见，以便提交新政协筹备会作初步讨论。[1]

《草案》明确提出了新政协谁来召集、谁能参加，新政协筹备会如何组织，新政协的任务等意见。这个草案，成为中共中央与各民主党派、无党派民主人士、人民团体的代表协商新政协的蓝本。

西柏坡、哈尔滨、香港——迭次协商

《草案》拟就，协商启动。10月8日，中共中央将《草案》电发东北局高岗、李富春等人，并请他们就其中诸项问题，约集已在哈尔滨的沈钧儒、谭平山、章伯钧、蔡廷锴、王绍鏊、高崇民、朱学范等7人商榷。电文中说："这是中共中央委托你们与他们商谈的书面意见，正式征求他们的意见，请你们和他们过细地加以斟酌。他们如有不明了之处，你们应善为解释。"[2]一个"善"字，充分体现了中共中央对协商的积极主动和虚心诚恳态度。

新政协由哪些党派、哪些人参加，反映了会议性质和发展方向，应是"诸问题"的重中之重。10月15日，中共中央就向民主人士征询新政协代表名单的意见等事项再次致电高岗、李富春并东北局。电文强调，新政协的组成必须依照《草案》第二项所指出的原则。但在被邀请的各民主党派及某些团体、产业界和其他方面，也会邀请个别对群众有一定影响和联系的右派分子。[3]这显然是吸收了李济深在香港座谈会上的意见。

1　中央统战部、中央档案馆编：《中共中央解放战争时期统一战线文件选编》，档案出版社1988年版，第211—212页。

2　中央统战部、中央档案馆编：《中共中央解放战争时期统一战线文件选编》，档案出版社1988年版，第210页。

3　中共河北省委统战部编：《李家庄时期统一战线史料选编》上卷，华文出版社2018年版，第298页。

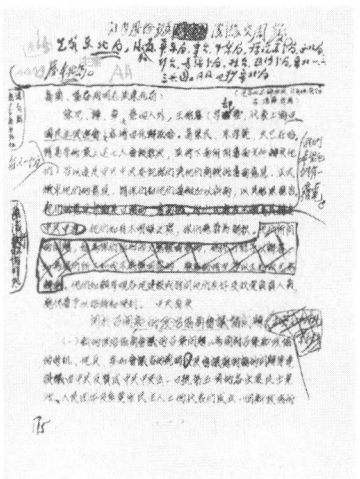

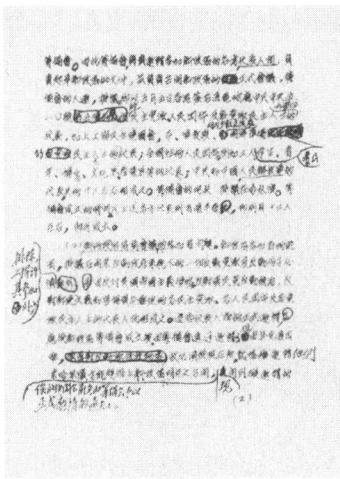

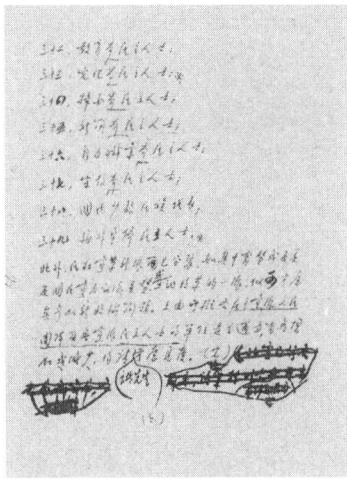

毛泽东修改的中共中央关于约集沈钧儒等会谈征求新政协诸问题的意见致高岗等电报

与10月8日电相比，这份电文内容更为细化、具体。比如，关于名单，电文指出"望向各该党派在哈的五位代表（国民党革委会，谭、蔡；民盟，沈、章；救国会，沈；农工民主党，章；民促会，王；国民党促进会，蔡；民联，谭），分别提出，征询他们的意见，并交换意见。""你们对名单上的人物有不熟悉之处，可先与谭老、沈老详谈，不够时还可与王、章两人谈。"实际上，相当于一份与民主人士进行协商的指南：谈什么，先和谁谈、再和谁谈，必须坚持什么原则，哪些问题需要解释和说明等。电文还附上民革、民盟、民进、农工党、救国会、民促、民联7个党派及团体的52位代表名单。

根据中共中央两次电示精神，10月21日、23日和11月15日，围绕"新政治协商会议诸问题"，东北局负责人高岗、李富春与在哈尔滨的民主人士沈钧儒、谭平山、章伯钧、蔡廷锴、王绍鏊、李德全（参加了第三次会谈）、朱学范、高崇民共举行了三次协商会谈。

在10月21日的第一次会谈时，民主人士表示原则同意中共中央《草案》的各项建议，并就具体内容进行了讨论。会议结束后，东北局立即将会议情况分门别类地整理出来，致电中共中央，特别针对草案中的诸问题逐一作了汇报："关于召集的原则问题，大家一致同意排除南京一切反动党派及反动分子的主张。""关于新政协由各党派、各方面共同组织筹备会负责召集，均表示很满意。""关于筹备会的组成问题。沈提出 20 人左右是否能包括各单位，如每单位只 1 人也可以，各单位参加的人数要规定，且需电港得到正式委托。章提出参加的单位中有平津教授，是否改为全国教授，并可由 25 人至 30 人组成之。""关于新政协参加者问题。对 39 个参加单位，没有表示异议的。沈提出要规定参加者的总额。谭提出 100 人左右即可。章提出 100 人到 150 人。关于各单位出席的人数与人选，大多认为要有人数规定。朱主张各单位出席人士应有参差不能平均。人选则主张向各单位个别商量，并向香港各方面请示决定，才能合法。"[1]

这次会谈提出了许多建设性意见，中共中央都视情予以采纳。在会谈时，民主人士不约而同地提出，重大问题需征求香港方面民主党派代表的意见。

10 月 23 日举行的第二次会谈采取"分问题具体商谈"的办法。与会者除同意中共所提参加新政协筹备会各单位外，经过酝酿，一致提议增加"上海人民团体联合会"；将"平津教授""南洋华侨民主人士"两单位分别改为"全国教授""海外华侨民主人士"；将无党派民主人士单列一单位。对于筹备会召开时间，同意半数以上的代表到齐后举行，地点在哈尔滨。筹备会组织条例，同意由中共中央起草。

这年初冬时节，大部分民主党派的主要领导人和无党派民主人士，如李济深、郭沫若等，还在香港或正在北上解放区途中。在哈尔滨的几位民主人士，尽管能够覆盖民革、民盟、民进、农工、民联、民促、救国会等主要民主党派，但毕竟人数不多，代表性有限。由于交通不便，信息不畅，在哈尔滨与在香港的民主人士之间难以做到即时沟通，像朱学范回忆的那

---

[1] 中央统战部、中央档案馆编：《中共中央解放战争时期统一战线文件选编》，档案出版社 1988 年版，第 216—217 页。

样："1948 年 10 月上旬，我和谭平山、蔡廷锴等在哈尔滨参加'新政协诸问题'座谈期间，很多有关李济深、何香凝等民革领导人对新政协的意见，除重大者由中共南方局转示外，大都是由香港《文汇报》登出，解放区报纸转载后给我们提供的信息。"[1] 因此，在第一次会谈时，沈钧儒等人提出，应将此文件发往香港方面征询意见。

中共中央理解沈钧儒他们的顾虑，10 月 31 日，将《草案》转发给香港分局，要求接到该项文件后，即抄送民革李济深、何香凝，民盟周新民，民促马叙伦，致公党陈其尤，救国会李章达、沈志远，第三党彭泽民，民主建国会章乃器、孙起孟，及无党派人士郭沫若 11 人，并由潘汉年、连贯分访他们或邀请他们一起聚谈，征询他们意见。[2] 11 月 5 日，中共中央又一次致电香港分局："各方对我们关于新政协诸问题的建议反应如何，你们执行情形如何，均望陆续电告。"[3] 可见，中央密切关注香港民主人士的态度，希望得到及时反馈。

中共中央对东北两次会谈的成果进行集中研究后，于 11 月 3 日作出答复。关于新政协筹备单位，中共同意增加"上海人民团体联合会"；"平津教授"可改为"全国教授"，但仍以平津教授为主，因南方城市尚待解放；"南洋华侨民主人士"可改为"海外华侨民主人士"，但仍以南洋华侨为主，因南洋华侨响应"五一口号"者最广最多；在筹备单位中列入致公党，因致公党响应新政协最早；"社会贤达"以称"无党派民主人士"并作为一个单位为好。关于各单位人数，提议每单位至少 1 人，至多 4 人，其确定数目与人选由各单位提出，筹备会各单位协商定之。筹备会召开时间及地点，同意商谈意见。筹备会组织条例，待上述各点取得各方同意后，由中共起草，各方审阅，筹备会集会时正式通过。在这个电文里，

1　朱学范：《我与民革四十年》，团结出版社 1990 年版，第 174 页。

2　中共河北省委统战部编：《李家庄时期统一战线史料选编》上卷，华文出版社 2018 年版，第 339 页。

3　中共河北省委统战部编：《李家庄时期统一战线史料选编》上卷，华文出版社 2018 年版，第 369 页。

中央明确表示："临时中央人民政府有很大可能不需经全国临时人民代表会议，即径由新政协会议产生。"这一意见，是章伯钧和蔡廷锴在第一次会谈时提出来的，引起中共中央的重视。当然，也是根据辽沈战役后的形势对"五一口号"关于建立新中国程序的重大调整。

11月15日，高岗、李富春同沈钧儒、谭平山等人进行第三次正式会谈，通报了中共的答复。民主人士表示完全同意，并提出新的两点建议：规定参加新政协的单位由中共及各民主党派、各人民团体、各地区代表共38个单位组成，每单位人数6名；如再有增加单位的提议，在筹备会中作正式决定。

11月20日，中共中央复电，同意上述所提两点意见。同日，中共香港分局方方、潘汉年、连贯致电中央，报告他们与在港各民主党派、无党派民主人士座谈情况及提出的九点意见。这九点多是具体参加单位的建议，只有第九条提出：关于共同纲领起草，各党派正在研讨中。对以"新民主主义"为今后建国最高指导原则问题，民革方面有两种意见：一种赞同，一种坚持"革命的三民主义"；民盟方面有的主张用"人民民主主义"，有的主张用"民主主义"，不必加上"新"字，但大多数意见均赞成"新民主主义"。[1] 这表明，对新政协的讨论，其性质和建国原则仍是大家关注的重大问题。

在此同时，周恩来和中央统战部与李家庄民主人士的沟通讨论，也即时即地进行着……

协商成果——达成召开新政协诸问题的协议

中共中央在充分吸收各民主党派领导人和无党派民主人士意见的基础上，于11月25日，委托高岗、李富春与沈钧儒、谭平山等人在哈尔滨，达成了《关于召开新的政治协商会议诸问题的协议》。

---

1 杨建新、石光树、袁廷华编著：《五星红旗从这里升起》，文史资料出版社1984年版，第19—20页。

　　这个协议内容基本概括了"五一口号"发布以来各方面关注的重大问题，也是对半年多来关于新政协讨论的集中总结。新政协筹备会是由中共及赞成中共中央"五一口号"第五项的各民主党派、人民团体及无党派民主人士的代表组成的，计有23个单位；主要任务是负责邀请参加新政协的各方代表人物，起草新政协文件，召开新政协的正式会议；每单位参加人数1至4人，经本单位提出，由筹备会协商定酌；各单位到达过半数（即12个单位）时，即可成立；一般决议经多数通过，如共同纲领及组织政府等基本方针的决议要经多数通过，少数单位有不同意见时有不签名或退出的自由；地址，预定为哈尔滨；组织条例，由中共起草，送各方审阅经同意后，筹备会集会时正式通过。

　　关于新政协，参加范围由反对帝国主义侵略，反对国民党反动统治，反对封建主义和官僚资本主义压迫的各民主党派、各人民团体及无党派民主人士的代表人物组成；南京反动政府系统下的一切反动党派及反动分子必须排除，不许参加；参加单位预拟38个；每单位代表人数6人，但如获筹备会同意亦可允许个别单位酌增人数；召开时间拟在1949年，具体日期、地点应视各方代表到达情况，由筹备会决定；新政协应讨论和实现两项重要问题：一为共同纲领问题，一为如何建立中华人民民主

形成《关于召开新的政治协商会议诸问题的协议》定稿前的修改件

共和国临时中央政府问题。

关于专门委员会，不论筹备会或新政协，均可按工作需要聘请若干民主人士及专家组成专门委员会，研究各项专门问题。[1]

在中共中央领导下，在毛泽东、周恩来的直接指挥下，西柏坡与李家庄、哈尔滨、香港构成了一个"远程"协商的链条，各方意见汇集在《关于召开新的政治协商会议诸问题的协议》里，为新政协筹备提供了第一份可以遵循的正式文件。这是新政协筹备工作的一个重要节点，标志着中共和各民主党派、人民团体、无党派民主人士就何时、何地、以何种方式召开新政协进一步达成了共识，为新政协筹备会成立、中国人民政治协商会议召开，乃至新中国的诞生奠定了重要基础。

从新政协径直产生中央政府

历史的车轮走到 1948 年秋冬时，中国的局势正在发生惊人的变化，人民战争的胜利已势不可挡。随之而来的，是如何建立新中国、怎么建立新政权的问题。

中共中央在发布的"五一口号"中，明确提出建立新中国的程序和步骤：第一步，先邀集各民主党派、人民团体、无党派民主人士的代表在解放区召开新政协会议，商讨如何召开人民代表大会；第二步，召开人民代表大会，选举产生中央政府。这与毛泽东在中共七大上发表《论联合政府》里的建国构想一脉相承。毛泽东设想的"联合政府"不是一步到位的：目前时期，经过各党各派和无党无派代表人物的协议，成立临时的联合政府；将来时期，经过自由的无拘束的选举，召开国民大会，成立正式的联合政府。当然，时移世易，"五一口号"内的联合政府，其内涵已全然不同了。在对新政协的讨论过程中，中共中央经与各民主

1　杨建新、石光树、袁廷华编著：《五星红旗从这里升起》，文史资料出版社 1984 年版，第 211—214 页。

党派协商，作出了新政协代行全国人民代表大会职能，由新政协直接产生中央人民政府的决定。

这是建国程序的重大调整，关乎法理认同、政权组织等若干重大原则性问题。促使中共和各民主党派协商调整"五一口号"所提出的建国程序的原因，用唯物辩证的观点来说，是历史的合力推动。决定性因素，无疑是中国的军事形势已经发生根本变化。1948 年 9 月 24 日，人民解放军攻克济南，使华东和华北解放区连成一片，拉开了全国解放战争战略决战的序幕。

这年 11 月初，中国的局势可谓风雨已满楼。11 月 2 日，辽沈战役胜利结束；几天后，淮海战役按计划发起；中国的军事力量发生了实质性变化。人民解放军不但在质量上已占有优势，而且在数量上也超过敌人。据此，毛泽东对全国形势重新作了估计。他在 11 月 11 日为祝贺辽沈战役胜利的电报中指出："我全军九、十两月的胜利，特别是东北及济南的胜利，业已根本上改变了敌我形势。"[1] 11 月 14 日，毛泽东进一步对人民解放战争胜利的时间作出新的判断：原来预计，从 1946 年 7 月起，大约需要五年左右时间，便可能从根本上打倒国民党反动政府。现在看来，只需从现在起，再有一年左右的时间，就可能将国民党反动政府从根本上打倒了。[2]1949 年初，淮海战役、平津战役相继结束，全国解放战争的胜利已成定局。在这个历史"关节点"上，如何迅速建立新中国，就成为中国共产党的当务之急了。

严信民有一篇回忆，从另一个侧面说明三大战役胜利的决定性因素。据他所说，10 月初，到达解放区的民主人士就新政协如何召开的问题展开了讨论。对于召开新政协，原则上完全一致。但由于一般都没有估计到军事形势发展得那样快，在会议的时间、地点、范围以及程序等具体问题上，则有不同的意见。有的主张 1948 年冬季召开；有的主张 1949

1　中央档案馆、西柏坡纪念馆编：《西柏坡档案》第 2 卷，中国档案出版社 2012 年版，第 642 页。

2　中央档案馆、西柏坡纪念馆编：《西柏坡档案》第 2 卷，中国档案出版社 2012 年版，第 650 页。

年春季召开。有的主张在东北的沈阳或哈尔滨召开，并把联合政府放在东北；有的主张在华北的适当地方召开，借以扩大影响，并认为东北靠近苏联，为照顾国际影响，把联合政府放在关内。有的主张以 9 个党派（中国共产党、中国国民党革命委员会、中国民主同盟、中国民主促进会、中国农工民主党、致公党、中国人民救国会、中国国民党民主促进会、三民主义同志联合会）为基础，再加上人民团体和无党派人士代表，人数以五六十人到 100 人为度；有的主张范围大些，以 300 人为宜。有的主张新政协会议闭幕，马上成立联合政府；有的主张要先召开全国人民代表大会，然后成立联合政府。以上意见，转送中共中央讨论。以后的事实表明，辽沈战役胜利结束，军事形势急转直下，紧接着是淮海战役大捷，平津宣告和平解放，这一系列决定性的胜利，国民党反动集团已经不能挣扎了。所以，新政协会议如果是 1948 年冬季在哈尔滨召开，时机尚未成熟，有好多人还会观望，迟迟不来。[1]

中共中央作出这一重大决策调整，也是粉碎国民党"和平攻势"的重要举措。国民党政府眼看自身统治难逃全面崩溃的厄运，玩弄起"和平"阴谋。美国也企图在中国革命阵营内组织反对派，极力策动中国的一些所谓"自由主义分子"组成"新第三方面势力"。在这种情况下，中国共产党只有迅速成立新的中央政府，联合所有的革命力量，将革命进行到底，才能彻底粉碎国民党的"和平"烟幕。1948 年 12 月 4 日，毛泽东将一个美国记者在香港的谈话材料批送给刘少奇、朱德、周恩来、任弼时等人。材料中，这个美国记者说，美国国务院现政策之中心，在于如何在新的联合政府中造成一有效的反对派，以抵抗中共力量。毛泽东严肃指出："此种阴谋必须立即开始注意，不要使美帝阴谋在新政协及联合政府中得逞。"[2]

1　严信民、王一帆：《关于中国农工党参加新政协的情况》，石光树编：《迎来曙光的盛会——新政治协商会议亲历记》，中国文史出版社 1987 年版，第 107—108 页。

2　中共中央文献研究室编：《毛泽东年谱（1893—1949）》下卷，中央文献出版社 2013 年版，第 412 页。

　　迅速成立新政权是社会各界的共同期待。当时，召开人民代表大会的条件还不成熟。要召开人民代表大会，必然要进行全民普选。而现实条件下，这根本无法进行。一方面，军事战争仍在继续；另一方面，解放区的土地改革还没有完成。此外，人民的觉悟和文化程度也有待提高，"单就普选一点，三年能不能真正做到，还是一个难题"。[1]事实上，1954年召开的全国人民代表大会，从酝酿到开幕前后共经历了两年，仅统计人口就用了一年多时间，这还是在全国性政权已经建立和巩固的基础上进行的。这足以表明，1949年要在召开全国人民代表大会的基础上，选举产生新的中央人民政府，很难实现。

　　成立民主联合政府，建立一个独立、自由、民主、统一和富强的新中国是民主革命任务之所在，也是中国共产党和民主党派、社会各界不懈的追求、共同的目标。早在1948年春天，针对国民党要召开的"行宪国大"，沈钧儒、陈嘉庚等人纷纷呼吁中共早日组建新政权；胡愈之到达解放区，提出"还要两年时间，可能长了一点。国民党区域的人民大众已经等不及了"。10月21日，在中共中央委托东北局与在哈尔滨的民主人士进行第一次协商会谈时，章伯钧、蔡廷锴主张新政协即等于临时人民代表会议，即可产生临时中央政府，现在对内对外均需要，待全国统一后，再成立正式的。[2]可见，早日组建新政权是各界人士一而再、再而三的呼声。

　　不得不说，苏共中央和斯大林的影响也是促成这一调整的重要国际因素。1949年初，苏共中央政治局委员米高扬秘密访问西柏坡，从其与中共领导人的谈话、斯大林的电报中可以看出，在历史重要关头中共与苏共高层交往中，苏共、斯大林都希望中共尽早成立中央人民政府。他们认为，这对形势发展有利。

1　周恩来：《关于人民政协的几个问题》，中共中央文献研究室编：《中华人民共和国开国文选》，中央文献出版社1999年版，第240页。

2　中共河北省委统战部编：《李家庄时期统一战线史料选编》上卷，华文出版社2018年版，第313—314页。

尽管如此，关于建立新中国的程序调整不是一下子决定的，还有一个审慎的循序渐进过程。其大约发生在 1948 年 10 月至 1949 年 3 月之间。

1948 年 10 月中共与民主人士协商《关于召开新的政治协商会议诸问题（草案）》时，这个草案明确提出"新政协所应讨论和实现的有两项重要问题：一为共同纲领问题；一为如何建立中华人民民主共和国临时中央政府问题。……关于如何建立临时中央政府即民主联合政府问题，提议先行交换意见，以便提交新政协筹备会作初步讨论。"[1] 草案中没有再提召开人民代表大会。对于如何建立中央人民政府，在东北的民主人士意见也不一致。比如，谭平山、王绍鏊主张新政协后，限定时间召集临时人民代表会议，再产生临时中央政府；而章伯钧、蔡廷锴则主张新政协即等于临时人民代表会议，即可产生临时中央政府。中共中央在 11 月 3 日复电中提出："依据目前形势的发展，临时中央人民政府有很大可能不需经全国临时人民代表会议，即迳由新政协会议产生。"这份回复是在新形势下作出的新判断，但仍未用肯定的表述，只是"有很大可能"，并要求东北局将此意见"单独告沈、谭、王三老"，不宜扩散。11 月 25 日正式达成的《关于召开新的政治协商会议诸问题的协议》，对如何建立临时中央政府即民主联合政府时，提出"即由新政协产生或由人民代表会议产生问题"，"先行交换意见，留待筹备会讨论解决"。[2]这表明，对这一重大调整仍在考虑斟酌之中。

根据战争形势的发展，尤其是针对美蒋上演的"和平"双簧戏，12 月 30 日，毛泽东在为新华社撰写的新年献词《将革命进行到底》中，提出"一九四九年将要召集没有反动分子参加的以完成人民革命任务为目标的政治协商会议，宣告中华人民共和国的成立，并组成共和国的中央

1　中央统战部、中央档案室编：《中共中央解放战争时期统一战线文件选编》，档案出版社 1988 年版，第 214—215 页。

2　杨建新、石光树、袁廷华编著：《五星红旗从这里升起》，文史资料出版社 1984 年版，第 214 页。

政府。这个政府将是一个在中国共产党领导之下的、有各民主党派各人民团体的适当的代表人物参加的民主联合政府"。[1] 这个新年献词，第一次公开发表了新中国、新政权产生的新程序：召集"政治协商会议，宣告中华人民共和国的成立，并组成共和国的中央政府"。毛泽东的新年献词令人心潮澎湃。新的中国如东升的旭日，即将破晓。

1949 年 1 月 6 日至 8 日，在西柏坡召开的中共中央政治局会议决定，"一九四九年必须召集没有反动派代表参加的以完成中国人民革命任务为目标的各民主党派各人民团体的政治协商会议，宣告中华人民民主共和国的成立，组成共和国的中央政府，并通过共同纲领"。[2] 从中可见，建国程序的重大调整已提交到中央政治局会议通过。毛泽东在 1 月 14 日《关于时局的声明》中再次重申，要"召开没有反动分子参加的政治协商会议，成立民主联合政府，接收南京国民党反动政府及其所属各级政府的一切权力"。[3]

3 月，中共七届二中全会批准了由中国共产党发起，并协同各民主党派、人民团体及民主人士，召开没有反动分子参加的新政治协商会议及成立联合政府的建议。七届二中全会指出："召集政治协商会议和成立民主联合政府的一切条件，均已成熟。"[4] 此时，召开新政协、成立联合政府已成为中国共产党的政治意志和集体行动。

由新政协选举产生中央政府这一重大调整，体现了中共中央建国原则的坚定性和策略的灵活性。新的建国程序，很快得到各民主党派、人民团体和无党派民主人士的一致赞同。因此，在新政协筹备会成立大会上，毛泽东宣布新政协筹备会的任务是"完成各项必要的准备工作，迅速召开新的政治协商会议，成立民主联合政府，以便领导全国人民，以最快的速度肃清国民党反动派的残余力量，统一全中国"，因为"全国

1　《毛泽东选集》第 4 卷，人民出版社 1991 年版，第 1379 页。

2　《毛泽东文集》第 5 卷，人民出版社 1996 年版，第 234 页。

3　《毛泽东选集》第 4 卷，人民出版社 1991 年版，第 1389 页。

4　中央档案馆等编：《中共中央在西柏坡》，海天出版社 1998 年版，第 859 页。

人民希望我们这样做，我们就应当这样做"。[1]

启动筹备新政协

由新政协径直产生中央人民政府，宣布新中国的诞生，这一建国步骤的重大调整，赋予了新政协伟大使命。时不我待。抓紧筹备新政协，成为中国共产党团结带领民主力量的重要现实任务。

1948 年 9 月组建的中共中央统战部，最主要的职责就是筹备新政协。邀请、组织和护送民主人士到解放区，即是其重要的环节，也是第一步。但筹备一个担负建国使命的政协组织、召开代行人大职能的政协会议，这些，只是协商建立新中国行动的开始。哪些人能成为开国者、会议如何组织、需要制定什么样的规则和程序，等等，各项议程都是重大且繁杂、宏观且具体。

准备新政协的相关必要文件

中国共产党作为新政协的召集者，在 1948 年秋就已经开始了这项工作。在中共中央领导下，周恩来率中央统战部在西柏坡共起草 5 份新政协的重要文件，即《关于召开新的政治协商会议诸问题的协议》、《中国人民民主革命纲领草稿》（《中国人民政治协商会议共同纲领》第一次起稿的第一、二次稿）、《新政治协商会议筹备会组织条例草案》、《参加新政协筹备会各单位民主人士候选名单》、《中华人民民主共和国政府组织大纲草案》。1949 年 2 月 27 日，周恩来要求把这些文件一起编印成册，名为《新的政治协商会议有关文件》。

1948 年 11 月达成的《关于召开新的政治协商会议诸问题的协议》第二项第五款规定：新政协应讨论和决定两项重要问题，"一为共同纲

1　政协全国委员会办公厅编：《开国盛典——中华人民共和国诞生重要文献资料汇编》，中国文史出版社 2009 年版，第 150 页。

领问题，一为如何建立中华人民民主共和国临时中央政府问题。共同纲领由筹备会起草，中共中央已在起草一个草案"。这是正式使用"共同纲领"一词较早的文献。其中所说"中共中央已在起草一个草案"，即指中共中央第一次起草的《中国人民民主革命纲领草稿》。

《中国人民民主革命纲领草稿》前后起草了两次。第一次是 1948 年 10 月 27 日在李维汉主持下写成的。李维汉立即上报给周恩来审阅。按照李维汉给周恩来信中的说法，稿子"勉强凑来"。周恩来将稿子签送给刘少奇、朱德、陆定一、胡乔木、齐燕铭等人审阅，征询他们的意见。

第一次稿除有一个简短的序言外，共有 46 个条文，分为总则、政治、军事、土地改革、经济财政、文化教育、社会政策、少数民族、华侨、外交等 10 个部分。该稿规定了革命纲领的基本原则是"新民主主义亦即革命三民主义"，是参加新政协的各成员"共同奋斗的准则"。第一稿规定："人民为国家的主人，国家的一切权力出自人民大众，属于人民大众"，"中华人民民主共和国各级政权的构成，不采取资产阶级民主的三权鼎立制，而采取人民民主的民主集中制"。国家各级权力机关和行政机关为各级人民代表大会及其选出的各级人民政府。在社会经济方面，实行耕者有其田的土地制度；没收官僚资本归国家所有，"国有经济为全部国民经济的领导成分"；"发展生产，繁荣经济，公私兼顾，劳资两利，应定为全部国民经济建设的总方针"；有计划有步骤地发展工业，争取若干年内"使中国由农业国地位上升到工业国地位"。此外，还规定：各民族一律平等，建立民族自治区；"发展民族的、科学的、大众的文化教育"，等等。纲领草稿规定的这些内容，体现了中国共产党长期以来逐渐形成的新民主主义的政策思想。不可否认，这个稿子还不甚完善，尤其侧重点在"人民民主革命"方面，但它毕竟把即将立国后所应当实行的最基本的制度和政策，清楚地勾画了出来。因此，它是后来共同纲领的最初底稿。

这一稿的序言非常简短，仅几行字，表明了新政协的性质和任务：新的政治协商会议，由全中国反对帝国主义、封建主义、官僚资本主义

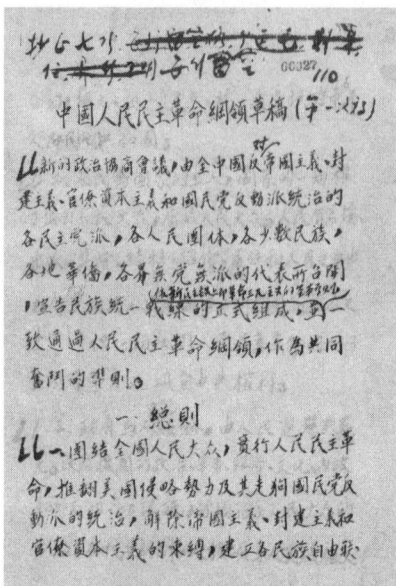

《中国人民民主革命纲领草稿》（第一次稿）　　《中国人民民主革命纲领草稿》（第二次稿）

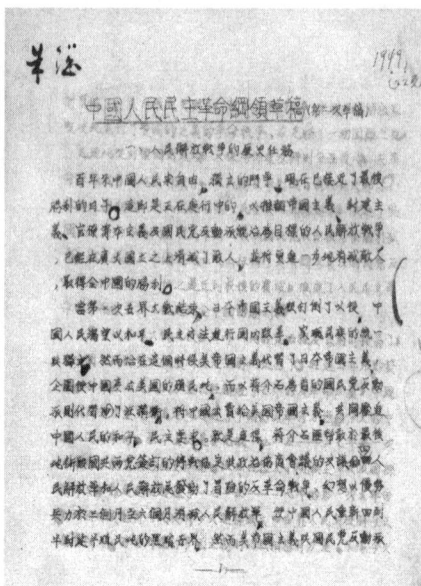

和国民党反动派统治的各民主党派、各人民团体、各少数民族、各地华侨、各界无党无派的代表所召开，宣告民族统一战线的正式组成，并依新民主主义亦即革命三民主义的基本原则，一致通过人民民主革命纲领，作为共同奋斗的准则。[1]

11月，《中国人民民主革命纲领草稿》又产生了第二次稿。这一稿在结构和内容方面，同第一次稿相比，有了一定的变化。从结构看，除序言外，分为3个部分，内容也不完全一样：第一部分，"人民解放战争的历史任务"，总结了人民解放战争的历程、主要经验，提出要完成推翻三大敌人和国民党反动统治的历史任务，号召全国人民"继续支持人民解放战争直至解放全中国的彻底胜利"；第二部分，"建立人民民主共和国的基本纲领"，规定了中华人民民主共和国的新民主主义的性质以及它的国家构成、政权构成、经济构成、文化教育、外交政策；第

---

[1] 根据中央档案馆复印件摘录。

三部分，"战时具体纲领"，包括全力支援人民解放战争，巩固人民解放区，建立临时中央政府等内容。

《中国人民民主革命纲领草稿》第二次稿，更偏重于动员各方力量支援人民解放战争，带有明显的政治宣言性质。1949年2月，周恩来还曾经对它做了文字上的修改，将其汇编在《新的政治协商会议有关文件》这本册子里。在这一稿中，最为突出的内容是规定了临时中央政府的产生程序，即由新政协直接选举临时中央政府。

这两次稿子起草时，中共中央的工作重心很大程度上还集中于推进解放战争。对于后来迅猛变化了的形势，特别是建设新中国的客观要求，其内容就显得不大适应了。因此，在新政协筹备会成立后，就有了共同纲领草案的第二次、第三次起稿。但是，《中国人民民主革命纲领草稿》为最后形成《中国人民政治协商会议共同纲领》奠定了重要基础。

新政协如何筹备，由哪些单位、哪些人来组织，这也是中共中央较早考虑并与民主人士不断沟通协商的重要问题。在东北协商新政协诸问题时，民主人士一致提议"组织条例，由中共起草，送各方审阅经同意后，筹备会集会时正式通过"。

在周恩来领导下，中央统战部抓紧起草了《新政治协商会议筹备会组织条例草案》（以下简称《条例》）。《条例》规定，新政治协商会议为全中国反对美国帝国主义侵略，反对国民党反动统治，反对封建主义和官僚资本主义压迫的各民主党派、各人民团体、各解放区人民政府、人民解放军、国内少数民族、海外华侨及无党派和各界民主人士的代表所组成，国民党反动政府系统下的一切反动党派及反动分子则不容参加。依此原则，新政协筹备会即由新政治协商会议原提议人中国共产党与赞成中共"五一口号"第五项的各民主党派、人民团体及无党派民主人士等23个单位组成。[1]《条例》还规定了筹备会的其他相关事项，为新

1　根据中央统战部档案复印件摘录。

《新政治协商会议筹备会组织条例草案》

政协筹备会的召开提供了重要遵循。不过，从这个草案内容看，没有超出《关于召开新的政治协商会议诸问题的协议》的范围。

由周恩来组织汇总的《新的政治协商会议有关文件》中，还有一份《参加新政协筹备会各单位民主人士候选名单》。除中共尚未推定代表外，这个名单提出了另外6个单位的35个名字，包括中国国民党革命委员会：李济深、朱蕴山、李德全、朱学范、陈劭先、梅龚彬；中国民主同盟：沈钧儒、章伯钧、张东荪、胡愈之、吴晗、周新民、辛志超、李文宜；中国民主促进会：马叙伦、王绍鏊、周建人、许广平、郑振铎；无党派民主人士：郭沫若、李锡九、符定一、陈叔通、马寅初、（沈体兰或吴昱恒）；中国农工民主党：彭泽民、丘哲、韩兆鹗、季方；中国人民救国会：李章达、沙千里、沈志远、曹孟君、千家驹。[1] 这些名单均是各党派团体的重要人物，但也只是后来筹备会23个组成单位、134位代表中的少部分。个别人还由于各种各样的原因，并没有参加正式的筹备会。由此可见，参加筹备会乃至新政协会议的名单，在最后没有商定之前，一直处于动态变化之中。从时间上看，这更是一个初步的候选名单。

鉴于新政协将要直接产生中央政府，那么，除了新政协如何组织，

1　根据中央统战部档案复印件摘录。

中共中央还要考虑中央政府如何构建。在西柏坡，周恩来主持起草了《中华人民民主共和国政府组织大纲草案》，成稿时间大约在1948年底到1949年初。这也是正式新政协筹备会讨论政府组织的最早版本。比如，其中有"中华人民民主共和国简称中华民国"一条，后来引发了代表们对要不要保留这个简称的热议和争论。

在西柏坡期间，中共中央为筹备新政协而起草的有关文件，有些经过了与民主人士的讨论和协商，甚至本身就是讨论协商的成果。其中，有许多方面尚不完善、不成熟，或许只是一个初步思路。但这些意见和思想，为新政协筹备会常委会分组及制定相关文件，起到了重要的指导作用。

三　参加新政协筹备會各單位民主人士候選名單

一、中國共產黨：尚未推定；

二、中國國民黨革命委員會：李濟深、朱蘊山、李德全、朱學範、陳劭先、梅龔彬；

三、中國民主同盟：沈鈞儒、章伯鈞、張東蓀、胡愈之、吳晗、周新民、辛志超、李文宜；

四、中國民主促進會：馬敍倫、王紹鏊、周建人、嚴廣平、鄭振鐸；

五、無黨派民主人士：郭沫若、李錫九、符定一、陳叔通、馬寅初、（沈體蘭或吳昱恒）；

六、中國農工民主黨：彭澤民、丘哲、韓兆鶚、季方；

七、中國人民救國會：李章達、沙千里、沈志遠、曹孟君、千家駒；

《参加新政协筹备会各单位民主人士候选名单》

协商遴选出席单位和代表

作为一个肩负开国使命的新政协来说，政治性政策性最强的，莫过于出席人员的遴选。中国共产党作为新政协的号召者和召集者，提出一个既有代表性又具覆盖面，且为各方所认同，最重要的能保证会议正确政治导向的参加单位和代表名单，既是局势使然，也是现实需要。在一定意义上，这关乎主流主向，直接决定新政协的成败。

在长期动荡不安的战乱情况下，各类人员历史背景重重叠叠、身份角色变幻莫测，要拟制一份合格的名单，其实施难度、任务程度是不仅仅用"复杂""繁重"这些形容词可以概括的。因此，从邀请民主人士到解放区，周恩来和中央统战部就开始了这项工作。

邀请哪些人到解放区，大概率就是出席新政协的候选人。对此，中共中央一直持严谨、慎重、协商的态度，先后发出数份邀请名单。1948 年 5 月 1 日，中共中央在给上海局、香港分局发出的电报中提出了 29 人的邀请名单；9 月 20 日，中共中央分别致电香港分局和华北局，分别提出邀请港沪和平津地区民主人士到解放区参加政治协商会议的两份名单；10 月 15 日和 11 月 5 日，中共中央再次给东北局和香港分局发出电报，按党派和界别梳理了邀请名单。在 11 月 5 日中共中央给香港分局的指示中，专门提出：港分局与钱之光，必须在 11、12 两个月，将上述各单位代表送来解放区，其中最重要者为李济深、郭沫若、马叙伦、彭泽民、李章达、马寅初、孙起孟、茅盾、张絅伯、陈嘉庚等 10 人。

由于中共党内名单都会经过层层政审，绝对可靠，而对于邀请来的各方面提议的党外人士，情况就多有不同了。时为中央统战部工作人员的李青恰好负责这项工作。多年后，他回忆：

> 经同党外人士协商决定，新政协的参加者，由反美反蒋的各民主党派、各人民团体及无党派民主人士的代表人物组成，南京反动政府系统下的一切反动党派及反动分子，不许参加。为全面准确地反映这一要求，统战部在原南方局、中央社会部人物资料基础上加强了对党外人士资料的收集和整理。在当时封闭的山沟小村里，资料来源匮乏，只能从蒋管区的报刊杂志的夹缝和片言只语中耐心搜集了解党外人士的政治经历、社会关系、政治主张、经济状况、业务专长等各方面的信息，点点滴滴地积累。经过半年多的努力，终于圆满完成任务。1949 年 3 月进入北平后，中央统战部向党中央报送了参加新政协的各民主党派、各人民团体及各界民主人士名单，详细说明每人的简历、历史及现实表现。毛

泽东同志阅后赞扬说："这是一部包罗万象的天书。"[1]

在拟议过程中，中央统战部还征求了在李家庄民主人士的意见。楚图南对此印象深刻：

> 新政协的筹备过程中，很重要一条是毛主席在 1949 年新年献词《将革命进行到底》一文中所说的："没有反动分子参加。"当时在中国人民大革命胜利的形势下，难免"泥沙俱下、鱼龙混杂"，例如有些类似青红帮的组织，也想列名"民主党派"，有些和国民党反动势力关系很深的人，也想混迹"民主人士"行列。对这些，中共中央统战部召集我们多次交换看法。除了听取我们对蒋介石 1949 年元旦的求和声明、对中共拟定的战犯名单的意见外，还就参加新政协的单位和个人的名单征求大家的意见。例如，当时，大家一致认为，像民社党革新派及乡村建设派这样的组织，不宜列为新政协的参加单位，但其中的个别爱国人士，则可以在他们明确表示和反动阵营决裂后，特别邀请他们参加新政协会议。[2]

中共中央在西柏坡期间，整个新政协参加单位和代表的拟议过程，从目前公开的史料中很难察看其细节，但 1949 年 2 月 28 日中央统战部的一份综合报告，可以窥见一斑。报告中说，在西柏坡所拟议的"参加新政协的单位总数尚未能最后确定，约为 40 个。其除去我党及我党直接组织与领导的人民解放军各个单位、各解放区人民政府、全国总工会、农民团体、青联、妇联、学联、新民主主义青年团及国内少数民族等共约 20 个单位外，属于各民主党派及各界民主人士的各个单位，其中左、

1　华毅编：《流金岁月——中央统战部离退休干部回忆文章汇编》，2007 年印，第 35 页。
2　楚图南：《与共产党同舟共济》，《文史精华》2010 年增刊，第 1—2 期合刊。

中、右的情况各有不同"。

报告在对各民主党派和海外华侨民主人士内部构成分子进行分析后，指出："在目前形势下，民盟在新政协中的代表团势须包含右派领袖人物在内，但仍应使进步分子在里面占有相当数量，尽可能占多数。救国会的代表团将全由进步分子组成。农工民主党基本立场是中派的，但代表团中可以包含能起积极作用的进步分子。""在国民党革命委员会的新政协代表团中，可以做到进步分子与中间分子占多数。""民主建国会与产业界出席新政协的代表将只能以右派并力争中派居多，可以有个别的进步分子在代表团里面，但不可能单靠他们起积极作用。""这两个单位（中国民主促进会与上海人民团体联合会——笔者注）的代表团，尤其上海人民团体联合会，将是进步分子起支配作用的。""致公党代表中，可能有进步分子在里面起若干作用。"

对文化界代表现状，报告作了评估并指出："属于文化界的文学、艺术和历史、社会科学部门，进步力量始终居于优势和领导地位。自然科学部门的工作者，虽然多数受资产阶级思想影响较深，对实际政治表示冷淡，但由于反动派媚外卖国及对学术界的压迫，他们自身生活也越来越加困苦，因而逐渐失去对反动派的幻想，一部分进而同情人民革命。部分大学教授受群众运动的推动和教育，更多地转到同情人民革命。思想领导方面，在外面同志，除对'中间路线'，及'第三条道路'的实质作过严正的揭发外，对'自由主义'作过某些批判，促进一部分知识分子从旧民主主义者转变成新民主主义者。"鉴于此，对文化界出席新政协单位的拟议是：在教育界，"大学教授方面，进步分子与反动分子都不多，仍是中间性的自由主义分子多，但近两年来向'左'倾的分子也逐渐增多，拟作一个参加单位"。"中小学教育、社会教育、职业教育等教育工作者，一般说仍是两头小，中间大；其上层分子多半受美国式的教育思想与改良主义思想的支配，但国民党对教育的摧残，迫使他们政治上'左'倾。其中生活教育社及拥有相当群众的上海中学和小学教师联合会，是进步团体；陈鹤琴的与余庆堂的集团是中间性的；中华职业教育社是左翼团体，但它们的中下层都包含有进步分子。拟联合作为一个参加单位。"在学术界，"在渝、港、沪曾有进步分子所组织的'学术工作者协会'，但团结范围不广，作用不大。在社会科学方面（特别是中国历史、中国社会经济的研究），我党领导地位是巩固的。在自然科学方面，进步团体是梁希、涂长望、潘菽等组织的'中国科学工作者协会'，限于环境，发展不大。其他如中国科学研究社也有若干进步分子。一般抱着旧观点的自然科学家与人文科学研究者渐渐转而寄希望于新社会，则多半是带有自发性的，拟作一个参加单位，亦可能将社会科学界与自然科学界分列两单位"。在文艺界，"抗日战争期间产生的全国文艺界协会，始终在进步作家领导下。国民党不但拉拢不到中间性的文艺作家，甚至上海有不少有名望的旧艺人也宁愿与进步分子接近。无论在文学、戏剧、电影、音乐及造型艺术方面，革命思想之支配地位是无可动摇的。固然有地位、有群众影响的文艺家中，也有一些中派分子，但他们在政治上大都能与'左'派采取一致的态度，拟作为一个参加单位，亦可能将文学与艺术分列两个单位"。在新闻界，"虽然国民党严格的控制新闻界，但在群众中有威望的记者，绝大多数是'左'的与偏'左'倾向的。《大公报》这样伪装中立，企图在新闻界中建立权威地位，并不能成功。许多国民党报纸中，也有着'左'倾以至进步的记者。故应列为一参加单位"。报告指出："这些单位出席新政协代表团，都应该是进步分子所能掌握与领导的，但应该注意邀请有代表性的中间分子，也不可能完全排斥个别右派分子。"

对华侨、无党派民主人士、妇女界民主人士、自由职业界民主人士等代表的拟议，报告提出："华侨代表除陈嘉庚、司徒美堂外，其余可能是在各地域、各帮派中、下层华侨中，有代表性的进步分子或偏左分子。"无党派、妇女界民主人士"可在进步分子领导之下组成，其中将包括中间偏右的分子"。"自由职业界如作一个单位，也应争取与此同样的阵容。原拟列为单位之宗教界，到过李家庄的民主人士多不赞成，似须取消，将其中应邀请的民主人士分别列入其他有关单位。"

从"原拟列为单位之宗教界""似须取消"的理由是"到过李家庄的民主人士多不赞成"来看，中共中央在拟议邀请单位甚至名单时，与在李家庄的民主人士进行过协商讨论，并吸纳其意见。这与翦伯赞的回忆颇为吻合。

这个报告还特别指出："新政协将是共产党人与非共产党进步分子占绝对优势的阵容。"为确保这个目的的实现，"个别党派如民主同盟与国民党革命委员会，为使左、中、右有适当调整，须扩大其名额；文化界为照顾各个方面，也并吸收解放区代表，不妨多列单位；无党派单位为照顾各方面，须增加名额"。

现在看来，在西柏坡，关于新政协参加单位和代表的拟议，只是处于分析、研判阶段。后来，随着新政协筹备工作的深入，代表名单不断调整。但这期间拟议的基本原则、参加范围、代表基本面没有变，为最终形成参加中国人民政治协商会议第一届全体会议代表名单奠定了基础。

组建参加新政协的人民团体

新政协与旧政协的一个重要区别，就是人民团体作为新政协的参加单位。但是，当时解放区全国性的人民团体还比较少，国统区人民团体也很少具有全国性。要使新政协能够真正代表全国人民意志，就必须筹组全国性的人民团体作为新政协的参加单位，并推选自己的代表。1948年中共中央政治局扩大会议（九月会议）讨论了有关成立全国性人民团体的问题，决定"明年上半年，将召开全国妇女代表大会，成立全国民主妇女联合会；将召开全国青年代表大会，成立全国青年联合会；并将建立新民主主义青年团"。

随着新政协筹备工作的推进，特别是《关于召开新的政治协商会议诸问题的协议》达成后，确定参加新政协的人民团体单位及其代表工作越来越成为一项紧迫任务。1948年秋至1949年上半年，各种全国性的人民团体先后恢复、建立和扩大，有些过去被分割在解放区和国统区的团体也迅速统　起来，在全国范围内首次实现了大联合、大团结。

在解放区，最早开始恢复的是中华全国总工会。1948 年 8 月 1 日至 22 日，第六次全国劳动大会在哈尔滨隆重召开。大会根据新的《中华全国总工会章程》，选举产生全国总工会第六届执行委员会。10 月，首次全体执委会议推选陈云为中华全国总工会主席，李立三、朱学范、刘宁一为副主席。中华全国总工会的恢复表明，中国工人阶级在中国共产党的领导下，经过长期艰苦的革命斗争，已重新发展成为一支强大的有组织的力量。

在华北解放区，几乎同时加快启动了全国民主妇女联合会和全国青年联合会、新民主主义青年团的筹备工作。

滹沱河畔的东柏坡村柏坡湖边上，有一处普普通通的农家小院。这里，曾是中共中央妇委会旧址。1948 年 5 月，中央驻地迁至西柏坡村的同时，中央妇委会移至相隔一公里的东柏坡村。当时，时任中央妇委书记蔡畅在东北解放区，由副书记邓颖超代理书记，主持中央妇委的工作。在风云激荡的岁月，邓颖超、康克清等妇女运动先驱，在这里引领中国妇女运动谱写新的篇章。

在 1948 年 5 月至 1949 年 3 月，不到一年的时间里，中央妇委做了 5 件大事：动员解放区妇女参加土地改革运动，组织解放区妇女支援解放战争，筹备参加解放区妇女工作会议，组织起草了新中国第一部婚姻法，筹备中国妇女第一次全国代表大会。这些事件在中国妇女运动史乃至中国革命史上，都可圈可点。解放区妇女工作风生水起的开展，为举行中国妇女第一次代表大会、成立全国民主妇女联合会厚植了深深的土壤。

1948 年"五一口号"发布后，中共中央于 5 月 15 日发出《对目前妇女工作的指示》。根据九月会议精神，9 月 20 日至 10 月 6 日，中共中央在西柏坡召开妇女工作会议。刘少奇、朱德、周恩来出席会议并作重要报告。

中央妇委代书记邓颖超在会上作《关于解放区农村妇女工作的几个主要问题的报告》。会议对抗战特别是土改以来解放区的妇女工作做了总结，确定了今后妇女工作的方针、任务及组织形式等问题，提出准备召开中国妇女第一次全国代表大会。

全国妇女工作会议为中国妇女第一次代表大会的召开做了组织和思想上的准备。这次会议严肃而活跃，给时任中共太行地委妇女部部长、华北局妇委第一副书记杨蕴玉留下了深刻印象：

1948 年 10 月，中共中央在西柏坡召开妇女工作会议，这是自抗战爆发直到新中国建立期间，党中央召开的唯一一次妇女工作会议。参加会议的是华北各解

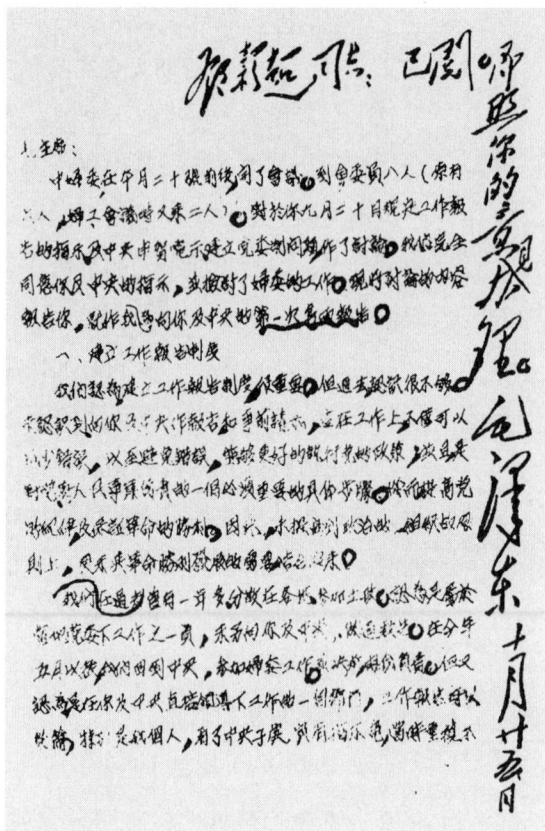

毛泽东对邓颖超关于妇女工作报告的批示（1948 年 10 月 25 日）

放区党委领导的妇委或边区妇救会的领导干部。华北局决定派我去参加。……

会议由邓颖超主持。她做了简短的开场白，说这次会议是要解决华北解放区妇女工作的方针、任务和妇女群众组织的组织形式问题。接着就请刘少奇做报告。

刘少奇在报告中分析了全国解放战争的形势，他说："打倒蒋介石，解放全中国已胜利在望，华北地区已完全解放，形势大好；经过抗日战争和解放战争，华北人民生产、生活遭到很大破坏，为了争取解放战争的彻底胜利，保证军需民食，改

善民生，也为了提高妇女在家庭中的经济地位，华北解放区的妇女工作，应以生产为中心。"在讲到妇女群众组织的组织形式时，刘少奇指出：改变抗战时期妇救会实行的个人会员制，实行代表会议制。无论城乡，都可以由若干户妇女推出一位代表，这位代表负责联系推选她的妇女群众。这种形式灵活、松散，适合妇女群众。

第二个做报告的是朱德总司令，他讲了妇女参加副业生产的问题。报告之后，下午代表们复习笔记，准备发言。……

星期六下午，阿曾（曾宪植——笔者注）通知大家，晚上在打麦场上要举行舞会，中央领导同志也要来参加。我很好奇，因为我从未跳过舞。更使我兴奋的是，如果说中央领导同志要来，我可能就会近距离见到毛主席。机会千载难逢，我可不能误了。……

音乐响了起来，毛主席一边跳一边问我叫什么名字，在什么地方做什么工作，工作中有什么困难，老百姓的生活怎么样，有什么意见、要求……我一边随着毛主席的步子走，一边一一做了回答。毛主席的舞步沉稳、均匀，又比较慢，尽管如此，我还是紧张得很，心怦怦直跳。我找不到感觉，常常配合不上他的脚步。经常不是碰了主席的腿，就是踩了他的脚。我很不好意思，恨自己太笨，为什么老碰到毛主席呢？！心里一直深深地感到不安。忽然音乐停了，这场舞结束了，我送毛主席回到他的座位，深深鞠了一个躬，便转身快步走回了自己的座位。[1]

12月20日，《中国共产党中央委员会关于目前解放区农村妇女工作的决定》（即"四八决定"）中再次明确：根据中国妇女目前的具体情况，还是需要有单独的妇女群众组织，以便领导和推动妇女工作，团

1　杨蕴玉：《参加西柏坡中央妇工会轶事》，《党史文汇》2014年第2期。

结和教育广大妇女群众，经常为妇女服务。

中国妇女第一次代表大会筹备委员会 1949 年 1 月 12 日在西柏坡成立，委员 73 人。1 月 16 日，筹备委员会发出第一号通告，宣告筹委会成立，"选出蔡畅为主任，邓颖超、李德全为副主任，张琴秋为秘书长，孙文淑、曾宪植为副秘书长"。[1] 同时，发出第二号通告，通报召开中国妇女第一次全国代表大会的准备工作，并规定了选举办法。1 月 31 日，筹备委员会举行第一次常委会扩大会议，到会 20 余人，包括新从国外赶到的张琴秋、汤桂芬，北平来的雷洁琼，中原来的李泊、林恒等筹备委员。

滹沱河畔的紧张筹备活动，为 3 月 24 日至 4 月 3 日在北平胜利召开中国妇女第一次全国代表大会创造了积极的条件。

在西柏坡，中共中央还开始了青年组织的筹建工作。1948 年 10 月，毛泽东为中央起草的九月会议的通知中，决定"明年上半年，……将召开全国青年代表大会，成立全国青年联合会，并将建立新民主主义青年团"。但这次会议并没有明确两个组织是成立一个中央机构，还是分别成立中央机构。周恩来为此于 10 月 11 日特地致信给毛泽东提

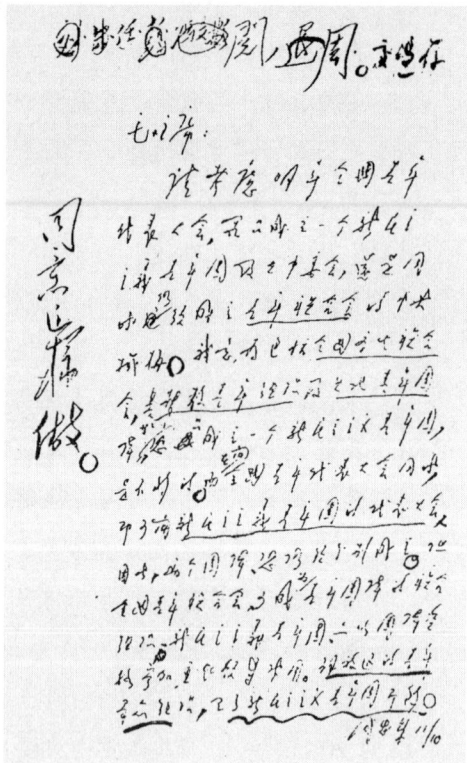

周恩来关于召开全国青年代表大会问题致毛泽东信（1948 年 10 月 11 日）

1　《人民日报》1949 年 1 月 20 日。

出建议："请考虑明年全国青年大会，究竟成立一个新民主主义青年团及其中委会，还是同时仍须成立青年联合会的中央机构。我意，如包括全国学生联合会，基督教青年组织及其他青年团体等等，恐只成立一个新民主主义青年团是不够的。而在开全国青年代表大会同时，即可开新民主主义青年团的代表大会。因此，两个团体，恐仍须分别成立。但全国青年联合会可成为青年团体的联合组织，新民主主义青年团只以团体资格参加，并起领导作用。解放区的青年群众组织，有了新民主主义青年团即够。"[1]毛泽东在周恩来的信上批示："同意这样做"，并将此信批给刘少奇、朱德、任弼时、彭德怀、冯文彬等人传阅。[2]

当时，为了适应建团工作需要，急需培养大批团干部。中央青委从全国各地抽调了一批优秀青年干部，集中到一起训练学习。这年9月，华北党校六部迁到两河村，正式命名为中央团校，并开班招生。第一期学员大多数来自陕甘宁、晋绥、太行、太岳、冀鲁豫、晋察冀、山东、苏北等解放区，少数学员来自北平、天津蒋管区。冯文彬兼任校长，荣高棠任教育长。当年的学员萧枫多年后对滹沱河畔的那些事还念念不忘：

> 已经是三十年前的事了，但是那次难忘的晚会仍清晰地留存在我的记忆里。周恩来同志在会上对我们年轻人所作的亲切的教导，仍铭刻在我心头，鼓励着我前进……
>
> 两河村，这是太行山脚下、滹沱河边的一个村庄。1948年秋，我们中央团校开学不久，就搬到这儿来了。毛主席、周副主席、朱总司令和党中央的所在地西柏坡村，就在两河村的西南角上。
>
> 一天，团校的领导同志兴奋地向学员们宣布：周副主席答应我们的请求，要来团校讲话。周副主席还提了一个建议。他

1　中央档案馆、西柏坡纪念馆编：《西柏坡档案》第2卷，中国档案出版社2012年版，第535页。
2　引自中央档案馆复印件。

说，你们要青年化、要活跃、要生龙活虎，越是紧张，越要生动活泼，不要搞成小老头。你们要搞运动会，要排点文艺节目，"一二·一"、"一二·九"快到了，到时候你们搞个联欢会好不好？

遵照周副主席的意见，团校的学习、工作和生活出现了一个崭新的、热气腾腾的局面。开展军事操练、体育锻炼、秧歌、歌咏活动，同村里的青年开展联欢晚会等，顿时把两河村搞得十分红火。……

周副主席说："今天是联欢晚会，不能作大报告，只能扼要地谈谈形势，谈谈我对你们的期望。"周副主席还说：同志们知道吧，在中国的大地上现在正在进行一场伟大的革命战争，这就是平津战役和淮海战役。同志们，现在正是"车辚辚，马萧萧，壮士报国在今朝"的时候，是决定中国的前途和命运的重要时刻。你们马上就要北上，还要南下，解放全中国。周副主席很有风趣地说："刚才你们唱了《解放军进行曲》，唱到向前，向前。过去南方人到北方来，和北方人一起把北方解放了，现在我们北方也应该去帮助解放南方。因此，我们今天就要向南，向南，再向南。"周副主席的讲话，生动具体，联系我们当时的思想实际，很有号召力，当时有个别北方同学，愿意毕业后仍回自己的地区工作，对南下打大仗、解放全中国的思想准备很不够。周副主席的讲话，提高了我们对当时形势发展的认识，提高了我们把革命进行到底的觉悟。[1]

1949年初，正式启动组建中国新民主主义青年团的工作。1月1日，中共中央发布了经毛泽东审阅修改的两个文件：《关于建立中国新民主

---

1 萧枫：《滹沱河畔的回忆和怀念》，袁天锡、李宝国主编：《青春如歌：中央团校五十周年纪念文集》，国家行政学院出版社1998年版，第156—157页。

主义青年团的决议》《中国新民主主义青年团团章（草案）》；1 月 19 日，中共中央发出《关于召开新民主主义青年团第一次全国代表大会及全国民主青年代表大会的通知》。北平和平解放后，大量的实质性筹备工作在新北平实施组织。

1949 年北平的春天鲜花绽放，伴之欢庆的鼓点、胜利的歌声。中华全国学生联合会、中国新民主主义青年团、中华全国文学艺术工作者联合会等团体如雨后春笋相继在北平成立。全国性人民团体的密集组建，形成一个个高潮。这些人民团体不仅是新政协筹备过程的重要组成部分，也是人民民主力量扩大和巩固的重要体现。后来，他们及其代表，都应邀参加了新政协。

选择新政协会址

在新政协讨论和筹备过程中，有几个绕不开的话题：新政协到底在哪儿召开？什么时候召开？多大规模？当然，研究确定这些问题的前提和依据是战争形势。

事实上，随着形势的发展，中共中央对新政协会议的会址曾有几种考虑，而且最初设想的规模也并不如后来那样大。"五一口号"发布时，中共中央计划在哈尔滨召开新政协，沈钧儒等第一批北上的民主人士于 9 月抵达哈尔滨，即出于这种考虑。在九月会议上，毛泽东指出，人民解放军在战争的第三年（即 1948 年 7 月至 1949 年 6 月），"仍然全部在长江以北和华北、东北作战"，同时明确提出准备在 1949 年召开新政治协商会议、"成立中华人民共和国临时中央政府"。基于此，中共中央提出新政治协商会议可能在哈尔滨也可能在华北召开。会后，中共中央指示香港分局："北来人士，拟先集中哈尔滨商谈；华北人士如直进解放区，则集中华北。视战事发展，明春或来华北，或即在哈市召开新政协。"10 月 8 日，中共中央指示东北局，要求征求民主人士对《关于召开新的政治协商会议诸问题》的意见，并提出：新政治协商会议的地点，"依目前情况看来，哈尔滨似较适宜。但依情况之发展，亦有可能改在华北某一大城市"。[1]

为此，中共中央在距西柏坡很近的东柏坡修建了一个政协大礼堂。说是礼堂，实为若干间打通了的平房，大约能容纳100人。周恩来后来向人民政协第一届全体会议代表作《关于人民政协的几个问题》报告时也提到："那时我们所设想的这个会议，不过是个百八十人的会议而已。"[2] 东柏坡是中央妇女委员会所在地，这个政协大礼堂虽然没有成为新政协或新政协筹备会的会址，但为中央妇委会提供了一个理想的开会场所。原建筑在1959年修建岗南水库时淹没，后来平山县复建中央机关旧址群时重建了政协大礼堂，供后人参观纪念。

随着辽沈战役的胜利推进，10月31日，毛泽东致电东北野战军，要求主力准备南下，"协同华北力量歼灭傅作义主力，夺取平、津及北宁、平绥、平承、平保各线，完成东北与华北的统一"，以"使政治协商会议能于明年夏季在北平开会"。[3] 11月8日，毛泽东决定把接管北平、天津的任务交给华北局，同时决定北平解放后由薄一波先行开赴北平，为中共中央机关进驻北平打前站。在与薄一波的谈话中，毛泽东明确提出定都北平的打算："蒋介石的国都在南京，他的基础是江浙资本家。我们要把国都建在北平，我们也要在北平找到我们的基础，这就是工人阶级和广大的劳动群众。"[4]

形势的发展实在太快了。到了1949年初，中共中央已有意向在解放后的北平召开新政协。这在周恩来1月16日晚上来李家庄所作的形势报告中已反映出来。他说："现在香港和蒋管区的民主人士还要继续来解放区。北平若解放得早些，政协筹备会的工作更要加紧进行。将来

1　中央统战部、中央档案馆：《中共中央解放战争时期统一战线文件选编》，档案出版社1988年版，第212页。

2　政协全国委员会办公厅编：《开国盛典——中华人民共和国诞生重要文献资料汇编》，中国文史出版社2009年版，第207页。

3　中共中央文献研究室编：《毛泽东年谱（1893—1949）》下卷，中央文献出版社2013年版，第380页。

4　薄一波：《若干重大决策与事件的回顾》上卷，人民出版社1997年版，第4—5页。

打算逐步发表这方面的消息，但为避免敌机骚扰，开会的地点要保密。对外公开说还在哈尔滨召开，使敌人相信。"[1] 在考虑新政协召开地和新中国国都过程中，毛泽东十分注意倾听各方意见。2月，毛泽东向前来准备出席中共七届二中全会的东北局城市工作部部长王稼祥征求意见。王稼祥认为："南京离东南沿海太近，从国际形势看，易受攻击；中国经济重心已转移到沿海和江南，西安、开封、洛阳也不合适。最理想的是北平，位于沿海地区，属于经济发达圈内，且战略地位十分重要；同时它背靠社会主义国家苏联而无战争之忧，虽然离海近，但渤海是中国内海，有辽宁、山东两个半岛拱卫，战略上十分安全。此外，北平是明清两代百年帝都，从人民群众的心理上，也乐意接受。"[2] 这个建议同中共中央和毛泽东的考虑不谋而合。

在广泛征求意见和深思熟虑的基础上，毛泽东在中共七届二中全会上明确向全党宣告新中国将定都北平："我们希望四月或五月占领南京，然后在北平召集政治协商会议，成立联合政府，并定都北平。"[3]

擘画新中国的"四梁八柱"

新政协肩负着立国重任。对将要建立一个什么样的新中国，中共中央急需从理论、方针、步骤各方面在全党思想上明确下来，进而形成社会各界的共识。这也是召开新政协的重要理论基础和组织依循。

对于新中国蓝图的构想，早在抗战期间，毛泽东等中共领导人已有所论述。毛泽东1940年发表《新民主主义论》明确指出新中国的性质："现在所要建立的中华民主共和国，只能是在无产阶级领导下的一切反帝反封建的人们联合专政的民主共和国，这就是新民主主义的共和国，也就是真

1　李青：《纵论战争形势、共商建国大计》，《中国统一战线》1999年第7期。
2　宋传信、郑学伟：《新中国定都北京研究述略》，《当代北京研究》2013第1期。
3　《毛泽东选集》第4卷，人民出版社1991年版，第1436页。

正革命的三大政策的新三民主义共和国。"[1] 后来，在《论联合政府》的开篇，毛泽东提出了"将中国建设成为一个独立、自由、民主、统一和富强的新国家"的实现步骤，同时指出："我们主张在彻底打败日本侵略者之后，建立一个以全国绝对大多数人民为基础而在工人阶级领导之下的统一战线的民主联盟的国家制度，我们把这样的国家制度称之为新民主主义的国家制度。"[2]

1948 年下半年，中国新民主主义革命胜利的大局已定，新政协筹备工作也将开始。中共中央审时度势，抓紧研究和部署建立新中国的各项大政方针。这些建国方略，集中体现在为新中国奠基的三次重要会议的成果之中。

1948 年 9 月 8 日至 13 日，在西柏坡村召开了中共中央政治局扩大会议（九月会议）。这是中共中央自 1947 年 3 月撤离延安后的第一次政治局会议，也是自抗战胜利以来参加人数最多的一次中央政治局扩大会议。到会的政治局委员有毛泽东、刘少奇、周恩来、朱德、任弼时、彭真和董必武 7 人，中央委员和候补中央委员 14 人，重要工作人员 10 人，其中包括华北、华东、中原、西北的党和军队的主要负责人（由于战争时期交通条件所限，东北负责人未到）。此时，中共中央在西柏坡召开这样一个绝大多数中央委员都能参加的重要会议，足以表明国内形势已经发生根本性变化。分散在各个解放区的中央委员从各地汇集西柏坡，其交通方式也是"各显其能"：有坐火车来的，有坐汽车来的，也有骑马来的。

会议的主要任务是总结检查过去时期党的工作，规定今后时期党的任务和奋斗目标。中心议题是："军队向前进，生产长一寸，加强纪律性"。

毛泽东在会上，就国际形势、战略任务、政权性质、财政统一以及发展党内民主和加强纪律等 8 个问题作了深刻论述。刘少奇、周恩来、

1　《毛泽东选集》第 2 卷，人民出版社 1991 年版，第 675 页。

2　《毛泽东选集》第 3 卷，人民出版社 1991 年版，第 1030、1056 页。

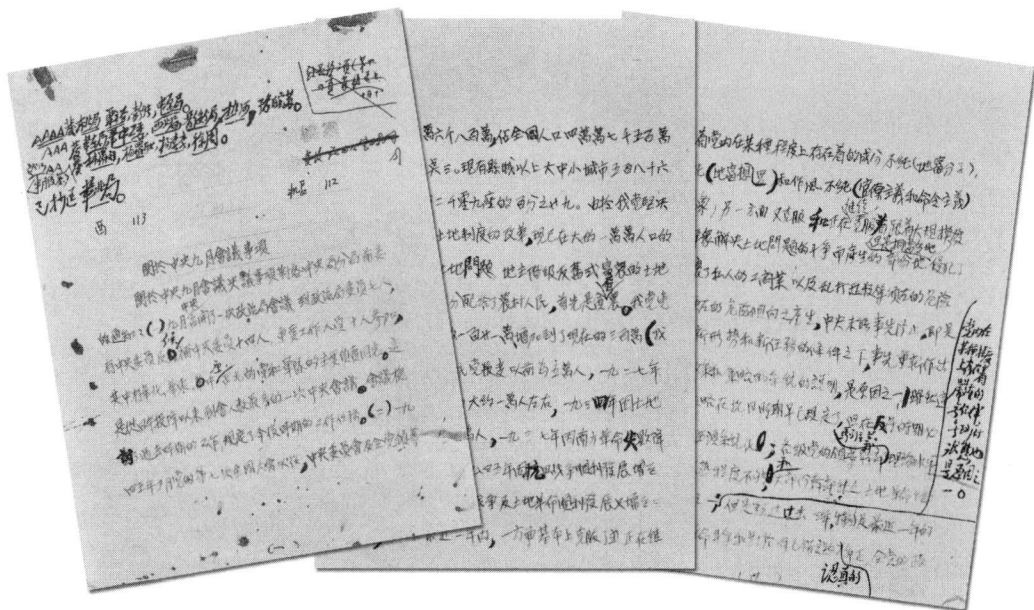

经毛泽东修改、于10月10日发出的党内通报《关于中央九月会议事项》的修改稿

朱德、任弼时等分别作了发言。

在中国革命即将走向胜利的形势下，中国共产党通过这次会议已开始谋划从农村走向城市、建立新政权的崭新课题。会议着重解决了几个急需在全党思想上统一起来的问题：

第一，能不能用五年左右的时间从根本上打倒国民党？毛泽东在报告和结论中，详细论证了中央作出这一战略预想的依据，充分肯定了能够实现它的可能性，也充分估计了困难。所以，用了"大约五年左右根本上打倒国民党"的提法。有一个"大约"，有一个"左右"，还有个"根本上"，就是从最谨慎的估计作出的判断。

第二，要建立一个什么样的政权？毛泽东指出，我们要建立的，是无产阶级领导的以工农联盟为基础的人民民主专政。这个政权，不仅仅是工农，还包括小资产阶级，包括民主党派，包括从蒋介石那里分裂出来的资产阶级分子。政权制度采用民主集中制，即人民代表会议制，而不采用资产阶级的议会制。各级政府都要加上"人民"二字，各种政权机构也要加上"人民"二字，如法院叫人民法院，解放军叫人民解放军，以示与蒋介石的政权根本不同。毛泽东还强调指出：我们有广大的统一战线，我们的任务是打倒帝国主义、封建主义和官僚资本主义。要打倒，我们就要打倒他们的国家，建立人民民主专政的国家。

第三，如何实现从游击战争向正规化战争的过渡？会议进一步强调了加强纪律的重要性和必要性。过去，中国共产党及其领导的人民军队长期处在被敌人分割的农村游击战争环境中。各根据地党和军队的领导机关保持很大的自主权，发挥了积极性、主动性，但同时也产生了某些无政府无纪律状态及地方主义、游击主义。新的形势要求建军 500 万，从游击化向正规化过渡，党的工作重心也将从乡村逐步转移到城市，因而必须将一切可能和必须集中的权力，集中于中央和中央代表机关手里，以保持全党全军的高度统一。会议通过了《中央关于中央局、分局、军区、军委分会及前委会向中央请示报告制度的决定》，以保证迅速形成党和军队的高度集中统一领导。

第四，如何恢复和发展生产，保障战争的胜利？随着战局的发展，战争需要和人民负担的矛盾，愈加突显出来。会议认为，为着执行歼敌任务，除有计划地谨慎地从解放区动员人民参军外，必须大量利用俘虏，避免影响恢复和发展生产。

此外，会议还讨论了新民主主义与社会主义，扩大党内民主生活，健全党委制，训练和准备大批新区工作干部，提高干部理论水平，以及加强工会、青年、妇女工作等问题。[1]这次会议反映出中共中央不仅在军事上、政治上，而且在思想上、组织上为夺取全国的伟大胜利作了充分准备。

1948 年下半年，人民解放军先后发起了辽沈、淮海、平津三大战役，

1　参见徐向前：《参加中央政治局会议》，张志平主编：《难忘的岁月》，河北教育出版社 1996 年版，第 22—28 页。

与国民党军队进行伟大的战略决战。这是决定中国命运之战。通过战略决战，战争双方力量对比发生根本变化。这是中国革命的成功和中国和平的实现已经迫近的标志。

在新的形势下，1949年1月6日至8日，中共中央为正确分析国内、国际形势，确定1949年的各项任务，在西柏坡村召开了政治局会议（一月会议）。毛泽东、朱德、刘少奇、周恩来、任弼时、董必武、林伯渠、罗荣桓、陈毅、刘伯承等人出席了这次会议。毛泽东在会上作了《目前形势和党在一九四九年的任务》的报告。1月8日，毛泽东的报告经过讨论修改之后，作为此次政治局会议的决议正式通过。《决议》对军事、政治、国内、国际形势作了全面的科学的分析，并总结了党的工作。关于这次会议的重要意义，胡乔木回忆：

> 这次会议的重要性在于它对九月会议以后全国形势的发展作了总结，提出了全党在新的一年里的十七项任务，包括：渡江南进，使人民解放军进一步正规化；提高工农业生产，继续土地改革和整党工作；召开党的七届二中全会；召开政治协商会议，宣告中华人民共和国（当时称中华人民民主共和国）成立，组织中央政府，并通过共同纲领等。显然，随着三大战役的结束，我党的工作重心正迅速地从打倒旧政权向建立新国家转移。
>
> 在一月会议上，毛主席及时提出了值得全党警惕的几个问题。首先是"不要使胜利冲昏自己的头脑"。他说，胜利冲昏头脑，今天更有可能，胜利越大，包袱越大，紧张困难时易团结。这必须警惕，要教育干部，首先是要使高级干部懂得，战争打完了，真正要做的事情才开始，届时很可能感觉打仗还容易些。列宁说过"推翻敌人容易，建设国家难"。要把因为胜利而带来的思想包袱丢下，否则就会损坏一些干部。其次，毛主席指出，阶级关系已发生了根本变化，广大群众脱离国民党转到我们方面来了，自由知识分子也向我们找出路。现在，站到我们这方面来的民主

人士中，有的是右的，来之不易，风色看好才来的。我们已有了胜利的把握，国民党在军事上、政治上、经济上都处于极大混乱与崩溃的状态中。他再次强调，在这种时候，必须将革命进行到底，不容妥协。最后，毛主席提出要警惕美国直接出兵占领中国沿海若干城市和实施"内部破坏"政策的问题。他说，关于美国出兵的问题，不去讲它不出兵，而是准备它出兵，并准备与之打，以取得主动，而不至于手足无措。应该认识到，我们力量越大，美国干涉的可能越小，帮助国民党打的可能也越小。半年来美国对华政策摇摆不定，对蒋介石的兴趣也不那么高了。美帝在中国已经臭了，但害怕美帝的心理并未解决。对看不见的东西，人们就容易怕，国民党即以这些看不见的东西吓人。美帝的政策有两面，一面是帮助国民党打我，另一面是唆使右派组织反对派，要求否决权。将来，美帝甚至可能承认新中国，以便派人搞破坏工作，必须提高警惕。以上三个问题，毛主席在1949年初反复讲过多次，目的就是一个，防止胜利前夕再出现曲折，防止取得全国政权后又出现李闯王式的失败。[1]

这次政治局会议根据人民解放战争的胜利推进，及时总结了党在1948年的工作，详细部署了1949年的各项任务，为胜利召开党的七届二中全会，确定夺取全国胜利的各项方针创造了条件。

正值中共中央谋划新中国蓝图之际，发生一件与之相关并具有重要影响的事件。1949年初，苏共中央政治局委员米高扬奉斯大林之命对西柏坡进行了访问。在西柏坡，米高扬与中共领导人进行了历时7天的会谈。尽管米高扬宣称自己只是带着耳朵来听的，但他与中共领导人接触之广泛、谈话之深入，在中苏两党交往史上尚属首次。通过会谈，中苏双方领导人初步了解了彼此的立场、观点和要求，会谈取得的成果为后来中

1　胡乔木：《胡乔木回忆毛泽东》，人民出版社2014年版，第536—537页。

毛泽东在西柏坡会见米高扬

苏结成同盟奠定了重要基础。在会谈中，毛泽东、刘少奇、朱德、周恩来、任弼时等中共中央领导人应苏方的提议，系统介绍了中国的军事形势、新政协的召开、民主联合政府的组织、即将建立的新中国的设想及将要采取的方针、政策。双方的这次高层会晤，是在改天换地之际举行的。对于从跌宕时局一路拼搏的中国共产党人来说，这是一次全面总结中国革命经验、顶层设计新中国"四梁八柱"的重要契机。

这些会谈的纪要，米高扬都通过电报发给了斯大林。会见米高扬是毛泽东、中共中央在西柏坡的一件大事。时任中央书记处政治秘书室主任的师哲，担任会谈翻译。他对米高扬访问西柏坡的过程有过详细回忆。毛泽东关于建立新政权问题有一系列的构想：

第一，胜利后，建立新政权的问题。它的性质、形式、组成、名义等等的明确化，已提到日程上来了。这个问题，我党已思考过。

首先，这个政权的性质简括地讲就是：在工农联盟基础上的人民民主专政，而究其实质就是无产阶级专政。不过对我们这个国家来说，称为人民民主专政更为合适、更为合情合理。

其次是它的组成、它的成员问题。我们认为，它必须是个联合政府。名义上不这样叫，而实际上必须是联合的，有各党各派、社会知名人士参加的民主联合政府。现在中国除共产党外，还有好几个各色各样的民主党派，有的已同我们合作多年了。虽然它们的力量都不算强大，人数也不多，他们在工农群众中或武装力量中没有什么联系和影响。但他们在知识界、海外侨胞中有一定的影响。我们准备继续团结他们，照顾他们，给他们在政府部门的各个岗位上留下一定的位置。但国家政权的领导权是在中国共产党手里的，这是确定不移的，丝毫不能动摇的。

这样的一种联合性质的政权，能合得来，能步调一致么？这是一个实际问题、工作方法与制度问题。一方面，制度、秩序可以逐渐建立、完善、健全起来，工作方法也可在工作中逐渐协调和改进。工作中的矛盾、摩擦一定会有的，但也一定可以克服和改善的。总之，将来政府的组成大概就是这样的，中国共产党是核心、是骨干。这样的新政权建立后，需要不断加强和扩展统战工作。[1]

这次秘密访问西柏坡，也是米高扬政治生涯的重要一笔。他后来也作了详尽回忆。在谈到组建政府方面，他说：

---

[1]　师哲回忆、李海文整理：《在历史巨人身边——师哲回忆录》，中央文献出版社1991年版，第376—377页。

遵照中央的指示，我劝毛泽东不要放弃成立中国革命政府，而要尽快在联合的基础上把它建立起来。这样做将是有利的。比如说，占领南京或上海后就立即宣布成立新的革命政府。这在国际方面也会是有利的。这以后共产党已经不是作为游击队，而是作为政府进行活动了。这会有助于同蒋介石作进一步的斗争。

毛泽东认为，不必急于成立政府，甚至说，没有政府对他们更有利。说什么如果有政府，那就有联盟，就意味着需要在其他政党面前为自己的工作负责，这就复杂了。现在他们是作为独立于政党的革命委员会进行活动，虽然同其他政党也保持着联系。毛泽东认为，这有助于清除国内反革命分子。他坚持要这样做，说政府要成立，但不是在占领南京（估计在4月）后立即成立，而仅是在6月或7月。我反复说，过于拖延成立政府的时间会削弱革命力量。

众所周知，政府于9月20日成立。[1]

从米高扬和师哲的回忆分析，毛泽东关于建立新政权问题，包括它的性质、形式、组成、名义等，"已提到日程上"，"我党已思考过"，但并不是在南京解放后立马实施。在中共中央看来，建立新政权并非一蹴而就的事情，需要审慎推进、水到渠成。

米高扬的这次访问，正是在中共中央谋划由新政协直接产生中央政府的这个当口进行的。双方会谈的内容，只是一次讨论过程中的总结和梳理，与系统的理性的建国方略还有一定的距离，但会谈成果初步反映了中共对即将全面铺开的新政协、新政权、新中国各项筹建工作的思考。

从九月会议，又经过一月会议，中共中央广泛吸收各方面意见和智慧，高瞻远瞩地描绘新中国的宏伟蓝图。这些伟大的构想，包括新中国的政体、国体、内外方针政策等问题，在1949年3月召开的中共七届

---

1 米高扬：《赴华秘密使命》，《文史精华》2010年增刊。

二中全会上形成全党共识。

西柏坡中央大院的西北角，是中央机关的大食堂。这座南北长 18.5 米，东西宽 4.5 米，面积不足 85 平方米的几间平房，见证了著名的中共七届二中全会的召开。3 月 5 日至 13 日，一场预示着中国革命即将发生伟大转变的重要会议如期举行。毛泽东主持了开幕会，并代表中共中央政治局作了报告。他着重论述了党的工作重心的战略转移及如何实现这一转移的问题。他指出，经过辽沈、平津和淮海三大战役后，敌我力量发生了根本变化，党的工作重心应该由乡村转向城市，实行由城市领导乡村的工作方式。然而这不等于可以丢掉乡村，仅顾城市。但是，党的工作重心必须放在城市。党必须用极大的努力去学会管理城市和建设城市。

这次全会可以说是由战争向建设转变的开始，当务之急是实现党的工作重心由乡村转向城市。会议指出，中国革命在全国胜利后，我们要迅速恢复和发展生产，对付国外的帝国主义，使中国稳步地由农业国转变为工业国，由新民主主义国家转变为社会主义国家。为此，全会制定了党在政治、经济、外交等方面的方针政策。

在政治方面，国体和政体是建立新政权首要的问题。关于国体问题，毛泽东已在《新民主主义论》《论联合政府》中有所阐述。但解放战争期间，

中共七届二中全会会场

国共关系再度破裂，国内阶级关系发生了重大变化。新中国成立前夕，毛泽东对国体问题的思考，主要在于如何概括各阶级在未来新国家的地位。毛泽东在九月会议上，明确提出了要"建立无产阶级领导的以工农联盟为基础的人民民主专政"。在七届二中全会上，他强调，人民民主专政"要求我们认真地团结全体工人阶级、全体农民阶级和广大的革命知识分子，这些是这个专政的领导力量和基础力量"；同时，尽可能多地团结能够合作的城市小资产阶级和民族资产阶级的代表人物，他们的知识分子和政治派别，以孤立反革命势力。[1] 关于政体问题，毛泽东坚持一贯的思想，认为中央和地方各级政府，都应该采取民主集中制的人民代表会议制度。在九月会议时，毛泽东曾指出："在中国采取民主集中制是很合适的。我们提出开人民代表大会……我看我们可以这样决定，不必搞资产阶级的国会制和三权鼎立等。"[2] 到了七届二中全会，关于政体问题已形成党内共识。

在经济方面，会议科学地分析了革命胜利后中国的社会经济成分，认为国营经济、合作社经济、私人资本主义经济、个体经济和国家资本主义经济构成新民主主义的经济形态，将是新中国的几种主要经济成分。对于这几种经济成分，全会制定的政策为：第一，必须没收官僚资本归人民共和国所有，使这部分经济成为社会主义性质的国营经济，成为整个国民经济的领导力量。坚持国营经济在整个国民经济中的领导地位，从整体上保证新民主主义经济的社会主义方向。第二，对于私人资本主义经济，必须采取既利用又限制的政策。第三，对于占国民经济 90% 左右的农业和手工业经济，必须谨慎地、逐步地而又积极地引导它们通过合作社的形式，向着集体化和现代化的方向发展。

在外交方面，必须坚持独立自主的外交政策。毛泽东在报告中指出："不承认国民党时代的任何外国外交机关和外交人员的合法地位，不承

---

1 《毛泽东选集》第 4 卷，人民出版社 1991 年版，第 1436—1437 页。
2 胡乔木：《胡乔木回忆毛泽东》，人民出版社 2014 年版，第 542—543 页。

认国民党时代的一切卖国条约的继续存在，取消一切帝国主义在中国开办的宣传机关，立即统制对外贸易，改革海关制度，这些都是我们进入大城市的时候所必须首先采取的步骤。"毛泽东将之形象比喻为"另起炉灶"。关于帝国主义对新中国的承认问题，毛泽东指出："我们是愿意按照平等原则同一切国家建立外交关系的，但是从来敌视中国人民的帝国主义，决不能很快地就以平等的态度对待我们，只要它们一天不改变敌视的态度，我们就一天不给帝国主义国家在中国以合法的地位。"毛泽东把它比喻为"打扫干净屋子再请客"。

在会议上，毛泽东明确指出："召集政治协商会议和成立民主联合政府的一切条件，均已成熟。一切民主党派、人民团体和无党派民主人士都站在我们方面。"他特别强调："我党同党外民主人士长期合作的政策，必须在全党思想上和工作上确定下来。我们必须把党外大多数民主人士看成和自己的干部一样，同他们诚恳地坦白地商量和解决那些必须商量和解决的问题，给他们工作做，使他们在工作岗位上有职有权，使他们在工作上做出成绩来。"为此，他要求"每一个大城市和每一个中等城市，每一个战略性区域和每一个省，都应当培养一批能够同我们合作的有威信的党外民主人士"。毛泽东还检讨了中共历史上曾出现过的对党外民主人士采取关门主义的错误态度，指出："这种态度只会使我党陷于孤立，使人民民主专政不能巩固，使敌人获得同盟者。"在新的形势下，"必须反对右的迁就主义和'左'的关门主义或敷衍主义两种倾向"。[1] 这次全会回顾和总结了统一战线工作，并提出与党外民主人士长期合作及如何合作的政策，为新政协筹备、新政权创立乃至新中国建设都提供了重要指导原则。

为了担负起新的历史重任，毛泽东告诫全党，夺取全国胜利，只是万里长征走完了第一步；中国革命以后的路更长，工作更伟大、更艰苦。毛泽东有预见性地提出了防止"糖衣炮弹"进攻的重大问题，并进一步

---

[1] 《毛泽东选集》第 4 卷，人民出版社 1991 年版，第 1437—1438 页。

1949 年 3 月 25 日，《人民日报》关于中共七届二中全会的报道

阐述了"两个务必"的重要思想。

朱德、刘少奇、周恩来、任弼时等 27 人在会上发言。会议听取并讨论了毛泽东的报告，批准 1945 年 6 月党的七届一中全会以来中央政治局的工作，批准由中国共产党发起的关于召开新的政治协商会议及成立民主联合政府的建议，批准毛泽东关于以八项条件作为与国民党南京政府进行和平谈判的基础的声明，并根据毛泽东的报告通过了相应决议。会议决定在北平召集政治协商会议，成立联合政府。

这是中国人民革命取得全国胜利前夕召开的一次极其重要的会议。会议描绘了新中国的宏伟蓝图，确定了新中国的大政方针，为促进和迎接全国胜利的到来、推动和发展新中国的各项建设事业，提供了政治上、思想上和理论上的准备。中共中央带着这幅描绘了新中国"四梁八柱"的蓝图，从山村西柏坡走向古都北平。

中央马列学院
中央法制委员会 ●

新华通讯社 ●

中央宣传部 ● 中央女

中央社会部 ●

中央组织部 ●

中共中央
中央军委
解放军总部
中央政策研究
总参谋部
军委作战部

第十章

从西柏坡
到天安门

中央统战部

中央办公厅
中央财政经济部
总政治部
后勤部

卫生部

毛泽东和周恩来乘汽车离开西柏坡前往北平。出发时，对周恩来说，今天是进京的日子，进京赶考去。周笑答，我们应当都能考试及格，不要退回来。毛泽东说，退回来就失败了。我们决不当李自成，我们都希望考个好成绩。

——《毛泽东年谱》

进驻北平打前站

1949 年 1 月 31 日，古都北平和平解放。这使得新政协在北平召开具有了可能。3 月 13 日，中共七届二中全会圆满闭幕。中共中央和解放军总部决定，从西柏坡转进北平，筹备召开新政协会议，建立新中国。

由于中共中央统战部肩负着筹备新政协的任务，他们早于其他机关，在北平和平解放的第二天晚上就接到命令：立即进驻北平打前站，安排民主人士到达北平的接待工作和新政协会务工作。齐燕铭的儿子回忆：2 月 1 日凌晨，"夜深人静的西柏坡，周恩来依然伏案工作。他招呼连夜从李家庄赶来的齐燕铭等人坐下，嘱咐警卫员端上热茶后说，叶剑英来电告知平津战役宣告结束。现在你们要尽快出发，赶往北平筹备新政协的召开，这是首要任务。其次，接管中南海，成立中南海办事处，负责房屋管理和卫生工作；接管香山，将它作为党中央驻地；接管北京饭店、六国饭店、翠明庄等大饭店，为接待各地民主人士做准备。同时，请你们把住在李家庄的民主人士周建人、胡愈之、符定一、韩兆鹗、雷洁琼、沈兹九、何惧等一起带到北平去。"[1] 2 月 2 日，统战部的齐燕铭和金城、周子健、申伯纯及部分工作人员、部分民主人士乘汽车前往北平。

童小鹏对当时的情况记忆犹新："在李家庄的民主人士吴晗、雷洁琼等 15 人整装也同齐燕铭一起前往北平。这是先行赴平的第一批民主人士。"他本人则留守李家庄："这期间，统战部更是忙碌、紧张，除

1　中共河北省委统战部编：《追忆李家庄》，华文出版社 2018 年版，第 74 页。

继续同上海、香港党组织联系，继续组织接送民主人士到北平外，还起草了《对新政协单位与人选的拟议》这份重要文件送中央审批，又继续采用座谈会、个别交谈的方式，同李家庄的民主人士交换或听取对政协筹备工作的意见。"[1]

民主人士赴华北解放区时，还是在地下交通员护送下的单独秘密行动。而离开李家庄前往北平，已变为成规模的公开的集体行动。楚图南与雷洁琼、吴晗等同为第一批离开李家庄前往北平的民主人士，他对从李家庄到北平的经过有一段生动记述：

> 我记得，我和周建人、胡愈之、沈兹九等同志几十人组成一队，由齐燕铭同志照应着，分乘几辆中吉普车离开了李家庄。到达石家庄后，住了一天，原来准备赶赴北平，但打前站去定县的同志打电话回来，说定县附近还有傅作义将军的不少部队，当时考虑到傅作义将军虽已表示起义，但其各部队情况动向究竟如何，还不清楚。从安全考虑，齐燕铭同志当即决定我们全体暂留在石家庄，他只身带一支卡宾枪连同一名司机乘一辆吉普车前往定县了解情况，而且嘱咐我们，在没有接到他亲自打来的电话之前，不要离开石家庄。说完，他即乘坐着吉普车在夜幕中北上了。后来接到他的电话说前线无事，我们大伙才顺利地通过定县到达了北平。[2]

雷洁琼也记下了这一路的情形，不过视角与楚图南有所不同：

> 1949 年 1 月 31 日，北平宣布和平解放，我们在李家庄听到喜讯，群情振奋。2 月 1 日，中央统战部秘书长齐燕铭和金城、

1　童小鹏：《在周恩来身边四十年》（下），华文出版社 2006 年版，第 357 页。
2　楚图南：《破晓之前——我参加新政协筹备工作及首届政协的经过》，石光树编：《迎来曙光的盛会——新政治协商会议亲历记》，中国文史出版社 1987 年版，第 80　81 页。

周子健同志率领我们乘两辆大卡车连夜返回北平。途经保定休息，县长亲自为我们烧水冲茶，热情招待。解放区的县长竟没有官气，我印象深刻。途中听说北平正在收编傅作义的部队，怕遇到散兵游勇不便进城。我们就从城外经过石景山直奔燕京大学。到达时已至深夜，同车的民主人士只好分住在两个教室，也有几位朋友就住在我的家里。

2月2日举行人民解放军入城典礼，前门大街两旁人山人海，红旗如林，锣鼓喧天。我们夫妇同胡愈之、沈兹九、田汉、安娥等几位朋友站在正阳门城楼上，看到解放军队伍浩大，军容威武，步伐整齐，纪律严明，在群众一片欢呼鼓掌声中通过前门城洞。我非常激动，欢乐的热泪夺眶而出，中国人民经过百年浴血奋战，古老的北平终于回到人民的怀抱，获得全国解放的胜利日子也快到来了。这个胜利归功于伟大的中国共产党，归功于伟大的人民子弟兵。晚上，当时的平津前线司令员林彪和刘亚楼设宴招待我们，共同欢庆北平和平解放的胜利。[1]

很明显，这两位回忆中有不一致之处。比如，所乘交通方式。雷洁琼所记"乘两辆大卡车"与楚图南所记"分乘几辆中吉普车"不相符。出现此类情况不外乎两种原因：他们分乘两种不同的车型；或者其中一人记忆有误。前者的可能性似乎更大。雷洁琼所记的出发时间（2月1日）比童小鹏、齐燕铭及其他一些人的回忆提前了一天。童小鹏回忆是2月1日夜，周恩来约齐燕铭、周子健到西柏坡当面交代了任务和注意事项。2月2日，齐、周即率领部分工作人员离开李家庄前往北平。[2]可见，出发时间很可能是2月2日。因为她接下来记述的"2月2日举行人民解放军入城典礼"实际应该是"2月3日"。这天，人民解放军举行隆重

1　雷洁琼：《我参加一届政协的回忆》，石光树编：《迎来曙光的盛会——新政治协商会议亲历记》，中国文史出版社1987年版，第99页。

2　中共河北省委统战部编：《追忆李家庄》，华文出版社2018年版，第82页。

的入城仪式。田汉、安娥的儿子田大畏回忆："母亲的日记中说：（2月3日）到燕京（大学）已是晨五时，九时半进城看'入城式'。'入城式'自上午九时半至下午五时止。"这个时间，自然与史实吻合。

2月3日，齐燕铭及部分工作人员进入中南海，接管了南海范围的房屋，立即成立中南海办事处。中南海是明清时期王公贵族的住宅和花园。北平解放前，国民党华北"剿总"在此办公。由于缺乏维修，中南海许多建筑都已破旧，垃圾遍地，杂草疯长，污泥堆积，蚊虫滋生。中南海办事处下了很大力气，动员部队才把垃圾和污泥清理出去，对准备给中共中央领导居住和活动的颐年堂、政协筹备会办公开会的勤政殿进行重点修缮，并对拟作为新政治协商会议会场的怀仁堂做了改建。

离开，再出发

岁月留痕。两年前的3月，即1947年3月，毛泽东撤离延安前在王家坪作出的伟大预言"少则一年，多则二年，我们就要回来，我们要以一个延安换取全中国"仿佛犹在耳旁。这个预言就要实现了。从井冈山到延安，从延安到西柏坡，中共中央带领广大人民一路披荆斩棘、筚路蓝缕，即将离开世界上最小也是最大的"最后一个农村指挥所"，到古都北平创建新中国。

一年前，中共中央东渡黄河实行战略转移时，几乎是轻装前进。这次却不可同日而语了。时任中共中央"大管家"的杨尚昆，对此有着切身的体会。他曾回忆：

> 我从接替李富春同志的工作以来，已经经历过两次"大搬迁"：一次是从延安撤到晋西北，一次是从晋西北东进到西柏坡。那两次，都是骡马驮运和两条腿走路，还要防备敌人的骚扰和空袭。从西柏坡进北平，是第三次大搬迁。这次可不同了：一是从乡村到大城市，准备召开新的政治协商会议，建立全国

性的人民政权。二是军事上、政治上我们都掌握了主动权，交通运输有汽车，有火车。但人们的心理状态也起了变化：撤离延安时，为了轻装，大家生怕东西丢不掉；这次相反，什么东西都舍不得丢，有的同志连一张木板床都想运走，说这张床睡着舒服得不行，一定要搬走。只好说服大家。三是进入北平，最尖锐的问题是安全警戒。北平是国民党华北"剿总"的所在地，原来特务机构林立，包括国防部的保密局、二厅、党统局，华北"剿总"二处，阎锡山的特务系统，还有美英的国际间谍，八大系统，另有从东北、华北和西北流窜进北平的暗藏特务，一下子不能都弄清楚。国民党北平的党政军机关虽然已被我军管或宣布解散，但社会政治环境一时还来不及清理。中央机关的搬迁和安置是一项必须做到万无一失的严重政治任务。所以，年初中央就成立了"转移委员会"，由周恩来同志主管，我和曾三具体负责，着手进行筹备。[1]

中共中央机关、解放军总部离开西柏坡迁驻北平，是一件非同小可的大事。因此，在迁驻北平事宜基本确定之后，中共中央开始做方方面面的准备。

搬迁工作从 1949 年初就开始了。"转移委员会"首先是给中共中央到北平后的驻地选址。古都北平可选之处众多，比如中南海。这里曾是国民党华北"剿总"的总部，但地处闹市，安全警戒条件不成熟。北平市军管委员会的叶剑英、彭真商量后，建议先以北平郊区的香山为中央机关临时驻地。这是一所树木葱郁、环境幽静的园林，又利于防空。其间的香山慈幼院，是曾任北洋政府第四任国务总理熊希龄创办。有一批现成的房屋，稍加修缮，即可供中共中央机关使用。熊希龄的住宅双清别墅，可成为毛泽东的临时居所。为了保密，对外称此处为"劳动大学"。

1　《杨尚昆回忆录》，中央文献出版社 2001 年版，第 285—286 页。

此外，还有安全警戒、交通电讯等问题，无一不是牵一发而动全身的。

到中共七届二中全会结束时，各项准备工作已基本就绪，"只欠东风"。杨尚昆3月16日晚将迁移的准备情况向朱德和周恩来汇报时，却得到毛泽东还要在此再留住两个月的消息。杨尚昆日记记载："据朱总说：主席有意迟走，乔木亦说及此。有意在此再留两个月，谈判亦在此进行。但周对此尚有意见，周、任均主张快去为好。因为反正迟早要去的，而目前的工作要求，已非偏居于西柏坡所能解决，但仍需请示主席才能最后决定。"[1]

杨尚昆所说的"目前的工作要求"显然意有所指。随着组建新政权的步伐加快，各种各样的政治活动日渐频繁。比如，李宗仁上台后，立即展开"和平攻势"，连续组织了"南京人民和平代表团""上海人民和平代表团"，与中共高层接洽，试探中共对和谈的"底线"。其中，"上海人民和平代表团"由国民党政府中资历极深的颜惠庆、章士钊、江庸、邵力子等"四老"组成。2月13日，他们从上海经青岛飞达北平，要求会见毛泽东。22日，他们和傅作义、邓宝珊等一同由北平飞石家庄再乘车到西柏坡，分别与毛泽东、周恩来等会谈。此外，2月25日，李济深、沈钧儒、郭沫若、谭平山等民主人士从东北、天津到达北平。3月1日，中华全国学生代表大会在北平开幕。接踵而至的是，中华全国文艺工作者协会、中国妇女首届代表大会和中国新民主主义青年团首届全国代表大会都将在北平召开，来自全国各省市的各界代表纷纷奔向北平。这些政治活动已非偏居西柏坡所能解决的。北平的政治中心地位，越来越凸显。无论主观准备还是客观需要，中央机关都需尽快迁移北平，主持大局。

3月17日晚，中共七届二中全会的公报尚未发表，中央书记处已决定：3月23日启程向北平进发。

此次迁移人数多，行程需两个白天，且沿途多是刚刚解放不久的地区，如何保障安全，自是搬迁工作的重中之重。3月21日，在北京饭店

1　《杨尚昆日记》（上），中央文献出版社2001年版，第59页。

召开迎接中央迁平会议，成立了以叶剑英为首，包括聂荣臻、程子华、刘亚楼、李克农5人组成的迎接中央迁平组织委员会，并对中共中央迁平的沿途警卫、对空警戒、阅兵及城市庆祝等作了严密部署。[1] 当天，叶剑英、李克农将之电告周恩来、任弼时、杨尚昆并报中央。同时，为保证安全和休息，提议在涿县由汽车改乘火车。3月22日，叶剑英、李克农就铁路布置再次致电周恩来、任弼时、杨尚昆并报中央：从涿县到清华园，共12个站，约60公里，两小时即可到达。在中央首长从涿县换乘火车进北平时，为保证安全，编为3个列车，分别开往不同车站。

对这个精细到每站、每列火车的方案，同日周恩来复电叶剑英、李克农："同意来电所提各项布置。但不要鸣炮，以军乐队代之。我们预定24日晚宿涿州，请派一负责干部到涿州等候我们，由涿州到平的专车可做准备，究竟坐汽车或乘火车，等我们到涿州后再做决定，请你们仍做两种情况的准备。"[2]

对于每一段执行单位来说，准备更为周密。原四十二军军长吴瑞林回忆，罗荣桓具体布置这项工作时说："毛主席和党中央各位领导同志，要在你们军部住一夜。从高碑店到长辛店这一段路，由你们军负责保卫，要做到万无一失。这一带是新解放区，情况复杂，沿途所有的山头、山沟都要控制，连、营、团干部站岗，师的干部分别在要点上掌握。军部驻地晚上由参谋、干事站岗，部长、处长带岗巡逻。总之，要做到绝对保密，绝对安全！"四野参谋长刘亚楼还补充强调："执行这个任务不能打电话，通讯联络可用车辆和骑兵。"[3]

北平是中共中央进驻的第一个大城市。对于许多过惯戎马生涯的人

1　中共北京市海淀区委党史研究室编：《中共中央在香山》，中央文献出版社2003年版，第8—9页。

2　中共北京市海淀区委党史研究室编：《中共中央在香山》，中央文献出版社2003年版，第9页。

3　吴瑞林：《迎接党中央毛主席进北平——记一九四九年三月二十四日之夜》，《人民政协报》1990年2月23日。

来说，"进京"不啻于一次精神洗礼。为首次进入大城市的同志做政策、纪律等方面的宣传教育必不可少。

当时，随着大城市的不断解放，各军区及中央已经颁布过一些进城纪律，其内容大同小异。1948 年 5 月 25 日，东北野战军颁发了 8 条入城守则，中央认为其内容比较扼要，对内对外注意事项都包括在内，即于 6 月 4 日批转各地，以供参考采用。这一纪律守则的内容是：（1）保护城市人民的生命财产；（2）保护工厂商店，禁止拆毁机件，搬取物资，或私自没收强购；（3）保护学校、医院、科学文化机关及城市公共设备，名胜古迹和建筑物；（4）看管敌人的仓库、物资及其他财产，实行缴获归公，不争夺、不破坏、不自由动用、不打埋伏、听候和服从上级分配；（5）对守法的教堂、寺院及外国侨民，不得干涉和侵犯；（6）实行讲话和气，买卖公平，借物归还，损坏赔偿；（7）服从卫戍机关的纪律和规则，遵守公共秩序，不入妓院，不滋扰人民，不无故鸣枪；（8）爱护人民解放军的名誉，人人守纪律，人人作宣传，言行一致。[1]

这些纪律的实行，极大地促进了共产党在新解放城市工作的开展。然而，即便如此，中共领导人还是对中央机关"进京"有些担忧。为了切实组织好从西柏坡向北平的转移工作，中共中央"根据过去转移的经验及这次进入城市新的情况"，专门制定了《机关、部队转移前后应该遵守的事项》，包括"在未转移前应该注意和要做的几件事""在转移中必须遵守的几点规定""进入城市后的守则"等，要求各单位事先在全机关人员中广泛进行教育和讨论，以确保整个转移工作不要出现任何问题。[2]

在即将离开西柏坡之前，中央办公厅又专门印发了一份入城守则，以规范进京人员纪律："一、把党的艰苦朴素的优良作风、光荣传统带

1　中共中央文献研究室、中央档案馆编：《建党以来重要文献选编（1921—1949）》第 25 册，中央文献出版社 2011 年版，第 330 页。

2　中央档案馆、西柏坡纪念馆编：《西柏坡档案》第 3 卷，中国档案出版社 2012 年版，第 1351—1356 页。

人民解放军严格执行群众纪律，露宿房门外

部队在行军途中宣传群众纪律

进城市；二、严格执行三大纪律八项注意；三、不准进入民家，不准随便进入戏院、电影院等公共场所；四、绝对保守党中央机关的秘密（中央机关进北平后对外称'劳动大学'，通信为三〇八信箱），不知者不应求知，自己知道的不得外传；五、出门不准携带武器，不准携带机密文件；六、进城三个月不准通信、会客、访友，不准外出游览名胜古迹；七、不许贪污浪费，不被金钱美女收买利用，不被阿谀奉承迷了心；八、手不许乱动，嘴不许乱说，脚不许乱走。"[1]

切实有效的思想教育，在迁移前后既是重要的，更是必要的。中共七届二中全会后，西柏坡的中央机关工作人员忙着"大搬家"的同时，都在以各种形式进行着思想上的准备，其中包括"绝不当李自成"的警醒教育、党的优良传统教育。各机关在教育过程中，还特别告诉大家不要把大城市想象得太好了，也要看到大城市里的黑暗面。有的单位还专门请北平来的

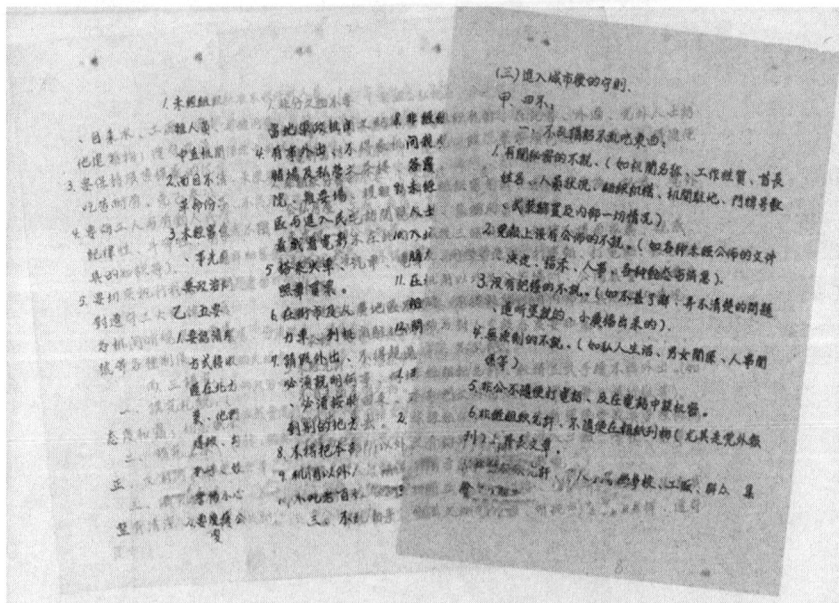

1949 年 2 月，方志纯关于各机关进入北平后需注意的问题给机关保卫会议的建议信

---

1 苏培良：《回忆中央进京时的情况》，西柏坡纪念馆编：《西柏坡记忆》第 2 卷，中央文献出版社 2010 年版，第 305 页。

同志介绍一些城市风土人情等知识，并结合一些打前站的、出身农村的同志进北平后闹出的笑话，如吸烟到电灯泡上对火；不会看马路上红绿灯，差点被车轧住，挨了警察一顿训；用完自来水不知道关水龙头；不会用抽水马桶等，作为案例。

中共七届二中全会后，由于工作重心的转移，中共中央迁往北平的工作陆续进行。3月15日，为参加全国第一届妇女联合会，邓颖超、康克清、杨之华从西柏坡前往北平；3月17日，中央警备团第一营第二连先于中央出发，进驻香山，部署警卫，在警戒区域内修筑了必要的警卫、防空设施；3月18日，由董必武率领华北人民政府从平山王子村经石家庄迁往北平。中共中央机关和解放军总部是3月21日出发的。第四野战军调来200辆汽车，停放在郭苏河滩里有二里多长。中央办公厅各部委，解放军总政、总参、总后，人民日报社、新华社等单位分别领车、装车。仅档案资料就装了两卡车。各单位在出发前，借的东西归还，水缸担满水，室内院子打扫干净。中国共产党人的优良作风、大家对西柏坡的感情都体现在这些点点滴滴里。

按照计划，中共中央和毛泽东将在3月23日离开西柏坡。临行的前一夜，毛泽东浮想联翩、辗转难眠。在西柏坡这个山村，中共中央指挥了三大战役，举行了全国土地会议，召开了党的七届二中全会。现在，就要说再见了。有不舍、留恋，但更多的是对未来的希望、憧憬。第二天他就将与他的战友们一起到北平"赶考"去了，要开创一个新的时代，筹建一个人民当家作主的新中国。这是中国共产党奋斗28年、用无数仁人志士的鲜血换来的啊！毛泽东身边的工作人员这样描述的：在头一天晚上，毛泽东批阅完最后一批文件后，站在窗前眺望着夜空，一支一支地抽起烟来。直到凌晨三四点钟，毛泽东才上床睡觉并吩咐值班战士9点以前叫他起床。

3月23日，是中共中央和毛泽东离开西柏坡的日子。下午，毛泽东一行乘汽车离开滹沱河畔，向北平进发。11辆吉普车、10辆大卡车组成了车队。走在前面的是带路的吉普车，上面坐着中央警备团的战士们。第二辆车就是毛泽东乘坐的中型吉普车。这是一辆美国产的军用吉普车，马力大，越野能力强。与毛泽东坐在一辆车上的有警卫排长阎长林，警卫员王振海、李德华、李银桥、金武森，还有司机周西林。由于沿途是马车走的土路，前面警卫车一路扬起的灰尘全落在后面的车上了。因此，毛泽东戴上眼镜、口罩，穿着雨衣，全副武装以抵挡灰尘。第三辆中吉普也是一辆警卫车，坐着几名警卫员，紧跟在毛泽东的车后。第四辆车上坐着刘少奇一家。第五辆车是江青和李讷坐的中吉普。第六辆中吉普里坐着周恩来一家。第七辆车上是朱德一家。第八辆车上是任弼时一家。第九辆车上是陆定一一家。第十辆车上是叶子龙一家。

时任中共中央机要科工作人员的梁守谦回忆："汽车启动了，毛主席就要离开住了十个月的西柏坡了。时间是 1949 年 3 月 23 日下午 2：30 左右。当时我想一定要把这个时刻记住，将来有人问：'毛主席是什么时间离开西柏坡的？'我能很快地回答他。"[1]

临行前，毛泽东对周恩来说："今天是进京的日子，进京赶考去！"

周恩来笑着说："我们应当都能考试及格，不要退回来。"

毛泽东说："退回来就失败了，我们决不当李自成，我们都希望考个好成绩。"[2]

李自成曾于 1644 年农历三月攻占北京城，明王朝覆灭。但李自成建立的大顺政权在北京只存在了 40 天，功败垂成，留下千古遗恨。这段令人感慨的历史，对每一位从政者来说，都是不能不重视的前车之鉴。郭沫若于 1944 年在重庆《新华日报》上发表《甲申三百年祭》，得到毛泽东的高度评价。毛泽东先后两次号召全党学习并把它作为延安整风学习的文件，突出强调要吸取教训，戒骄戒躁。

要经得住考验，"不要当李自成"，考出好成绩，除了自律，还要有监督、有民主。1945 年黄炎培以国民政府参政员的身份访问延安时，

---

1 梁守谦：《跟随主席从西柏坡到北平》，西柏坡纪念馆编：《西柏坡记忆》第 2 卷，中央文献出版社 2010 年版，第 281 页。

2 参见中共中央文献研究室编：《毛泽东年谱（1893—1949）》下卷，中央文献出版社 2013 年版，第 470 页。

他与毛泽东有一段著名的"窑洞对"。毛泽东自信地说："我们已经找到新路，我们能跳出这周期率。这条新路，就是民主。只有让人民来监督政府，政府才不敢松懈。只有人人起来负责，才不会人亡政息。"[1]

全国胜利在即，毛泽东在中共七届二中全会上提出"两个务必"，并把进京视为考试，就是再次告诫全党，要从思想上警觉起来，"跳出这周期率"，向全国人民交上一份合格的答卷。

中共中央在西柏坡这一年，与当地干部、村民都结下了深厚的友谊。留下做善后工作的苏培良回忆："车徐徐离开驻地，走出山村，奔驰在华北平原上。这天各村的干部、老大爷、老大娘、妇女、儿童都站在村口，给大家送行，真是鱼水情深，依依惜别，不少老乡们流下眼泪。"[2]

最后从西柏坡出发的，是后勤辎重部门和后卫。时任中央警备团第一营教导员的杜泽洲，带着中央警备团的人一个屋子一个屋子地检查，边边角角全不放过。只要发现零星的碎纸，全都烧得干干净净。经过四五天的细致检查，杜泽洲就带着部队进北平了。他们这个后卫，既不坐车也不走路，而是骑马奔向新世界。

1947 年 3 月 18 日，中共中央撤离延安，转战陕北；1948 年 3 月 21 日，中央前委离开米脂县杨家沟，23 日东渡黄河向西柏坡转移；1949 年 3 月 23 日，他们又一次出发了。这一次，他们将去开创的，是历史的新纪元。

"我看见了新中国"

1949 年 3 月 25 日，古都北平已是春意盎然。这是一个值得纪念的日子。当日下午，在北平的各界代表 1000 多人聚集在西苑机场，热烈欢迎毛泽东、朱德、刘少奇、周恩来、任弼时等中共中央领导人。毛泽东一行来到 160 多位民主人士的欢迎行列，与李济深、沈钧儒、陈叔通、黄炎培、郭沫若、

1　黄炎培：《八十年来》，文史资料出版社 1982 年版，第 156—157 页。

2　苏培良：《回忆中央进京的情况》，西柏坡纪念馆编：《西柏坡记忆》第 2 卷，中央文献出版社 2010 年版，第 306 页。

马叙伦、傅作义等握手致意。中共中央的领袖和各民主党派领导人，在新的历史起点上，热烈地相聚在一起。

伴着高昂雄壮的《解放军进行曲》，毛泽东等中共中央领导人在第四野战军参谋长、阅兵总指挥刘亚楼的陪同下，检阅了英雄的人民军队。阅兵结束后，中共中央领导人与民主人士及各界代表合影留念。这是团结、胜利的象征，是共同迎接美好、光明的开始。

召开新政治协商会议是中国近现代历史上至关重大的事件，代表的产生、共同纲领的拟定、中央政府和政协的组织、国家的名称及象征、新政协的使命、民主党派的前途，等等，无一不是举足轻重的紧要问题。周恩来多次指出，新民主主义的议事精神不在于最后的表决，主要在于事前的协商和反复的讨论。[1] 中共中央到达北平后，使中国共产党和民主党派对若干重大问题，在决策之前面对面的沟通协商成为可能。

到达北平后，为安全考虑，确定香山为中共中央、解放军总部驻地。毛泽东住在双清别墅。在这里，毛泽东会见了黄炎培、李济深、张澜、沈钧儒、陈叔通、何香凝、马叙伦、李达、柳亚子、陈嘉庚、司徒美堂等民主人士及来平参加和谈的国民党代表张治中等人，进一步凝聚了人心，巩固了统一战线。

4月1日，以周恩来为首席代表的中共代表团，与以张治中为首席代表的南京代表团开始谈判。经过近20天的谈判，由于国民党当局拒绝在《国内和平协定》修正案上签字，谈判破裂。4月21日，毛泽东主席、朱德总司令向人民解放军发出《向全国进军的命令》。4月23日南京解放，宣告国民党反动统治的覆灭。

作为具体负责新政协筹备工作的中共中央统战部，在李维汉部长率领下更是紧锣密鼓地开展工作，不敢有丝毫懈怠。据童小鹏回忆："李维汉及统战部人员放下行李马上投入紧张的工作。白天拜访民主党派负

---

1 中共中央统战部、中共中央文献研究室编：《周恩来统一战线文选》，人民出版社1984年版，第134页。

责人和民主人士，同他们交流筹备政协和党派工作的意见，晚上部里组织情况汇报，把民主人士的情况和意见归纳起来写成书面材料报党中央。同时，还组织过许多次座谈会……"[1]

民主人士周颖到李家庄后，她曾将耳闻目睹的解放区的新气象，以"我看见了新中国"为题，用诗一般的语言，将之描述给在香港的姐妹们："我已经到了解放区，到了一个新的世界。这是人民以自己的力量，以自己的血汗，以自己的生命创造出来的国家，人民成了这国家的主人。它就是我们的新中国。"那时，她所看到的，是新中国的雏形，新民主的精神。到了北平，她将和大家一起共同见证中国共产党领导的人民民主专政政权的建立，看见一个真正的人民自己的国家诞生！

在李家庄的民主人士多为文化出版教育界人士，他们进入北平多以"文化接管委员会成员"的名义。周恩来在1月16日晚上在李家庄作报告时，恳切地说："军事方面我们摸得比较熟，政治斗争方面，30多年来还懂得些，但对城市就很生疏。尤其内政方面，如户籍、水利、卫生、劳动、司法、教育、文化、艺术等，都生疏得很。整个政权之内，国防还好，财经不大懂，内政更弱，希望大家多贡献些意见。"[2]对于周恩来的殷切期望，吴晗、翦伯赞、胡愈之等民主人士铭记在心。进入北平的第二天，田汉、胡愈之、吴晗、楚图南、翦伯赞、周建人、安娥即被增补为文化接管委员会委员。他们很快参与各项文化事业的接管及新政协筹备之中。

吴晗来自北平、熟悉北平。他更多地投入到这个古都的城市接管和政权建设工作。从《吴晗年谱》看，吴晗的日程表排得满满的，活动频繁、事务密集：2月6日参加北平市军管会第32次汇报会；2月12日参加第38次汇报会；2月14日参加第40次汇报会，会议决定他参加清华大学校

1　童小鹏：《从东北、华北到北平》，杨胜群、陈晋主编：《亲历者的记忆：协商建国》，生活·读书·新知三联书店2009年版，第81页。

2　李青：《纵论战争形势，共商建国大计——回忆周恩来于北平解放前夕与抵达李家庄民主人士座谈情况》，西柏坡纪念馆编：《西柏坡记忆》第2卷，中央文献出版社2010年版，第148—154页。

务委员会，并担任主席；2 月 17 日，以文化接管委员会的身份参加了北京师范大学的接管；2 月 28 日以军管会副代表身份接管了清华大学，并担任清华大学历史系主任、文学院院长等职；3 月 14 日出席北平军管会文管会在北京饭店召开的"大学教育座谈会"；3 月某一天，出席北平市各界人民代表协商座谈会⋯⋯

胡愈之在新闻领域耕耘日久，成绩斐然。在西柏坡时，毛泽东同他交谈时，希望他在新中国办一张以知识分子为主要对象的报纸。《光明报》曾是民盟的机关报。1949 年三四月份，民盟就筹备这张报纸，并改名为《光明日报》，由胡愈之负责创办。中共中央领导人对这张报纸寄予厚望。毛泽东题词：团结起来，光明在望；周恩来题词：光明之路；朱德题词：民主光明。对这张寓意深长的报纸，胡愈之亲自执笔起草发刊词宣言《团结一致建设民主新中国》，充分表达了报纸的奋斗方向。

在北平的楚图南、雷洁琼、费孝通等人各自在文化接管中发挥着作用。宦乡、杨刚则直接从李家庄到天津接收《大公报》，将之改为《进步日报》。

经过近 10 个月筹备，6 月 15 日，新政治协商会议筹备会在中南海勤政殿成立，由中国共产党和各民主党派、各人民团体和无党派民主人士、各区域 23 个单位和 134 位代表组成。其中，从李家庄走出的民主人士楚图南、张东荪、符定一、韩兆鹗、胡愈之、田汉、翦伯赞、吴晗、沈兹九、周建人、何惧（代吴羹梅）、葛志成（代陈震中）分别作为中国民主同盟、无党派民主人士、中国农工民主党、中国人民救国会、产业界、文化界、民主教授、中华全国民主青年联合总会、中华全国民主妇女联合会、上海人民团体联合会的代表出席了盛会。

为了迅速完成召开新政协及建立民主联合政府的各项必要准备，筹备会决定在常委会领导下设立 6 个小组。其中，第一小组，拟定参加新政治协商会议之单位及其代表人数；第二小组，起草新政治协商会议组织条例；第三小组，起草共同纲领；第四小组，起草中华人民民主共和国政府方案；第五小组，起草宣言；第六小组，拟定国旗国徽国歌

光明日报

团结一致建设民主新中国
——发刊辞

首次枪决国特匪徒五名
从犯九名分别判处有期徒刑

民盟主席张澜即来平
决定十八日自渝启程

团结起来
光明在望
庆祝光明日报出版
毛泽东

民主光明

实施金银管理
华东军区资布命令

建设人民新南京
南京新华日报社论建言

残余匪封统治地
财经已土崩瓦解

1949年《光明日报》创刊号

1949 年 6 月 15 日，新政协筹备会在北平中南海勤政殿成立

方案。宦乡被新政协筹备会常务委员会推举为副秘书长。符定一、张曼筠（代史良）、葛志成（代陈震中）参加了第二小组工作。严信民（代季方）、周建人参加了第三小组工作，宦乡担任该组秘书。张东荪、韩兆鹗、沈兹九（代张琴秋）、雷洁琼（代汤桂芬）参加了第四小组工作。楚图南、胡愈之参加了第五小组工作。田汉、翦伯赞参加了第六小组工作。有的人尽管没有编入新政协筹备小组，但也贡献着力量和智慧。比如，围绕政协的名称问题，严信民回忆："毛泽东主席邀请各民主党派的主要负责人章伯钧等谈过几次，商讨新政协如何召开和成立联合政府的问题，谈了开会的地点，参加的人数，会议的任务，以及其他一些问题。例如关于政协的名称，原来是称'新政治协商会议'，商谈后认为不妥，遂改称'人民政治协商会议'，这就完全在新的基础上表达了一种新的意义。"[1]

宦乡作为第三小组的秘书，是《共同纲领》起草工作的见证者。《共同纲领》相当于临时宪法，决定联合政府的产生及新中国发展的方向。

1　严信民、王一帆：《关于中国农工民主党参加新政协的情况》，石光树编·《迎来曙光的盛会——新政治协商会议亲历记》，中国文史出版社 1987 年版，第 109 页。

周恩来在新政协筹备会上作报告

周恩来带领中央统战部在滹沱河畔时已经开始起草初稿，但侧重点在于战时动员。到了新政协筹备会召开时，全国大部分地区已经解放，《共同纲领》要体现发展了的新形势。宦乡直接参与了这项伟大的创造。他女儿回忆："第三小组的成员们开始了夜以继日的工作，特别是父亲，他既是这个名人荟萃的小组的秘书，也是这份文件的主要执笔人之一。""7月下旬，一份一万两千字的初稿被交到了周恩来手中。周恩来放下了手头的大部分工作，开始对初稿进行逐字逐句的修改。为此，他把自己关在中南海勤政殿整整一周。8月22日，《共同纲领》草案初稿第一次被送交毛泽东审阅，它被精减到了七千多字。至此，这份草案至少已经八易其稿了。"筹备期间，所有参与人员都在打一场不折不扣的疲劳战。他"对于疲劳的感觉是失灵的，他能感觉到的只有他内心奔涌着的激情，那是一种强烈的历史感和崇高感。他觉得自己一生追求的理想国家正在变成现实……"[1] 这种"强烈的历史感和崇高感"，在所有开国者身上都会是共同的。

---

1 宦国英、宦国瑞等口述，阮虹执笔：《宦乡往事：回忆父亲的人生四季》，当代中国出版社 2020 年版，第 81—82 页。

经过将近 3 个月的紧张工作，新政协筹备会在 9 月 20 日常委会第 8 次会议上，决定 9 月 21 日下午 7 时在中南海怀仁堂召开中国人民政治协商会议第一届全体会议，并通过了议事日程、议事规则。新政协筹备会圆满完成历史使命。

在万众瞩目中，执行着全国人民代表大会职权，肩负着建立新中国光荣使命的中国人民政治协商会议第一届全体会议于 1949 年 9 月 21 日在北京中南海怀仁堂隆重开幕。这天晚上，怀仁堂这座古老的建筑修葺一新。门前，彩色气球配饰墨绿色飘带；两侧，彩旗招展；会场内，灯光闪烁、庄严辉煌。

周恩来起草的《共同纲领》第二次稿《新民主主义纲领（草案初稿）》

在热烈的气氛中，中国人民政协筹备会常务委员会主任、大会执行主席毛泽东致开幕词。他说："诸位代表先生：全国人民所渴望的政治协商会议现在开幕了。我们的会议包括 600 多位代表，代表着全中国所有的民主党派、人民团体、人民解放军、各地区、各民族和国外华侨。这就说明，我们的会议是一个全国人民大团结的会议。"他明确提出了此次会议的性质和任务：现在的中国人民政治协商会议是在完全新的基础之上召开的，它具有代表全国人民的性质，它获得全国人民的信任和拥护。因此，中国人民政治协商会议宣布自己执行全国人民代表大会的职权。毛泽东豪迈地说，我们有一个共同的感觉，这就是我们的工作将写在人类的历史上，它将表明：占人类总数四分之一的中国人从此站立起来了。肩负开国使命的会议代表共 662 人。这个名单是各党派各团体各界人士反复协商的结果，包括党派、区域、军队、团体 4 类共 45 个单位，正式代表 510 人，候补代表 77 人，以及特邀代表 75 人。名单的代表性非常广泛，包括参加过革命战争、土地改革和敌后根据地斗争、国民党统治

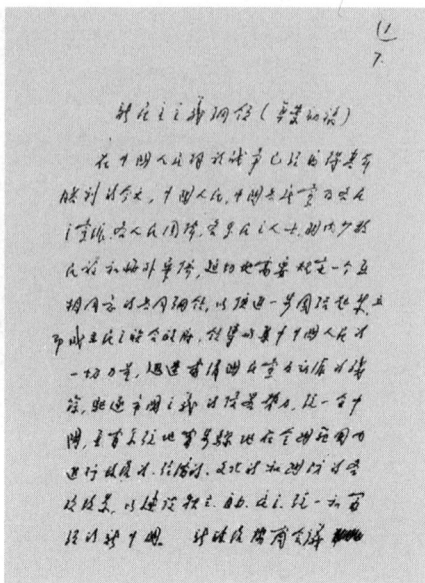

毛泽东向大会致开幕词，庄严宣告："占人类总数四分之一的中国人从此站立起来了。"

中国人民政治协商会议第一届全体会议会场

时期的民主运动的，脱离反动派而起义的，保护国家器材有功的等各个方面，使这次政治协商会议成为集中代表全国人民力量的大会。

来自李家庄的"特客"，共 20 人出席了人民政协第一届全体会议。他们是：张东荪（中国民主同盟代表）、楚图南（中国民主同盟代表）、费孝通（中国民主同盟代表）、胡愈之（中国民主同盟代表）、符定一（无党派民主人士代表）、周建人（中国民主促进会代表）、雷洁琼（中国民主促进会代表）、严景耀（中国民主促进会候补代表）、严信民（中国农工民主党代表）、张

会议通过的四项决议及《中国人民政治协商会议组织法》《中华人民共和国中央人民政府组织法》《中国人民政治协商会议共同纲领》

曼筠（中国人民救国会候补代表）、韩兆鹗（西北解放区代表）、周颖（中华全国总工会候补代表）、沈兹九（中华全国民主妇女联合会代表）、刘清扬（中华全国民主妇女联合会代表）、吴晗（中华全国民主青年联合总会代表）、田汉（中华全国文学艺术界联合会代表）、葛志成（中华全国教育工作者代表会议筹备委员会候补代表）、翦伯赞（中华全国社会科学工作者代表会议筹备会代表）、杨刚（中华全国新闻工作者协会筹备会代表）、宧乡（自由职业界民主人士代表）。他们肩负光荣使命，与其他代表一起审定议案、协商国是，铸就着共和国的辉煌。

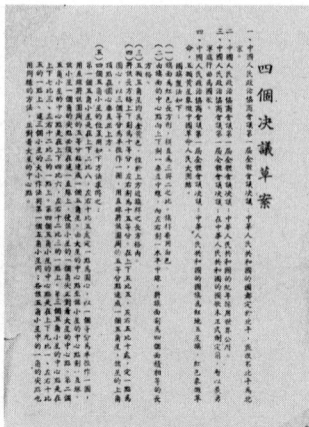

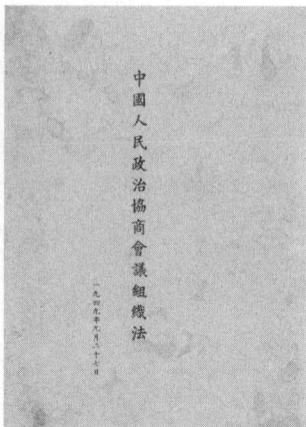

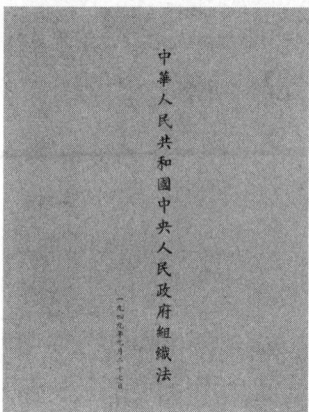

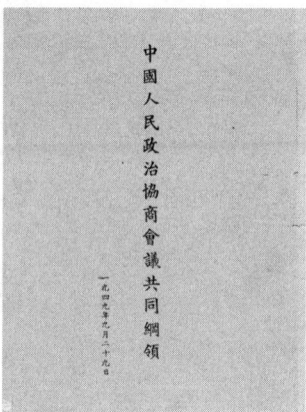

9月27日，大会讨论通过了中华人民共和国国都、纪年、国歌、国旗四项决议，通过了《中国人民政治协商会议组织法》《中华人民共和国中央人民政府组织法》；9月29日，大会一致通过《中国人民政治协商会议共同纲领》。《中国人民政治协商会议组织法》的通过，标志着中国人民民主统一战线在组织上的完成；《中华人民共和国中央人民政府组织法》规定了新中国的国体、政体，以及中央人民政府、政务院、人民革命军事委员会、最高人民法院和最高人民检察署的组成和职权；《中国人民政治协商会议共同纲领》给新生的中国制定了政权机关、军事制度、经济政策、文化教育政策、民族政策、外交政策的总原则，明确指出了中国人民行动的方向。

9月30日，人民政协第一届全体会议在庄严而热烈的气氛中，一致通过了第一届全国政协委员的180人名单。此外留出18名空额，以便将来容纳新解放地区的适当代表人物。会议紧接着选举产生了中央人民政府委员会。大会选举毛泽东为中央人民政府主席，朱德、刘少奇、宋庆龄（特邀）、李济深（民革）、张澜（民盟）、高岗为副主席；选举陈毅等56人为中央人民政府委员。在6名中央人民政府副主席中，民

毛泽东当选为中央人民政府主席，全场起立鼓掌

主人士 3 名，占 50%；在 56 名中央人民政府委员中，民主人士 27 名，占 48.2%。这一组成，践行了中国共产党召集政治协商会议、成立民主联合政府的主张，构建了中国共产党领导下多党合作的基本格局。

朱德致大会闭幕词。他响亮宣告：中国人民政治协商会议第一届全体会议的工作，已经胜利地完成了。我们全体一致，宣告了中华人民共和国的成立。

10 月 1 日下午 2 点，中央人民政府委员会召开首次会议，正副主席和委员宣布就职，并任命周恩来为中央人民政务院总理。3 点，出席人民政协第一届全体会议的代表在天安门参加开国大典。首都 30 万人聚集天安门广场举行庆祝中华人民共和国中央人民政府成立典礼。毛泽东庄严宣布："中华人民共和国中央人民政府，今天成立了！"

一个新纪元由此开始！

毛泽东主席在天安门城楼上向全世界庄严宣告："中华人民共和国中央人民政府，今天成立了！"

首都 30 万军民在天安门广场参加开国大典活动

上海群众庆祝新中国诞生

　　时光荏苒。从李家庄走出来的费孝通、雷洁琼、周建人、楚图南、胡愈之等人，在新中国成立后曾担任全国人大常委会副委员长、全国政协副主席。他们与其他民主人士在不同领域各领风骚，为新中国建设贡献智慧和力量。从滹沱河畔走出来的中国共产党领导的多党合作和政治协商制度、人民政协制度伴随共和国的建设，不断成熟和巩固。

　　1998 年 10 月，西柏坡迎来了一批不寻常的客人。受中共中央委托，中央统战部组织各民主党派中央新一届领导人，到西柏坡参观、学习，纪念各民主党派响应中共"五一口号"50周年，并举行"风雨同舟，继往开来"纪念活动。当年的"特客"费孝通、雷洁琼在离开 50 年后，又回滹沱河畔。时移世易、社会变迁，当年的湛蓝河水、繁茂河草已不复存在。但在他们心中，

1998 年雷洁琼、费孝通重访西柏坡，在毛泽东办公室回忆往事

中国新型政党制度的精神内核，不管经过多少风风雨雨，仍坚如磐石。

　　再回滹沱河畔，抚今追昔，88 岁高龄的费孝通感慨道："我认为，50 年前各民主党派响应中国共产党的号召，聚集在中国共产党周围，拥护共产党的领导，这是一个正确的历史选择，是民主党派的优良传统，是中国共产党统一战线工作的胜利。我深切地感受到：只有中国共产党才能救中国；只有社会主义才能发展中国。"93 岁高龄的雷洁琼以自身的经历，对同行的新一届民主党派中央领导人留下谆谆教诲："接受中国共产党的领导，是坚持和完善多党合作制度的政治基础。民主党派既然以振兴中华为己任，就必然要坚持接受共产党的领导，同共产党亲密合作。我相信，各民主党派中央新一届领导班子一定能继承和发扬光荣传统，把老一辈开创的事业推向前进。"这是精神的传承，是信仰的坚守！在中国特色社会主义进入新时代，坚持好、维护好、完善好从中国土壤中生长出来的新型政党制度，仍然意义重大！

《毛泽东选集》，人民出版社 1991 年版。

中共中央文献研究室编：《毛泽东年谱（1893—1949）》，中央文献出版社 2013 年版。

中共中央文献研究室编：《周恩来年谱（1898—1949）》，中央文献出版社 1998 年版。

中共中央统战部、中共中央文献研究室编：《周恩来统一战线文选》，人民出版社 1984 年版。

中央档案馆编：《中共中央文件选集》，中共中央党校出版社 1992 年版。

中共中央文献研究室、中央档案馆编：《建党以来重要文献选编（1921—1949）》，中央文献出版社 2011 年版。

中央统战部、中央档案馆编：《中共中央抗日民族统一战线文件选编》，档案出版社 1985 年版。

中央统战部、中央档案馆编：《中共中央解放战争时期统一战线文件选编》，档案出版社 1988 年版。

中央档案馆等编：《中共中央在西柏坡》，海天出版社 1998 年版。

中央档案馆、西柏坡纪念馆编：《西柏坡档案》，中国档案出版社 2012 年版。

政协全国委员会办公厅编：《开国盛典——中华人民共和国诞生重要文献资料汇编》，中国文史出版社 2009 年版。

中国政协文史馆编：《文史资料选辑》第 171 辑，中国文史出版社 2019 年版。

中共北京市委党史研究室编：《中共中央华北局城工部》，中共党史出版社 1995 年版。

西柏坡纪念馆编：《西柏坡记忆》，中央文献出版社 2010 年版。

王荣丽、李海明、陈宗良主编：《西柏坡纪事》，中央文献出版社 2011 年版。

中共党史出版社编：《走近西柏坡》，中共党史出版社 2012 年版。

中共河北省委党史研究室编著：《周恩来与河北》，中共党史出版社 2008 年版。

中共河北省委统战部编：《李家庄时期统一战线史料选编》，华文出版社 2018 年版。

中共河北省委统战部编：《李家庄纪事》，华文出版社 2018 年版。

中共河北省委统战部编：《追忆李家庄》，华文出版社 2018 年版。

杨建新、石光树、袁廷华编著：《五星红旗从这里升起——中国人民政治协商会议诞生纪事暨资料选编》，文史资料出版社 1984 年版。

石光树编：《迎来曙光的盛会——新政治协商会议亲历记》，中国文史出版社 1987 年版。

人民出版社编：《毛泽东同志九十诞辰纪念文选》，人民出版社 1984 年版。

《杨尚昆回忆录》，中央文献出版社 2001 年版。

《杨尚昆日记》，中央文献出版社 2001 年版。

《汪东兴日记》，当代中国出版社 2010 年版。

胡乔木：《胡乔木回忆毛泽东》，人民出版社 2014 年版。

李维汉：《回忆与研究》，中共党史资料出版社 1986 年版。

胡愈之：《我的回忆》，江苏人民出版社 1990 年版。

费孝通等著：《胡愈之印象记》，中国友谊出版公司 1996 年版，第 13—15 页。

童小鹏：《在周恩来身边四十年》，华文出版社 2006 年版。

师哲回忆、李海文整理：《在历史巨人身边——师哲回忆录》，中央文献出版社 1991 年版。

吴晗：《春天集》，作家出版社 1961 年版。

《吴晗文集》第 4 卷，北京出版社 1988 年版。

费孝通：《费孝通散文》，浙江文艺出版社 1999 年版。

田汉：《田汉自述》，大象出版社 2002 年版。

阎长林：《警卫毛泽东纪事》，吉林人民出版社 1992 年版。

叶笃义：《虽九死其犹未悔》，北京十月文艺出版社 1999 年版。

麻星甫编：《一生心事问梅花：楚图南诞辰百周年纪念文集》，朝华出版社 1999 年版。

张传玺：《新史学家翦伯赞》，北京大学出版社 2006 年版。

华毅编：《流金岁月——中央统战部离退休干部回忆文章汇编》，2007 年印。

朱维群主编：《让历史告诉未来：中共中央发布"五一口号"六十周年纪念》，华文出版社 2008 年版。

杨胜群、陈晋主编：《亲历者的记忆：协商建国》，生活·读书·新知三联书店 2009 年版。

张志平主编:《非常史录:西柏坡画传》,河北美术出版社2009年版。

郝在今：《协商建国：中国民主1949》,漓江出版社2010年版。

陈延武：《万水朝东——中国政党制度全景》,生活·读书·新知三联书店2011年版。

范捷、孙泓洁编著:《中共中央在西柏坡》,河北美术出版社2012年版。

左玉河编著：《张东荪年谱》,群言出版社2014年版。

刘卫平编:《转战陕北》,陕西师范大学出版总社有限公司2014年版。

史宝强编著：《"五一口号"史稿》,河北人民出版社2015年版。

张同乐、张军锋编著:《西柏坡口述史》,河北人民出版社2020年版。

李红梅、刘仰东：《向北方》,江苏人民出版社2021年版。

周建人：《没有共产党就没有新中国》,《人民日报》1981年6月26日。

胡绳：《忆韩练成将军——并记一次不寻常的旅行》,《百年潮》1997年第2期。

《胡风日记》,《新文学史料》1998年第4期。

楚图南：《与共产党同舟共济》,《文史精华》2010年增刊,第1—2期合刊。

后记

中华人民共和国的成立，是百年党史的辉煌篇章。人民政协第一届全体会议代行全国人民代表大会职权，协商建立了新中国。学习和了解中共党史、中华人民共和国国史，就不能不知道人民政协为什么成立、怎么成立的，不能不知道中国共产党领导的多党合作和政治协商制度为什么是从中国土壤里生长出来的新型政党制度。但实际上，现实状况并不乐观。

随着近几年对中国共产党统一战线史、人民政协史的研究，我们两位作为政协、统战工作者，越发感到有一种责任感，把这些事情讲清楚。拟通过对一些资料挖掘和重要事件梳理，让沉睡的历史鲜活起来，使具有重大价值的细节，走近普通民众。比如，民主人士如何响应五一号召，在鼎革之际作出政治上的抉择，冒着重重危险秘密奔赴东北和华北解放区，参与协商建国伟业等。这不仅体现出民主人士的进步性、统一战线的影响力，更彰显了"民心是最大的政治"这一铁律，以及坚持中国共产党的领导是中华民族走向复兴和辉煌的历史逻辑。

当年，在解放战争取得决定性胜利情况下，在中国共产党发出召开新政协、建立新中国的号召下，中共中央设计了两条路线组织民主人士到解放区：从香港到东北解放区、从平津等国统区到华北解放区。2021年江苏人民出版社出版的《向北方》，基本理清了香港北上这条线。那么，还有华北呢？这条线同样具有重要意义。如果说，在香港的一些民主人士北上，有些还摇摆不动、犹豫不决，那么到李家庄的则是义无反顾，甚至迫不及待。尤其是，由于中共中央驻扎在滹沱河畔的西柏坡，而中央统战部和民主人士在毗邻的李家庄，无论从协商建国，还是巩固统一战线、加强合作共事等方面来说，其经验对于新中国的新型政党制度形成和发展，弥足珍贵。

欣慰的是，当年的一些亲历者留下许多有价值的史料，一些相识抑或不相识的专家学者发表许多相关成果。这为我们的研究提供了宝贵的素材。在此一并表示感谢！鉴于绠短汲深，书中难免有不妥之处，请大家批评指正！